漢詩 이야기

金衡中 編著

머리말

　〈漢詩 이야기〉를 엮어보려고 생각했으나, 용기가 나질 않아 미뤄오다가 2020년이 저물어가는 10월에 접어들어 해를 넘기지 않으려고 修整·보완을 해나갔다.
　漢文學과 漢詩는 한국문학사의 튼튼한 밑받침으로 문학의 꽃을 피워낸 씨앗이기에 없어서는 안 될 자양분이었다.
　漢字가 배우기에 어렵다고해서 외래문자라 단정하고 배척하려는 발상은 단순한 시대착오적 논리가 아닌가한다. 고전문학의 기조가 이웃 중국으로부터 전수되었으며, 문화유산의 저변에는 불교문화가 버팀목이 된 현실을 뒤돌아보아야 한다. 글로벌시대에 들어와 우리문화 전반에 걸쳐 서구권문화로 빨려가고 있듯이 시대상황의 조류를 결코 멀리할 수는 없지 않았던가?
　表意문자인 漢字는 한글처럼 감정을 섬세하게 나타낼 수 없어 번역자에 따라 정도의 시각차이가 드러난다. 표의문자의 특성상 한문학은 散文보다는 韻文이 더 앞선다. 중국문화의 영향을 받을 수밖에 없었던 시대적 상황이었기에 훈민정음이 창시된 수백 년 뒤까지 운문인 漢詩文學이 성행했었다. 漢詩의 장점으로는 간결하면서도 서정성이 풍부하며, 짧으면서도 그 속에다 많은 뜻을 담아내는 매력을 안고 있다.
　고조선시대부터 조선 후반기까지의 작품들을 간추려 우리나라 작가 열두 분과 중국작가 여섯 분의 작품을 수록했다. 조선조에서는 저항시인 김시습, 호남시단의 태두 김인후, 방랑시인 김병연 등 세 분과 女流詩人분야에서는 백여 명이 훨씬 넘는 여류작가 중에서 세 분으로 줄였다.

女流漢詩는 사대부작가들이 표현할 수 없는 恨과 기다림과 사랑이라는 독특한 매력을 지닌 妓女문학의 별 黃眞伊와 梅窓, 그리고 중국에까지 이름을 크게 떨치면서 애절하게 모성애를 그려낸 알토란같은 규방작가 허초희(난설헌) 등이다.

禪詩작가로는 진각 혜심을 비롯해서. 원감충지. 백운경한. 태고보우. 나옹화상과 서산대사의 작품을 선별하였다. 그리고 중국의 大文豪 굴원, 田園시인 도연명, 詩佛왕유, 詩仙이백. 詩聖두보. 백낙천 등을 합해 모두 18명의 시인들을 선별했으나, 구양수(歐陽脩)와 소식(蘇東坡)을 비롯한 宋나라 大家들을 다루지 못한 아쉬움은 다음으로 미뤘다. 열여덟 분들의 수많은 작품들 중 10편 내외 작품을 분야별로 줄이는데 어려움이 있었다.

『한시이야기』를 쓰게 된 동기는 2011년 4월부터 2014년 12월까지 3년 9개월 동안 105회에 걸쳐『주간 한국문학신문』임수홍 발행인의 권유로 매주 또는 격주로〈朝鮮時代 漢詩작가론〉에 대해서 연재를 하기 시작하면서 부터였다.

졸저의 내용이 혹여 오류(誤謬)가 있거나, 부족함이 있더라도 理解해 주시기를 바랍니다.

경자년 끝자락에 河雲 김형중 拜

目 次

1. 詩歌문학의 時代구분
2. 漢文學과 漢詩
   1). 漢文學의 정의   13
   2). 漢文學과 國文學과의 관계   15
   3). 漢詩의 意義와 발달과정   17

Ⅰ. 조선시대 漢詩
   가. 梅月堂 金時習   24
   나. 河西 金麟厚   47
   다. 난고 김병연 (蘭皐 金炳淵)   62

Ⅱ. 여류 작가
   가. 女流문학과 妓生문학   86
   나. 黃眞伊 편   96
   다. 여류시인 梅窓 편   111
   라. 허난설헌 (許蘭雪軒) 편   126

Ⅲ. 佛敎文學과 禪詩
   가. 禪의 定義와 禪詩의 유래   144
   나. 禪詩에 나타난 自然觀과 現實認識   163

다. 佛敎의 詩文學과 高麗時代의 禪詩
   1. 眞覺國師 慧諶 (진각국사 혜심) 편   173
   2. 圓鑑國師 冲止 (원감국사 충지) 편   184
   3. 白雲 景閑   (백운 경한) 편   195
   4. 太古國師 普愚 (태고국사 보우) 편   207
   5. 王師 懶翁和尙 (왕사 나옹화상) 편   221
   6. 西山大師   (서산대사) 편   236

Ⅳ. 中國 漢詩 작가들
  가. 중국의 大文豪 屈原   248
  나. 田園詩人 歸去來辭의 도연명   266
  다. 人生과 自然을 노래한 詩佛 王維   284
  라. 천재 작가 詩仙 李白   293
  마. 민중시인 詩聖 杜甫   310
  바. 平民들의 벗, '長恨歌'의 詩人 白樂天   328

1. 詩歌문학의 時代구분

2. 漢文學과 漢詩

1). 漢文學의 정의
2). 한문학과 국문학과의 관계
3). 漢詩의 意義와 발달과정

1. 詩歌문학의 시대구분

　한국문학의 장르는 三分법으로 보는 것이 일반적인 견해다. 첫째는 서정(抒情-詩歌문학)문학으로 서정민요, 고시가, 향가, 고려가요, 시조, 가사, 잡가, 악장, 창가, 신체시, 현대시 등이며, 둘째는 서사(敍事-散文문학)으로 서사민요, 무가, 설화, 소설, 셋째는 희곡(戱曲)문학으로 가면극, 인형극, 창극, 신파극, 현대극 등이며 수필, 한문학, 평론을 포함시켜 한국문학의 전체적인 면모를 갖춘다.
　이렇게 나눠볼 때 漢詩의 문학사 즉 시가(詩歌)문학사는 우리 문학사의 불씨가 되어 큰 불을 지피는 기조를 이뤄냈으나, 전체국면에서는 일부분의 문학으로 보아야 한다. 어떤 장르의 문학사를 시대적으로 구분할 때는 반드시 두 가지 기준이 따라야한다.

　첫째로 '문학은 그 시대를 반영'해야 한다는 전제로 문학이 생성하게 된 역사와 사회적 배경을 기준하며
　둘째로는 '문학은 인생의 표현'이란 명제에 따라 문학자체의 변화에 기준을 두는 방법이다. 그 이유는 文學史란 '문학은 그 시대를 살아가는 인간들의 정신세계의 표현이기 때문이다.' 상기한 두 기준에 의거 우리의 시가문학사를 시대적으로 구분하면 삼국 이전의 시가문학과 삼국시대, 고려시대, 조선시대의 시가문학으로 크게 나눌 수 있다.

✎. 三國 以前과 三國시대의 詩歌문학

삼국이전의 초창기 문학으로 구지가(龜旨歌) 공무도하가(公無渡河歌) 황조가(黃鳥歌)가 있다. 구지가는 영신가(迎神歌) 가락가(駕洛歌) 등으로 불리며, BC 40년경의 작품으로 「삼국유사」의 가락국기(駕洛國記)에 실려 전하며 수로왕(首露王) 탄생의 이야기를 담은 노래이다.

〈* 구지가 – 龜何龜何 首其現也 若不現也 燔灼而喫也
　　　　　　구하구하 수기현야 약불현야 번작이끽야
　거북아 거북아. 머리를 내어라, 아니 못 내며는 구워서 먹겠다.〉

공무도하가는 우리나라에서 가장 오래된 노래로 공후인(箜篌引)이라고도 불리며, 진(晉)나라의 최표(崔豹)가 엮은 「고금주-古今注」에 배경설화가 있고, 가사는 宋나라의 곽무정(郭茂情)이 엮은 「악부시집-樂府詩集」에 수록되어 있다.

〈* 공무도하가– 公無渡河 公竟渡河 墮河而死 當奈公何
　　　　　　　공무도하 공경도하 타하이사 당내공하
　그대 물을 건너지 말랬는데, 기어이 물을 건네셨구려, 이제 물에 빠져 죽으니, 그대여 나는 어찌하란 말이오.〉

공무도하가는 다음의 문제점을 안고 있다. 첫째는 작자의 진위여부(眞僞與否)다. 여옥(麗玉)과 백수광부(白首狂夫)의 처(妻)라는 설이 그

것이고, 둘째는 기록과 전승이 중국 중심으로 이어지면서 중국의 고악부(古樂府) 형태란 점이다.

황조가는 고구려 유리왕(2대-瑠璃王 BC 19~AD 18년)이 지은 노래로「삼국사기」'고구려본기'에 실려 전하고 있다.

〈* 황조가 - 翩翩黃鳥 雌雄相依 念我之獨 誰其與歸
　　　　　편편황조 자웅상의 염아지독 수기여귀
펄펄 나는 저 꾀꼬리, 암수 서로 정겹구나. 내 외로움을 생각하니,
그 누구와 함께 갈거나.〉

황조가는 서사시로 보는 견해도 있으나, 우리나라 최초의 서정시로 보는 것이 맞다. 즉 유리왕이 두 왕비의 질투 때문에 갈등을 바탕에 깔고 있는 서정성이 짙은 감성취향의 작품이다.

삼국시대로 접어들어 살펴보면 작자와 연대미상의 한글 작품인 백제시대의「정읍사-井邑詞」와 신라시대의 詩歌인 6세기경 武王의「서동요-薯童謠」는 현재까지 전하는 향가 중에서 가장 오래된 작품으로 기록된다. '향가'란 명칭은 우리고유의 노래라는 의미이며, 신라시대의 시가로「삼국유사」에 서동요를 비롯해서 14수와「균여전」에 11수가 전한다.

고려시가(詩歌)의 의미를 좁혀서 서사(敍事)시가와 서정(抒情)시가로 나눠본다. 서정적인 시가는 신라향가의 잔존 형태인 향가계의 노래, 일반민중들에 의해 애창되었던 속요(俗謠)계의 노래, 그리고 고려후기에 발생하여 특권 귀족들에 의해 불리졌던 경기체가(景幾體歌)의 노래로

나눠진다.

  속요계는 속요, 장가(長歌), 별곡 등으로 경기체가는 경기하여(何如)체가, 별곡체 등으로도 불러지며, 이들을 포괄적으로는 고려가요 (또는 여요－麗謠) 고려가사, 별곡 등으로 부른다.

  고려시대 문학의 특성으로는 신라시대 때 화랑과 승려들이 탁마하여 창조해낸 향가는 고려왕조 초기까지 계승 유지되었다. 불교계의 사종(師宗)이요, 국학(國學)의 대가였으며, 화엄종(華嚴宗)의 대종사(大宗師)였던 균여대사(均如大師)는 향가문학을 최후로 유지한 유일한 작가였다.

  「균여전－均如傳」은 균여대사가 입적한지 102년 뒤 고려문종 28년경에 진사 혁연정(赫連挺)이 균여대사의 문도(門徒)들이 제공한 재료(材料)에 의해 지었으며, 지금은 해인사에 보관되어있다.

  시조(時調)는 고려조에 들어와 완성된 시형(詩型)으로 성장해갔으며, 최충(崔沖), 곽여(郭輿), 이규보(李奎報), 우탁(禹倬) 등의 수많은 작품들이 전해온다.

  그 뒤를 이은 민요(民謠)의 형태에서 파생된 별곡(別曲)은 우리말로 된 노래이며, 별곡체(別曲體)는 한문체로 지어진 것들이다. 별곡문학은 전해오는 수량은 많지 않으나, 희비애락을 진지한 수법으로 읊어냈으며, 자연을 그려낸 한림(翰林)별곡, 서경(西京)별곡, 청산별곡, 정과정곡 등이 전해오고 있다.

* 翰林別曲 – 고려 고종 때 한림학자들이 지은 경기체가 –향락풍류가.
* 西京別曲 –서경(평양)에서 사랑하는 사람을 송별하는 여인의 애틋한 심정을 읊은 고려가요.
* 靑山別曲 – 모두 8연으로 된 연대·작자미상이며, 괴로운 인생사를 읊은 고려가요.
* 鄭瓜亭曲 – 의종 때 정서(鄭敍)가 임금을 사모하면서 외로운 신세를 읊은 고려가요.

2. 漢文學과 漢詩

1). 漢文學의 정의

　우리들은 한문(漢文). 한문학(漢文學), 한학(漢學)을 특별히 구별하지 않고 그 용어들을 써오고 있다. 중국인들은 한문(漢文) 당시(唐詩)라 하여 한문은 한대(漢代)의 문장이라는 뜻으로 썼고, 漢學은 송학(宋學)에 대한 대칭으로 '한대의 유학(儒學)을 배경으로 한 제반 학문'으로 인식하고 있다.

　우리나라에서는 중국의 문자로 기술된 것들은 漢學 또는 漢文學이라는 명칭으로 불러졌는데, 그 이유는 漢文 내지 한문화(漢文化)가 옮겨와 뿌리를 내리기 시작한 것이 한대(漢代)였기 때문이다. 거기에 漢나라의 세력은 바로 중국을 의미하며, 여기서부터 漢文學이라는 용어가 유래되었다.

　漢文學의 의미를 정의 해보면 한자문화권인 중국을 비롯한 한국, 일본, 베트남 등의 나라에서 한자(漢字)를 공용하여 형성된 문화영역에서 생성된 일체의 문어체(文語體) 시문장(詩文章)을 '한문학'이라 할 수 있다. 좁혀서 우리나라의 한문학은 중국의 문자와 형식을 차용해서 우리 민족의 정서와 사상을 표현하고 있는 문학이다.

현대인들의 문학의 장르를 크게 나눠본다면 시, 소설, 수필, 희곡 등이다. 그러나 한문학에서 글의 성격별로 묶으면 시부류(詩賦類), 논변류(論辨類), 주소류(奏疏類), 조령류(詔令類), 서발류(序跋類), 증서류(贈序類), 전지류(傳志類), 잡기류(雜記類), 사독류(私牘類), 소설류(小說類) 등으로 나눌 수 있다.

　크게 분류하면 문예문(文藝文-문학과 예술 작품)과 실용문(實用文)으로 나누는데, 문예문으로는 시, 소설, 수필 등 즉 시부류, 소설류, 잡기류, 사독류에다 전지류나 서발류까지도 포함할 수 있다.

* 시부류(詩賦類) - 詩나 賦 (감상을 적은 글. 글귀 끝에 운을 달고 對를
　　　　　　　　　맞춰 짓는 글)
* 논변류(論辨類) - 의견을 논술하는 글. 문체의 하나.
* 주소류(奏疏類) - 상소의 글 등.
* 조령류(詔令類) - 조명, 조칙 등을 기록하는 글.
* 서발류(序跋類) - 서문과 발문.
* 증서류(贈序類) - 작별할 때 의 글. 送書.
* 전지류(傳志類) - 사물의 연혁 등을 기록하는 글. 비문. 묘표, 행장. 등
* 잡기류(雜記類) - 여러 가지 잡다한 일을 기록하는 글.
* 사독류(私牘類) - 글자를 나무 조각. 편지 등
* 소설류(小說類) -〉

2). 漢文學과 國文學과의 관계

한국의 한문학을 중국인들이 생각하기엔 그들의 주변문학처럼 인식될 수도 있으나, 거기에는 상당한 오해가 곁들여 있다. 서구의 문학도 르네상스시대에 각 나라들마다 국어가 없었기에 그리스어나 라틴어로 문학작품을 창작해냈던 것이다. 동양의 한자문화권 나라들도 漢字를 문자도구로 해서 문학행위를 할 수밖에 없었다.

이런 경우는 민족의 의지나 자존의 문제가 아니라, 지정학(地政學)적인 여건으로 선진문화 유입에 기인(起因)한 것이다. 비록 漢字를 빌어 의사표현과 문학 활동을 했었지만 거기에 담긴 사상이나 감정, 공간적 배경 모두는 우리의 것이었으며, 문자의 활용 방법은 대체로 양반이나 선비측은 漢字를 서민층은 국문을 사용했다.

우리나라 선비들이 써낸 漢詩는 양적으로나 질적으로 국문학발달에 크나 큰 영향을 미친 것만은 주지의 사실이며, 한문학을 빼낸 민족문학은 생각할 수조차 없다. 문학이란 생활 속에서 피어나는 이야기이며, 그들의 사상이나 감정을 노래한 것들로 인간들이 모여서 사는 곳이면 언제 어디에서나 존재한다.

우리문학의 역사적인 흐름을 약술해보면 전래되어온 무격사상(巫覡思想), 불교의 설화(說話)문학 또는 불경(佛經)의 주석(註釋), 등이 유교의 이입으로 인해 유교의 정치사상이 우리나라 국민정서에 깊게 뿌리를 내리면서 한문학이 우리문학의 기조를 이뤘던 것이다.

그 예로 신라말기의 고운 최치원의 문집인 계원필경(桂苑筆耕)에서

부터 시작해서 시와 산문들을 기록한 격황소서(檄黃巢書)나 7세기경부터 정치적 종교적 구실을 삼아 당(唐)나라로 유학길의 성행이 우리문학에 큰 영향을 주었던 것이다. 물론 이전에도 을지문덕장군의 여수장우중문시(與隋將于仲文詩)나 신라시대 혜초(慧超)대사의 왕오천축국전(往五天竺國傳) 등이 漢詩의 효시(嚆矢)를 이뤄낸 유산으로 기록된다. 이상에서 기재된 것들인 상고시대의 문학은 대게 실용문들이다.

고려시대를 거쳐 조선조에 이르면서 한문학이 발달하는 계기로는 최자(崔滋)의 보한집서(補閑集序) 서거정의 동인시화(東人詩話), 이규보(李奎報)의 동국이상국집(東國李相國集), 이제현의 익재집(益齋集),등의 문집들이 창작문학의 발전에 영향을 끼쳤다.

조선조는 양반관료국가로 특징지을 수 있다. 5세기에 걸친 조선시대의 漢文學은 우리 문학에 크나큰 문학유산을 남겼으나, 19세기에 들어가자 서구문물이 유입되면서 근대화 물결에 의해 한문학이 퇴색의 길로 들어섰다. 조선시대 한문학의 발달과정과 성격을 더듬어본다.

중기까지는 송나라 시풍(詩風)이 유행하다가 그 뒤부터는 성당(盛唐) 시대의 두보나 이백의 시풍이 우세해져갔다.

〈※성당(盛唐) 시법(詩法)으로 유명한 시인들로는 최경창. 이달. 백광훈 등 세칭 삼당시인(三唐詩人)들이 있다. 〉

유학(儒學)은 조선조의 정치이념이자 당시의 식자 계층으로서는 부동의 문학사상의 배경이 되었다. 중종 때 조광조가 시부(詩賦)의 폐지를 주장했으나, 시와 부가 없어질 리가 없었고 오히려 성리학의 성행으로 인하여 시의 세계는 더 발달하는 모습으로 심화되어갔다.

3). 漢詩의 意義와 발달과정

漢詩란, 漢字로 기록된 시를 일컫는다. 그러나 일반적으로는 중국의 작품만이 아니라, 한자문화권에서 한자로 기록한 모든 詩를 漢詩라고 한다.

고시(古詩), 오언절구와 율시, 칠언절구와 율시의 형식과 평측(平과 仄), 압운(押韻)의 규칙이 있다.

漢詩의 기원은 중국에서도 정확한 연대를 밝혀내지 못하고 있으며, 우리나라에서도 마찬가지다. 고시는 절구와 같은 기승전결(起承轉結)의 구법(句法)이 없으며, 율시처럼 대구(對句)의 구속도 없고, 일구(一句)의 자수(字數)도 일정함을 요하지 않는다.

오언(五言)고시는 당나라 이전 문학의 주류를 형성하였던 것으로 시체(詩體)는 한 구(句)의 다섯 자를 2·3의 격조로 엮는 것이 정식이며, 전한(前漢)시대에 그 정형이 성립되었고 우리나라에는 신라 28대 진덕여왕이 당나라 고종에게 보낸 태평송(太平頌)을 최초의 작품으로 본다.

칠언(七言)고시는 육조(六朝-중국의 - 吳. 東晋. 宋. 齊. 梁. 陳)말기에 본격적인 형식을 갖추게 되는데, 한 구(句)의 일곱 자를 4·3의 격조로 엮는 것이 정식이다. 우리나라에서도 오언고시보다 늦게 나타나 신라시대 원효대사가 지었다는 '막생혜기사야고 막사혜기생야고(莫生兮

其死也苦 莫死兮其生也苦)'에서 초기 모습을 찾아 볼 수 있다.

근체시(近體詩-절구와 율시)는 운율, 즉 각 詩句를 구성하는 음절의 억양과 장단(長短)의 배열법이 일정한 규칙의 제한을 받는다. 율시(律詩). 배율(排律), 절구(絕句)가 여기에 속하며 5언과 7언의 구별이 있다.

율시는 두 구절(句節)을 묶어 일련(一聯)이라하고 수련(首聯), 함련(頷聯), 경련(頸聯), 미련(尾聯)으로 구성된다. 배율의 시체는 6연 즉 12句로 한 편을 이루며, 한 句는 5언이 정격(正格)이나, 7언도 있으며, 평측과 압운은 율시와 비슷하지만 6연 모두를 대어연구(對語聯句-의미상 대응이 되는 말로 漢詩의 對句)로 하여야 한다.

절구(絕句)는 4구(句)로 완결되는 시형이며 5언 절구와 7언 절구가 있으며, 기승전결로 구성된다. 우리나라에서는 7언이 우세하며, 7언에서도 율시가 더 우세하다.
　우리나라의 초기의 漢詩는 漢字의 유입시기를 2세기경으로 추정해볼 때 漢詩가 민족문학으로써의 향유했던 시기는 이보다 훨씬 뒤로 보아야 한다.

(✍. 고조선시대 여옥(麗玉)의 공무도하가(公無渡河歌)나 고구려 유리왕의 황조가(黃鳥歌) 등은 후대에 한문으로 번역된 작품이라서 최초의 漢詩로 보기는 무리가 따른다.)

을지문덕 장군이 수(隋)나라 우중문에게 준 여수장우중문시(與隋將于仲文詩)를 우리나라 최초의 한시로 보는 것이 타당하다고 학자들은 주장한다. 신라가 한자문화를 체험하게 된 때는 7세기경 (26대 진평왕에서 27대 선덕여왕 때)으로 추정하기 때문이다. 신라 말기에서부터 고려 초기는 우리나라 한문학이 본격적으로 중국을 배운 시기라 할 수 있다.

신라말기 최치원이 당나라에 유학할 때에는 유학생들의 숫자가 수백 명에 이르렀다고 한다. 詩로써 후세에 이름을 전하는 신라말기 시인으로는 고운 최치원을 비롯해서 두세 명에 불과하며, 고려 代에 전하는 대표시인으로는 박인량(朴寅亮 ?~1096), 김부식(金富軾 1075~1151), 정습명(鄭襲明 ?~1151), 정지상(鄭知常 ?~1135) 등 손꼽을 정도다.

송나라 때의 소동파의 시학을 공부한 강좌 7현(江左 七賢)이라 일컬어진 파한집의 저자 이인로(李仁老 1152~1220), 국순전의 저자 임춘(林椿-고려 인종 때)과 오세재(吳世才 명종 때의 한림학사) 등과 동국이상국집의 이규보(李奎報 1168~1241), 김극기(金克己-시인 호는 老峰), 보한집의 저자 최자(崔滋 1188~1260) 등이 고려후기의 시단에 큰 영향을 준 대표적인 시인이라 할 수 있다.

고려말기에 접어들어 우리나라 한시는 안정된 모습을 보이면서 백이정(白頤正 성리학자. 이제현의 스승) 우탁(禹倬 1263~1342), 정몽주(鄭夢周 호는 포은 1337~1392), 길재(吉再 호는 야은 1353~1419), 이숭인(李崇仁 호는 도은 1349~1392), 이색(李穡 호는 목은 1328~1396)을 비롯한 시인들과 이제현(李齊賢 호는 익재 1287~1367) 등이 후세까지 이름을 떨치고 있다.

　조선왕조는 배불숭유(排佛崇儒)의 국시(國是)로 건국되어 성리학을 통치이념으로 채택하면서 문학의 관념도 주자학이 문학 위에 군림하게 되었다. 초기 성리학과 문학을 함께 실천한 학자는 권근(權近)이다. 그 뒤를 이은 시인으로는 동문선의 저자 서거정(徐居正 1420~1488)과 유학자이자 詩人인 김종직(金宗直 호는 점필재 1431~1492) 저항시인 김시습(金時習1435~1493)에 이르러 조선왕조 시단(詩壇)의 기반이 굳혀져 갔다. 기인으로 살다간 시인 김시습의 詩세계는 그만이 도달할 수 있는 독자적인 세계를 구축했으며, 그는 詩로써 말하고자 하는 모든 것들을 표현해냈다.

　중종(中宗)대를 전후해서 이행(李荇 1478~1534), 박은(朴誾 1479~1504), 정사룡(鄭士龍) 등 이른바 해동(海東)의 강서시파(江西詩派)의 출현과 다른 한 편인 신광한(申光漢 1484~1555) 김인후(金麟厚 1510~ 1656) 등은 수준 높은 당법(唐法)으로 그 당시의 시단을 다채롭게 했다.

　박상(朴祥 1474~1530), 임억령(林億齡 1496~1568), 김인후는 호남시단(湖南詩壇)의 선구자로 널리 알려져 있거니와, 특히 임억령과 김인후는 그 인품이 고매하여 詩도 사람도 그 품격이 같다는 평을 받았다. 조선시단이 본격적으로 당(唐)나라의 시학을 배우고 익혀 당풍(唐風)이 크게 일어난 것도 이 시기이며, 그 계기를 이룩한 것은 박순(朴淳)이다.

　세칭 삼당시인(三唐詩人)으로 불리는 백광훈(白光勳 1537~ 1582), 최경창(崔慶昌 1539~1583, 이달(李達－漢詩人) 등이 박순(樸淳

1523~1589)의 문하생들이다.

　이외에도 시인으로 이름을 떨친 허봉(許篈 호는 하곡 1551~1588), 이호민(李好閔 1553~1634), 광해군 때 필화사건으로 목숨을 잃은 권필(權韠 1569~1612),외국사절과의 詩 화답으로 유명한 차천로(車天輅 1556~1615), 어우야담(於于野談)의 저자 유몽인(柳夢寅 1559~1623), 杜甫의 시를 배워 시를 잘 지었다는 청백리(淸白吏)인 이안눌(李安訥 1571~1637)을 들 수 있고, 천류(賤流)로는 유희경(劉希慶 호는 촌은), 백대붕(白大鵬-漢詩人. ?~1592) 등과 황진이와 이옥봉(李玉峯 여류시인) 등을 비롯한 기생문학과 중국에까지 이름을 떨친 여류시인 허난설헌 등이 있다.

　조선후기의 漢詩는 임진왜란(1592년)과 병자호란(1637년) 후 숙종조에 이르기까지 70여 년간은 우리나라 시단의 공백기라 할 수 있다. 김창흡(金昌翕 1563~1722), 이광려(李匡呂), 신광수(申光洙)등이 서로 다른 처지에서 詩의 명맥을 유지했으며, 이른바 실학대가인 박지원(朴趾源 1737~1805)을 스승으로 한 한학사가(漢學四家)라 일컫는 이덕무(李德懋 1741~1793), 유득공(柳得恭 1749~?), 박제가(朴齊家 1750~?), 이서구(李書九 1754~1825) 등의 風流詩가 이채(異彩)를 발하였다. 조선후기에는 민족의 애환을 시로 노래한 시·서·화(詩書畵)의 삼절(三絶)로 이름이 높은 신위(申緯-1769~1847)를 대표적 시인으로 꼽는다.

漢詩가 조선말기에 이르러 점차 시들어가면서 사대가(四大家)로 불리는 강위(姜瑋1820~1884), 이건창(李建昌 1852~1898), 김택영(金澤榮1850~1927), 황현(黃玹 1855~1910) 등이 쇠락하는 한문학사(漢文學史)의 마지막 장을 찬란하게 장식해주었다. 우리나라의 한시는 그 표현에서 문자사용의 성질상 귀족이나 남성중심의 문학일 수밖에 없었으며, 여성들과 서민층들의 참여는 조선중기 이후부터나 가능했던 것이다.

국문학 중 가장 방대하고 찬란한 유산인 漢詩를 체계적으로 정리하고 그 전개과정과 발달사를 정확하게 밝혀내는 연구가 지금까지도 미제(未濟)로 남아 있다.

Ⅰ. 조선시대 漢詩

가. 梅月堂 김시습

나. 河西 김인후

다. 蘭皐 김병연 (김삿갓)

가. 梅月堂 金時習

1. 家門과 사상의 편력(遍歷)

✍. **家門** – 김시습의 字는 열경(悅卿), 호는 매월당(梅月堂), 또는 동봉(東峯), 청한자(淸寒子)로도 불리웠으며, 법명(法名)은 설령(雪岑)으로 본관은 강릉(江陵)이다.(※강릉은 옛 지명이 滄海 또는 溟洲라고도 한다.) 이조 제4대 세종 17년 을묘(1435년)에 서울의 반궁리 북쪽(현재의 지명-명륜동)에서 고려의 시중 김태현(侍中 金台鉉)의 후손(?)이요, 충순위(忠順衛) 벼슬을 하던 일성(日省)과 울진 장씨(張氏)를 모친으로 태어났다.

그의 이름 時習은 논어 학이편(學而篇 – 學而時習之면 不亦說乎아(학이시습지 불역열호아)에서 따 왔다고 한다. 학문에 열중하여 훌륭한 정치를 펴나가는 선비가 되라는 부친의 깊은 뜻이 담겨져 있다. 그가 활동할 무렵에는 세조의 즉위와 관련하여 공을 세운 정난(靖難). 좌익공신과 이시애(李施愛)의 난을 평정하는데 공을 세운 적개공신(敵愾功臣)이 되었다. 이런 정치현실에서 그는 아무런 연을 맺지 못하였기에 자신의 야망을 실현하려 할 때, 여러 제약을 받을 수밖에 없었으리라.

김시습은 外家에서 성장했는데, 외가는 성균관 부근으로 추정된다. 그는 태어날 때부터 영특하였으며, 이웃에 살던 최치운(세종 때 집현전에 들어갔고, 공조·이조 참판을 지낸 학자)이 그에게 시습(時習)이라는 이름을 붙여주었다고 한다.

 뒷날 열경(悅卿)이라는 字를 조수(趙須)에게서 받는데, 열(悅)은 '不亦說乎'의 말씀 실(說) 또는 기쁠 열(悅)과 같은 글자이다. 김시습은 태어난 지 여덟 달 만에 한자(漢字)를 알았고, 세 살 때는 시구(詩句)를 지을 줄 알았다 한다. 다섯 살 때 세종의 칭찬을 받은 뒤로 사람들은 '시습'이라 부르지 않고 그를 '오세(五歲)'라 불렀다.

 세조가 단종에게서 왕위를 빼앗고 단종을 노산군(魯山君)으로 강등시켜 강원도 영월에 유폐시켰다가 죽이는 사건을 보고는 세속과의 인연을 끊고 승려가 되어 방랑길에 올랐다. 그를 추종했던 남효온(南孝溫)은 시습을 生六臣의 한 사람으로 선양(宣揚)하였고, 정조(22대)는 그를 이조판서에 추증하고 '청간(淸簡)'이라는 시호(諡號)를 내렸다. 그는 예법과 명분에 구애받지 않고 거침없이 행동했기 때문에 당시 인사들에게서 미쳤다는 손가락질을 받았다. 그의 광기(狂氣)는 거짓으로 규정되었지만 우리 지성(知性)사회에서 그만큼 광기를 뿜어낸 인물을 달리 찾아보기 어렵다.

✍. 思想의 편력(遍歷)

조선 전기(前期)는 우리 사상사에서 큰 변혁을 일으키는 시기에 해당된다. 고려 말, 조선 초의 유교, 불교체제라는 커다란 흐름 속에서 불교탄압정책의 이론적인 뒷받침으로 등용된 주자학자(朱子學者)들이 훗날 조선 왕조의 사상 추이를 주도한 성리학의 기틀을 다져가던 과도기가 이 시대이다.

이와 같은 시대의 배경 아래 매월당은 유·불·도(儒·佛·道) 3敎를 모두 출입하면서 독특한 내면세계를 구축하였다. 그가 유교와 불교를 함께 연찬(研鑽)할 수 있었던 것은 조선 초 사상계의 특성 때문에 가능했으며, 즉 태종 때는 배불정책(排佛政策)을 표방하고 9대 성종 때에 이르러서는 무단신불(武斷信佛)의 사태가 일어나지만, 조선 初에는 사대부들의 생활에서 주자학이 배타적 우위를 차지하지는 않았다. 세조와 성종 때 고관을 지낸 김수온(金守溫)이 고승(高僧) 신미(信眉)를 兄으로 두었던 것은 그 대표적인 사례다.

(* 무단신불 – 도성 안에 있던 염불소(念佛所)와 불경을 번역하고 간행하던 간경도감을 폐지하고, 사대부 집안의 부녀자들이 비구니가 되는 것을 금했으며, 여승들이 살던 이사(尼寺)를 철거하고 사찰신축을 금하면서 승려가 되는 것을 원칙적으로 막는 불교탄압 강화정책)

김시습이 유가(儒家)의 관점에서 보면 이단(異端)이라고 할 불교를 깊이 연구한 것은 이러한 사상 풍토에서 유래했다. 3敎를 넘나든 그의 사상 편력은 우리나라 사상사(思想史) 전체에서 찾아보기 힘든 일이나, 후대인들에게 많은 논쟁거리를 제공했다.

훗날 율곡 이이(李珥)는 김시습의 '전(傳)'을 적어, 그의 사상 형태를 '심유적불(心儒跡佛)'이라 요약했다. 즉 김시습이 승려의 행색으로 살았지만 본래의 마음은 유학자였다고 규정한 것이다. 또한 김시습을 백이(伯夷)에게 견주어 "百世의 종사(宗師)"라고 부를 만하다고 평가하였다. 〈명종실록 권30, 명종 19년 8월의 史評〉

불교의 선문(禪門)이 철저하게 배척받고 이단 시(視)되던 당대에 치의(緇衣-검은 色의 의복)를 걸쳤다는 것은 유교와의 결별을 의미하며, 20세까지 정통 유자(儒者)로 과거를 통한 웅지(雄志)를 꿈꾸어 온 그로서는 골 깊은 갈등을 경험해야 했다.

20대 초반 법계를 향해 출세한 매월당은 37~47세 까지의 환속기(還俗期)를 제외하면 선문(禪門)에서의 승려로 생애를 마쳤고, 불교저술 또한 많이 남겼으며, 자신을 산승(山僧)이라 자처했다.「異端辯-이단변」에서는 '夷狄之一法耳(이적지일법이)'라 하여 불교를 냉대하였으니, "勿言其言 勿事其事 邪說無隙而人 (물언기언 물사기사 사설무극이인"-그 말은 말하지도 말고, 그 일은 일삼지도 말아서 사사로운 이야기가 들어올 틈도 없게 하라.)이라고 까지 극언을 한다. 계인설-契仁說」에서는 "仁에 들어맞는 것이 즉 부처다(契仁者浮屠也-계인자부도야)"라는 대조적 주장도 보여준다.

以上의 상반된 견해는 각 글들이 쓰여진 시간적 거리에 따라, 그 입장의 변화 가능성을 인정하더라도 유·불의 대립되는 이념 속에서 방황했던 한 지식인의 사상적 갈등을 전해주는 흔적들이라 하겠다.

매월당의 유·불 사상체계를 요약하여 이종찬(李鍾燦)교수는 매월당의「상변설-常變說」을 인용, 이런 결론을 내린다.

"시대적 올바름의 상도(常道)를 가지고 세대적(世代的) 올바름으로 적용하는 것이 시중적(市中的) 적의(適宜)이다. 여기에 확고한 신념이 있어 어떤 변화에서도 자유로울 수 있었던 매월당의 행적을 돌아 볼 때, '儒'도 아니요, '佛'도 아니면서 참다운 儒者요 참다운 佛者였던 '眞儒眞佛(진유진불)'로 보여진다. 〈문학사상 90년 1월호 232쪽, 「主體的인 歷史意識의 詠史詩」에서〉

매월당과 도교(道敎)와의 관계를 보면 조선 初 사상계에서 도교는 불교처럼 금단의 영역이었다. 『매월당전집』 권18 「잡저(雜著)」 편의 유교의 입장에서 도교를 비판하는 내용으로 일관한다. 특히 박수무당으로 대표되는 음사(淫祀)에 관한 부분은 철저하게 부정한다.

그러나 긍정적 시각도 만만치 않다. 그는 10대에 老子의 「도덕경-道德經」과 莊子의 「남화경-南華經」 선가(仙家)의 「황정경-黃庭經」을 읽었으며, 또한 양생(養生) 및 단(丹)분야에 일가를 이루었으며, 실천에 옮겼다한다. 그가 도교에 대해 비판적 자세를 취한 것은 혹세무민(惑世誣民)하는 하품(下品)신앙을 경멸 내지 맹신자(盲信者)들을 파혹(破惑)하는 취지였음을 알 수 있다. 〈※李英鉉의 논문 金時習論 思想편 參照〉

2. 詩세계와 방랑의 길

김시습이 과거에 떨어진 1453년(端宗 원년) 10월에 수양대군의 '계유정난(癸酉靖難)'으로 많은 사람들이 죽어 나가는 살육의 장(場)을 보았을 매월당은 아무런 말이 없던 중, 매월당의 스승 이계전이 수양대군의 수하가 되어 김종서와 안평대군을 제거하는 데 적극 참여하여 그 공으로 정난 일등공신에 올라 병조판서가 되는 처신에 당혹감을 느꼈다.

어쩌면 이때까지만 해도 매월당은 수양대군의 거사가 국난을 바로잡는 충정(衷情)에서 나온 것이라고 믿었던 지, 아니면 자신의 정치 이념을 실현하고자 하는 뜻이 강했기에 불의(不義)를 보고도 잠시 눈을 감았는지도 모를 일이다.

세조로부터 단종이 죽임을 당할 무렵 매월당은 삼각산(지금의 북한산) 등안봉(登岸峰) 아래 있는 중흥사(重興寺-고려 시대 高僧 보우(普愚-1301~1382)가 중흥한 사찰)에서 과거 준비를 하고 있었다. 세조의 정변과 찬탈은 유학사상에 핵심이라고 할 왕도의 붕괴를 뜻하였으나, 그 시절엔 직접으로 비판하는 글은 남기지 않았다.

그런 의식으로 50세 때 관동에서 머물면서 후한(後漢) 말 동탁(董卓-漢나라 왕실을 강화한다는 명분으로 어린 황제 유변(劉辯)을 폐위시키고 헌제(獻帝)를 옹립하였음.)의 발호(跋扈)를 비판하여 쓴 시에 묵시적으로 나타나 있다.

✐ 1.
毋投與狗骨 (무투여구골) ; 개에게 뼈다귀를 주지마라
集類亂喋喋 (집유란재애) ; 개들이 떼로 모여 어지러이 다투는데
不獨其群戾 (불독기군려) ; 자기들 무리들과 어긋날 뿐만 아니라
終應與主乖 (종응여주괴) ; 끝내는 주인과도 어그러지리라.
尊周專戰伐 (존주전전벌) ; 周나라 왕실 높인다며 정벌을 일삼고
安漢弑嬰孩 (안한시영해) ; 한실(漢室)을 안정시킨다면서 어린황제 죽이다니
莫若嚴名分 (막약엄명분) ; 명분을 엄하게 해서

勤王作止偕 (근왕작지해) ; 근왕하여 예 갖춤만 못하리라.

※. 解說- 세조의 왕위 찬탈로 현실에서는 王道가 실현될 가능성이 차단되고, 힘의 논리로 지배하는 패도(覇道)의 세상이 되었다. 패도의 등장은 매월당을 방랑의 길로 들어서게 만들었다.

✎. **詩 세계와 방랑의 길** – 김시습은 정치적 역학관계의 장(場) 속에서 자기의 위치를 조율한 적 없이 방랑과 은둔을 반복한 일생이라 말해도 될 듯하다. 그렇지만 그가 살았던 시대는 간단하게 요약할 수 없는 파란만장한 역사적 사건들로 점철되었으며, 그런 사건들은 그의 인생을 형성하고, 아울러 그의 사상은 외연에서부터 만들어졌다고 봐야할 것이다. 바깥세상의 험악한 정치적 현실과 분위기를 직접 표출시키지는 않았다하더라도 현실의 상황을 경험하고 끊임없이 고뇌하였다.

그는 世宗때 태어나(1435년) 문종의 짧은 재위시절을 지나 단종(1452년 5월에 즉위) 2년 봄에 과거에 응시했으나 낙방하였다. 김시습은 자신이 전패할 때 세종과 문종이 서거한 것처럼 술회하였다. 이런 과거를 가진 김시습은 과거에 합격하지 못한 채 "처사(處士)로 일생을 마쳤다." (※參照-김시습 평전; 심경호 지음-제2부 방랑의 길) 김시습의 추종자였던 남효온(南孝溫)의 수필집 '냉화(冷話)'에서 '계유년 감시(監試), 즉 소과에 응시했을 가능성도 있다'라고 했다.

그렇다면 그는 계유년 2월의 생원시(生員試)와 6월의 진사시(進士試)에도 낙방하지 않았나. 하고 추정해본다. 본래 조선의 과거는 문관 벼슬길에 나아가는 인물을 뽑는 小科 (司馬試 또는 監試.)와 大科(文科.), 그리고 文官 벼슬에 있는 인물들을 재시험(再試驗)하는 중과(重科)의 세 종(種)의 시험이 중심을 이루었다.

　(※ 이 시험들은 武官을 뽑은 武科, 中人계층을 대상으로 한 역과(譯科), 잡과(雜科)와 구별되었다.)

　그가 21세 때인 계유년(1453년)에 수양대군이 왕위를 찬탈(계유정난)하는 패륜적 행위에 분개하여 일컬어 불사이군(不事二君)의 뜻을 품고, 일생을 폐인으로 보낸 生六臣의 한사람인 김시습은 갖고 있던 책을 모두 불살라 버린 후, 이때부터 방랑의 길을 걷게 된다.

　「매월당 전집」에 수록된 詩는 약 2,200여 首로 조선초(朝鮮初) 문원(文苑)을 주름잡은 서거정이 수찬한 동문선(東文選)에 수록된 詩만도 50여 首에 달한다. (※조선 前期를 풍미한 많은 문인들 가운데「동문선」에 50여 首 이상의 시편을 올린 문장가는 서거정과 김종직이 유일하니, 매월당의 詩的 위상을 말해준다. － 李英鉉의 金時習論－매월당의 詩세계 參照)

　"이 결말은 현실 도피적이라 할 수는 있으나, 김시습이 체념적이고 현실 도피적인 삶을 산 것만은 아니었다. 死六臣들의 시신을 목숨을 걸고 수습한 것이나, 세조의 부름을 여러 차례 거절한 것은 분명한 간접적 저항이었고, 끊임없이 글을 써가며 자아를 실현해갔던 것이다.

　단종의 양위 사실을 전해들은 이후 매월당은 미친척하고 세상을 살아간다. 매월당이 중흥사를 나온 뒤, 그의 행적이 분명히 드러나지는 않았으나, 설악산으로 추정한다. (※그가 법명(法名)으로 삼은 설잠(雪岑)은 설악산을 의미하며, 처음으로 숨은 곳이 설악산이었음으로.)

3. 作品 감상 – 시경(詩經)이래로 전통적인 인식은 '시언지(詩言志)'를 시의 본령지로 삼아왔다. 시란 무엇인가? 뜻을 말하는 것이다. 그렇다면 뜻이란 무엇인가? 이에 이르면 매우 복잡해지지만 고대 위진(魏晉) 이전의 詩들은 영물(詠物)보다는 영회(詠懷)에 더 관심을 기울였다. 그래서 서거정은 『동인시화』에서 "詩는 뜻을 말하는 것이다. 뜻은 마음이 가는 바(곳)이다. 이런 까닭에 그 詩를 읽으면 그 사람을 알 수 있다"고 하였다.

장계(張戒)가 『세한당시화(歲寒堂詩話)』에서 "자신의 생각을 말하려는 것이 시인의 본의(本意)이니, 물건을 읊조리는 것은 다만 시인의 여사(餘事)일 뿐이다"라고 한 것은 정곡을 뚫은 말이다. 詩에서 정(情)과 경(景) 어느 것이 먼저냐 하고 논 할 수는 없지만, 그것들은 서로 떨어진 듯, 서로 융합도 하는 그럴 때마다 각기 그 묘(妙)가 있다고 한다.

詩는 찬 샘물이다. 詩를 잘 쓰려면 물의 선변(善變)을 배워야 한다. 굴원(屈原)의 詩와 장자(莊子)의 산문(散文)에서는 모두 강개의 비분(悲憤)이 담겨 있다. 그러나 그 강개는 어디까지나 돌에 부딪혀 나는 여울의 소리였지, 악악거리며 떠들어대는 왜가리 소리가 아니었다. 그러던 것이 후대로 내려오면서 詩의 법은 점차 시끄럽고 번다하게 되어 옛 사람들의 정신은 찾아보기 어려워져 수다스럽게 말하고 아프다고 꾸며대는 소리가 시의 내용으로 되고 말았다. 심상(尋常)의 나락으로 떨어지지 말아라. 그러나 진정한 시법(詩法)에 진입하려면 반드시 통과해야 할 최후의 현관이 있다. 그 현관 앞에 서려면 많은 과정을 거쳐야 하며, 그 누구도 문을 여는 법을 일러 줄 수는 없기에, 스스로 깨달아 자신의 손으로 열고 들어가야 한다.

매월당이 살았던 시대 정황으로 보아 처세중심지향은 굴원(屈原)이요, 처세의 방법적 모델은 도잠(陶潛-도연명)이라 할 수 있다. (※이종찬의 '매월당의 문학세계『매월당-그 문학과 사상』강원대학교 출판부, 215쪽-참고).

매월당은 정치적 이상이 무너지자 소극적 노장사상(老莊思想)으로 전향하여 당대(當代)와 격리된 은일(隱逸)의 삶을 영위했으며, 굴곡이 심했던 생애에서도 인구에 회자되는 '귀거래사(歸去來辭)'를 남겨 후대에 은일 시인의 종(宗)으로 추앙받은 도연명(陶淵明)은 그 인생역정이 매월당과 공통점을 많이 갖고 있다.

매월당의 방랑의 세월이 거의 정리되어가는 지천명(知天命)의 나이에 써가는 詩세계는 앞서와는 다른 면모를 보여준다. 다음의 詩는 매월당의 갈등이 첨예하게 나타나 있는 40대의 작품으로 전원시 특유의 분위기와 내재적이며, 서정의 요소가 상당히 질게 깔려 있다.

✎ 2. -前略-
人生行樂耳 (인생행락이) : 인생은 즐겁게 지낼 뿐이거늘
富貴勞我身 (부귀노아신) : 부귀는 나를 수고롭게 하네.
我身勿復慮 (아신물부려) : 내 몸은 다시 생각하지 말 것을

否泰在蒼旻 (부태재창민) : 잘 되고못 되는 것은 푸른 하늘에 달려있네.
衆人正啁嘐 (중인정조초) : 여러 사람들이 떠들고 짓씹어대니
世我相矛盾 (세아상모순) : 세상과 나는 서로 모순되네.
細和淵明詩 (세화연명시) : 도연명의 시나 잘 화운(和韻)하다가
乘化以歸盡 (승화이귀진) : 조화가 되는대로 無로 돌아가리라.

 매월당의 방랑의 길을 40대 전후로 나눠 본다면, 세월에 얹혀 체득한 고뇌의 체험을 안으로 삭이던 전반기 방랑 시절인 수락산 기슭 폭천정사(爆泉精舍)에 은거하던 무렵의 전원시다. 어찌 보면 자신과 세상과의 거리가 최대로 벌어졌던 시기로 그 어그러짐을 확인하기 위한 작업의 일환으로 시인은 손수 농경에 임한다.

 그러나 뿌린 콩의 싹은 자라지 않고, 잡초만이 무성한 풍경은 흡사 스스로의 모습인 것만 같아 세상과 나와의 모순의 갈등만 증폭시킬 뿐이다. 결국 시인이 돌아 갈 세계는 자적(自適)의 경지요, 자신이 가꾸어야 할 밭은 마음의 밭(心田)임을 확인하면서 詩는 끝맺음을 한다. (※조선시대 한시 작가론-이영현의 '金時習論' 參照)

 김시습은 50세 이후 양양(襄陽)의 설악(雪嶽)에 있을 때 我生이라는 詩를 지어(『매월당집』권14, 溟洲日綠, 『我生』) 자신의 삶을 요약하였다.

✎ 3, 我生(아생 –나의 삶)

我生旣爲人 (아생기위인) : 태어나 사람의 꼴 취하였거늘
胡不盡人道 (호불진인도) : 어찌해서 사람 도리를 못다 하였나.
少歲事名利 (소세사명리) : 젊어선 명리를 일삼았고
壯年行顚倒 (장년행전도) : 장년이 되어선 자빠지고 넘어졌네.
靜思縱大恧 (정사종대뉵) : 고요히 생각하면 부끄러운 걸
不能悟於早 (불능오어조) : 진즉에 깨닫지 못하였다니.

그의 詩 '我生'을 읽어가면서 파란만장했던 질곡의 삶을 보는 것 같다. 자유로운 詩 정신과 시형(詩形)을 중시하며, 2,000여 首의 시편(詩篇)을 남긴 매월당은 우리나라 최초의 한문소설인『금오신화–金鰲新話』의 작가요, 生六臣의 한사람이었던 志士의 모습이 지나치게 부각된 결과, 시인으로서의 뛰어난 자질을 별로 주목받지 못했던 것이 사실이다.

그는 생애의 끝 무렵(58세 때)을 충청도 홍산(鴻山)의 무량사(無量寺–부여군 만수산.)에서 보냈다. 한 많은 일생을 무량사에서 (1493년 2월에) 마감한 그는 유언으로 다비(茶毘–불교의 장례행상인 火葬)를 하지 말고, 무량사 옆에 매장해주기를 원했다한다. 승려들은 그 유언을 가매장(假埋葬)으로 시행했고, 3년 뒤 다비를 거행하여, 그때 나온 사리(舍利)를 봉안하는 부도(浮屠)를 세웠는데, 지금은 무량사 어귀의 서쪽 편에 있다고 전한다. (※그때 나온 사리 한 점이 부여박물관에 보관되어 있다.)

성종이 즉위한 후에 관직에 나아가려했으나, 뜻대로 되지 않았고, 40

대 후반에 환속해서 결혼을 했으나 곧 사별을 했다. 조숙한 천재, 외로운 방랑자, 꿈을 꾸다 죽은 늙은이 그의 삶을 제대로 이해한 사람은 그리 많지 않았으나, 그를 미워한 사람도 많지 않다. 세간의 명리를 벗어나 지팡이 하나, 짚신 한 쌍으로 무심한 구름과 사심 없는 달빛처럼 유유자적하던 사람이 바로 김시습이다.

퇴계는 "梅月堂은 남다른 이인(異人)이며, 색은행괴(索隱行怪)에 가깝지만 만난 시대가 그리하여 드디어는 높은 절개를 이루었소."라고 했다.
  (※『매월당 전집』부록 권1「諸家雜記」-"梅月堂 別時一種異人 近於索隱行怪 而所値之世適然遂成實高節耳- 매월당 별시일종이인 근어색은행괴 이소치지 세적연수성실고절이")
매월당은 詩와 生涯가 철저하게 하나가 되었으며, 그리하여 이 땅의 대표적인 저항문학으로서 기억될, 우리 한시사(漢詩史)에 큰 획을 그었다.

＊. 유람 길에서- 천하명산의 기괴한 형세는 인간들의 내부에 있는, 자신도 모르는 힘을 발산(發散)하게 만드는 것일까? 아니면 평범한 속물들을 두렵게 하고, 왜소함을 깨닫게 하는 것일까? 금강산의 심장은 만폭동의 가장 깊은 곳에 있는 마하연이라는 사찰(寺刹)이라고 한다. 마하연은 본래 신라 문무왕 원년에 의상대사가 창건했고, 신라의 마의태자가 이곳에서 生을 마치려 했으며, 고려 때 고승인 나옹화상이 수도

하던 곳이다.

 梅月堂은 마하연의 장엄함을 "몇 백 겁을 두고 소원을 세운 것은, 평생에 한 번 이 산 앞에 와보는 일 (百怯億生曾有願, 一身一到此山前-백겁억생증유원, 일신일도차산전) 이라고 했다. ※「매월당전집」속집 권1 유관동록(遊關東錄),「마하연-摩訶衍」

 금강산 일대를 유람하던 매월당은 승려들을 보면서 답답하게 생각 했다. 인생의 허무를 느끼면서 자규(子規-두견새)를 노래한 詩,「不如歸」에서는 방랑의 애달픔을 토로하였고, 자규의 울음을 '불여귀' 즉 '돌아감만 못하다.' '얼른 돌아가라.'로 음차(音借)해서 적고, 세속의 기심(欺心)을 잊겠다는 뜻을 새삼 다짐한 것이다.

🖉 4. 不如歸(불여귀 -돌아감만 못하다)

不如歸去好 (불여귀거호) ; 돌아감만 같지 못하다만
何處可安歸 (하처가안귀) ; 어느 곳이 돌아가 쉴 곳인가?
宦路風濤惡 (환노풍도악) ; 벼슬길엔 바람과 파도가 사납고
侯門知識稀 (후문지식희) ; 벼슬아치 집엔 아는 이 드물어
爲人長戚戚 (위인장척척) ; 늘 근심 걱정하면서
弔影正依依 (조영정의의) ; 제 몸과 그림자가 서로 불쌍하게 여길 뿐
林泉甘吾分 (임천감오분) ; 임천에서 내 분수 달게 여겨
莫若不履機 (막약불이기) ; 함정에 빠지지 않음이 더 나으리.

※. 詩語 풀이 - 林泉은 세속을 떠난 자연.

호남지방을 가기 위해 호서(湖西)지방을 지나 호남 땅 익산(益山)으로 접어든 매월당은 미륵원(彌勒院 - 즉 현재의 미륵탑) 유적이 있는 곳으로 갔다. 그곳에 살고 있던 옛날 성균관에서 동문수학(同門修學)하던 시절의 친구가 그때까지도 벼슬을 그리워하는 모습을 보고, "세체(世諦; 차별이 있는 현실생활의 이치)를 논(論)하자면 속된 말이 많을 것이니, 거문고로 옛 곡조나 타보리라."(若論世諦應多俗, 且拂絲桐彈古風 - 약론세체응다속 차불사동탄고풍 -) 하면서 이별을 告하고 장성(長城)으로 떠나갔다. (※『梅月堂集』 권11. 遊湖南錄「與金直講話舊」)

장성현(長城縣)의 지명(地名)은 중국의 만리장성(萬里長城)과 같다. 만리장성을 쌓아 올릴 때의 人民들의 고통과 위정자들의 포악한 행위를 생각하면서 매월당이 살아가는 당시의 정치상황에 비교를 했다. 다시 전주(全州)로 발길을 돌려 천왕사(天王寺)의 유적들이 흘러간 세월의 흔적을 말해주는 쓸쓸한 풍경을 뒤로 하고, 화암사(花巖寺)에서 한밤에 피어오르는 향내에 취해 보았다. 보안현의 변산(邊山)을 지나 내소사(來蘇寺)가 있는 능가산(楞伽山)에 올라 서쪽바다에서 불어오는 맑은 기운에 젖어 사색에 잠기었다.

약 2년(1460~1462년 - 세조 8년) 여에 걸친 호남지역을 유람하면서 전라도 사람들의 드센 기질을 보았고, 그러한 기질들이 백제의 부흥을 도모했던 것으로 매월당은 추정한다. 그는 관서지방(關西地方)을 유람하면서 쓴 詩들은 인간세상의 허무를 노래하는 회고조(懷古調)가 짙었지만, 호남에서는 옛 사적을 둘러보며 현실을 직간접으로 비판하였다. (※.역사를 詩로 읊는 작품을 영사시(詠史詩)라고 한다.)

*. 梅花를 사랑했던 梅月堂 - 매월당은 1462년의 가을이 저물어 갈 무렵 남원의 운봉현을 지나, 경상도 함양을 둘러보고, 해인사에서 고운 최치원(孤雲 崔致遠)의 유적을 찾는다. 그해 늦가을 매월당의 나이도 이제 28세가 되었다. 벼슬을 했더라면, 의젓하게 기반을 잡고 앉았을 나이에 떠돌아다니는 신세로, 금오산(金鰲山) 중턱의 용장사(茸長寺)에 짐을 풀었다.

경주의 '남산'을 금오산이라고 부르게 된 것은 당나라 때의 시인 고운(顧雲)이 신라의 최치원에게 준 詩에서 "내가 듣자하니 동해(東海)에 세 마리 금오(金鼇-금자라)가 있어, 금오가 山을 높이 이고 있다하네."(我聞海上三金鼇, 金鼇頭戴山高高 - 아문해상삼금오. 금오두대산고고)라고 쓴 데서 비롯되었다고 한다. (※新增東國輿地勝覽 권21, 慶尙道 慶州府 '山川' 金鰲山 條項. ※ 鼇는 鰲와 같은 뜻이다.)

매월당은 신라 최초의 사찰인 흥륜사(興輪寺)의 유적과 흥망성쇠에 허무를 느끼면서, 황룡사의 금동 장륙존상이 말없이 우뚝 서있는 모습에서 자신을 돌아다본다. 3년 여(1463~1465년)를 경주에서 보내던, 어느 해 정월 매월당은 눈길에 梅花를 찾아 나섰다. 그는 매화의 기품과 매화에 대한 매력으로 14首나 되는 詩로 매화를 노래했다고 한다.

매화는 청사(淸士), 은일(隱逸), 은둔(隱遁), 지조(志操), 절개(節槪)의 상징이다. 중국 宋나라 때 매화를 유별나게 사랑한 임포(林逋-號는 육유(陸游), 방옹(放翁), 화정和靖))가 있었다. 임포는 매화를 아내로 삼고, 학(鶴)을 자식으로 평생을 살았다 한다. 육유는 "어찌하면 이 몸이

천 만 개로 되어, 매화나무 하나하나에 육방옹이 하나로 될 수 있으랴. -
(何方可化身千億, 一樹梅花一放翁- 하방가화신천억, 일수매화일방
옹)"이라하면서 매화를 지극하게 사랑하는 마음을 보였다.

　매월당은 육유의 매화 詩를 어려서부터 애송하다가, 그 역시 매화의 매력에 푹 빠져들었다 한다. 매월당은 경주에 머물면서 매화 詩를 남겼는데, 그는 매화의 일생을 자신의 이상에 비유하면서 읊어냈다.

✍ 5.
花時高格透群芳 (화시고격투군방) ;
　　　　　　　꽃이 필 때의 품격은 뭇 꽃들 중에 빼어나고,
結子調和鼎味香 (결자조화정미향) ;
　　　　　　　열매(梅實)는 간을 맞춰 음식 맛이 향기롭네.
直到始終存大節 (직도시종존대절) ; 시종 큰 절개를 보존하니,
衆芳那敢窺其傍 (중방나감규기방) ; 다른 방초들이 어이 짝을 이룰쏘냐.

　※. 解說- 매화가 한창이었다는 글의 속뜻은 벼슬길에서 학덕(學德)과 식견(識見)을 발휘하는 것을 말하고, 매실로 음식 맛을 돋아낸다는 것은 원숙(圓熟)한 재상(宰相)의 풍모(風貌)를 의미한다. 이것이야말로 매월당이 원했던 이상적(理想的)인 삶이었을 것이며, 그 理想을 이루지 못한 서운한 감정이 이 詩의 이면(裏面)에 숨어 있다.

　*. 원효대사를 추모하는 梅月堂- 매월당은 경주의 남산에 머물면서 분황사에 있던 화쟁대사(和諍大師)인 元曉의 비(碑)를 보고 성(聖)과 속(俗)을 넘나들면서도 얽매임이 없었던 元曉大師의 삶을 추모하였으며, 기리는 마음으로 詩를 남겼다.

6. 無諍碑(무쟁비)

一名 '君不見體'라고 불리는 七言古詩 형식이다.

君不見新羅異僧元旭氏 (군불견신라이승원욱씨);
　　　　그대는 못 보았나, 신라의 이승 元旭 씨가
剔髮行道新羅市 (척발행도신라시);
　　　　머리 깎고 신라의 저자거리에서 도를 행한 것을.
入唐學法返桑梓 (입당학법반상재);
　　　　당나라에 가서 불법 배워 고국으로 돌아와
混同緇白行閭里 (혼동치백행여리);
　　　　僧俗(緇白)을 넘나들며 민간으로 다니매
街童巷婦得容易 (가동항부득용이);
　　　　거리의 아동과 부녀자도 어렵지 않게 대하는
指云誰家誰氏子 (지운수가수씨자);
　　　　그를 두고 아무개 집 아무개라 가리킬 정도.

然而密行大無常 (연이밀행대무상);
　　　　그러나 큰 무상의 도를 남몰래 행하여
騎牛演法解宗旨 (기우연법해종지);
　　　　소를 타고 법을 펴서 종지를 풀이하니,
諸經疏抄盈巾箱 (제경소초영건상);
　　　　불경의 소초가 책 상자에 가득하여,
後人見之爭仰企 (후인견지쟁앙기);
　　　　후인들이 보고서 다투어 따랐도다.

追封國師名無諍 (추봉국사명무쟁);
　　　　　열반한 뒤에는 국사로 봉하고 무쟁이라 시호를 내려
勤彼貞珉頗稱美 (근피정민피칭미);
　　　　　곧은 돌에 사적 새겨 크게 칭송하매
碣上金屑光燐燐 (갈상금설광린린);
　　　　　비갈(碑碣) 위에 금가루 광채가 찬란하고
法畫好辭亦可喜 (법화호사역가희);
　　　　　불화(佛畫)와 글(辭)도 훌륭하구나.
我曹亦是善幻徒 (아조역시선환도);
　　　　　우리도 환어 잘 하는 무리라서
其於幻語商略矣 (기어환어상략의);
　　　　　환어에 대해서는 대강 아는 편
但我好古負手讀 (단아호고부수독);
　　　　　다만 나는 옛 道를 좋아해 뒷짐 지고 읽을 뿐
吁嗟不見西來士 (우차불견서래사);
　　　　　아아! 서쪽에서 오신 분(달마)을 보지는 못하누나.

※ 詩語풀이 – ①신라 이승 '원욱'은 원효를 지칭. ②'무쟁대사'는 원효의 추증된 시호. ③'무쟁비' 18句는 그 의미로 보아 세 부분으로 나뉜다.

* 1부는 6행까지며, 원효가 불법을 깨우친 뒤 民間에서 불법을 실행하는 과정.

* 2부는 7~10행까지로 많은 책을 남겨 후대 교학의 존경을 받은 사실을 서술하였고,

* 3부는 고려 때 원효가 추시(추증)받은 사실을 서술로 나눠 풀이 한다.

이 詩는 聖과 세속에 얽매이지 않은 원효의 삶을 모범으로 삼고자 했던 매월당 자신의 정신 지향을 표출하는 데 가장 효과적인 형식이었다고 한다. (※.김시습 평전 203~214쪽 참조. 2003. 돌베개- 심경호 지음.)

* 금오신화와 梅月堂 - 매월당이 지은 한문 단편 소설집인「금오신화(金鰲新話)」는 기이한 이야기를 창의적으로 재구성하는 전기소설(傳奇小說) 양식이다. 전기소설은 중국의 唐나라 때부터 발달하기 시작했는데, 육조시대(六朝時代)에 성했던 지괴소설(志怪小說)과는 다르다.

금오신화는 서사(敍事)문학의 계보 속에서 나온 것으로 볼 수 있으며, 전등신화(剪燈新話)에서 표현 기법을 착상했을 것으로 본다.

「금오신화」는 매월당의 자전적 사실이 상당히 담겨 있다고 볼 수 있는데, 예를 들면, 만복사저포기(萬福寺樗蒲記)의 홍생, 이생규장전(李生窺墻傳)의 이생, 취유부벽정기(醉遊浮碧亭記)의 양행, 남염부주지(南炎浮洲志)의 박생, 용궁부연록(龍宮赴宴錄)의 한생, 등 주인공들이 모두 범부(凡夫)이다. 다시 말해서 다섯 작품들의 주인공들은 모두가 훼손된 세계 속에서 온전한 사랑이나 올바른 이념을 구현하지 못하고, 보통 사람의 모습을 그대로 지니고 있다. 원래는 더 많은 작품이 실렸을 것으로

추정되나, 지금은 다섯 편만 전하고 있다.

　死六臣들의 시신을 수습한 뒤 관서지방(지금의 평안도)을 돌던 그가 평양의 대동강에 도착한 때가 가을 달밤이었으리라 추정되며, 그의 소설 금오신화의 취유부벽정기(술에 취해서 부벽정에서 놀다.)에서처럼 정치적인 격랑 속에서 모든 꿈을 버리고, 세속을 등진 恨이 많은 청년 김시습이 고도(古都)인 평양을 유유히 돌아 흐르는 강을 보며 느낀 것들은 무엇이었을까?

　'취유부벽정기'에서 개성의 부자 아들인 아름다운 소년 홍생이 유람을 위해 대동강에 온 것은 정축년(丁丑年) 한가윗날로 설정이 되어 있다. 매월당은 세조에게 죽임을 당한 단종에 대한 감회를 주인공 홍생에게 투영한 것이다. 그 내용을 간추려 본다.

　※ "홍생은 늦은 밤 혼자서 조각배를 타고 강을 거슬러 부벽정 밑에 이른다. 부벽정은 평양의 명소인 부벽루를 말하여, 푸른 물위에 떠있는 누각이라는 뜻이다. 일찍이 고려의 왕들이 풍류를 즐겼고, 조선시대의 '神이 내린 벼슬'이었다는 평양감사가 화려한 잔치를 숱하게 벌였던 곳이다. 홍생이 부벽루에 올라서니, '달빛은 바다처럼 널리 비치고 물결은 흰 비단 같았다.'

　이런 청아하고 고요한 경치 속에 있을 때, 인간은 그 신비로운 아름다움으로 인해 벅찬 기쁨을 느끼면서 동시에 묘한 슬픔을 느끼기도 한다. 이런 정황은 北宋의 시인 소동파의 '적벽부(赤壁賦)'에서 소동파와 달밤 뱃놀이를 즐기던 객이 말한 것처럼 영원한 시간으로 이어지는 듯한 자연의 거대한 아름다움 속에서 인간이 너무나도 작아 보이고, 유한한 존재임을 문득 깨닫기 때문인지도 모른다.

※- 홍생은 슬픈 감상에 빠져 가면서, 특히 이곳이 고구려의 도읍지였음을 상기하고 "임금이 계시던 궁궐에는 가을 풀만 쓸쓸하고 구름 낀 돌층계는 길마저 아득해라"와 같은 즉흥시를 지어 읊으면서 슬피 울었다.
　- 그가 시를 읊는 소리는 '깊은 구렁에 잠긴 용을 춤추게 하고, 외로운 배에 있는 과부를 울릴 만하였다'고 한다. 이 표현은 '적벽부'에서 객의 구슬픈 피리 소리를 묘사한 詩句로, 이렇게 '취유부벽정기' 여기저기에는 '적벽부'의 영향이 스며있다. '취유부벽정기'에서 홍생의 시를 읊는 소리에 화답한 것은 갑자기 나타난 아름답고 기품이 있는 여인이었다.

　※- 그 여인은 그대와는 시를 論할 만 하군요'라고 하며, 자신의 시를 홍생에게 주는데, 홍생이 그녀의 신분을 묻자, 그녀는 자신이 옛 기자조선의 마지막 왕녀였다고 한다. 공주는 이렇게 홍생과 시를 주고받다가 날이 새자 홀연히 전설의 새 난조(鸞鳥)를 타고 날아가 버렸다. -

　梅月堂은 젊은 시절 이래로 왕도정치의 이상을 현실에서 실현하겠다는 확고한 신념을 지니고 있었다. 비록 그의 뜻은 실현시키지 못했으나, 유가(儒家)의 참 정신을 파악한 참다운 유자(儒子)요, 불가(佛家)의 참 정신으로 살아가고자 했던 불자(佛子)로서 후대의 스승으로 숭앙을 받을 수 있었다. 그는 많은 詩와 글을 지었으나, 안타깝게도 일부는 흩어져 없어졌으며, 여러 사람들의 노력으로 남은 글들이 편집되어 지금까지 전해지고 있다.
　20여 년의 연령 차이는 있으나, 같은 시대를 살다간 남호온의 「사우명

행록(師友名行錄)」에는 "김시습이 지은 詩는 수만(數萬)여 편에 이르지만, 외지를 떠도는 사이에 흩어져 없어졌거나, 조정대신들과 유학자들이 가져가서 자신의 작품으로 둔갑시켰다."는 기록이 있다.

(※.師友名行錄, 秋江集-民族文化推進會1988년. 영인 표점. 韓國文集叢刊 16).

매월당은 수양대군의 왕위찬탈 소식을 듣고, 통탄하며 책을 불사르고, 중이 되어 청한자(清寒子)를 자칭하며, 세상을 등진 방랑의 세월 속에 허무한 생을 마감하였다.

※ 참고문헌

* 김시습 評傳 (심경호지음. 돌베개. 2003년)
* 漢詩 美學 산책 (정 민 지음.솔. 2003년)
* 韓國歷代 漢詩 詩話 (이가원 저. 연세대학교 출판부. 1980년)
* 漢文學史 (새문사)
* 朝鮮時代 漢詩 작가론 (이종찬 외. 이회문화사. 1996년)
* 朝鮮名人傳 (윤갑식 편저. 명문당. 1990년)
* 國文學전사 (이병기 외. 신구문화사. 1993년)
* 韓國文學思想史 (김상홍 외. 계명문화사 1993년)
* 韓國漢詩 권 3.(金達鎭 譯 - 民音社)
* 韓國詩歌文學史. 朴乙洙 著. 亞細亞文化社.
* 韓國文學史. 장덕순 著 同和文化社
* 韓國漢詩의 傳統과 文藝美 .이종묵 著 太學社.
* 詩話叢林 亞細亞文化社. 1973.
* 古典詩歌論 金學成 權斗煥 共著. 새문사.
* 金時習 評傳 심경호. 돌베개. 2003.

나. 河西 金麟厚

1. 출생과 이력

조선조(朝鮮朝) 중종~ 명종조의 대표적 성리학자이며, 文人인 河西 金麟厚(하서 김인후)의 생애와 문학을 간략하게 더듬어 본다.

그를 문묘(文廟)에 배형(配亨)시킨 정조(22대)는 "이 나라의 인물 중 도학(道學)과 절의(節義) 그리고 문장(文章)을 모두 구비한 선비는 오직 河西 한 분뿐"이라고 극찬을 하였으며, 그 중에서도 절의(節義와 義理)에 있어서는 해동(海東)에 '무여윤비(無與倫比)'라고 율곡은 말했다.

선생의 절의는 仁宗(12대)이 승하(昇遐)한 비보(悲報-선생의 나이36세 때)를 듣고 통곡하였으며, 그후 明宗이 즉위한 후에 여러 차례 높은 관직을 제수(除授)하여 등용(登用)하려 했으나, 그때마다 사양하고 고향에서 제자 양성에 전력을 다했다.

선생의 문하생(門下生) 정송강(鄭松江)은 "東方에서 출처(出處)가 正大한 사람이 없는데, 오직 河西 선생 한 분이 있을 따름이다."라고 했다.

河西는 全 생애를 걸쳐 왕성한 문학활동을 한 詩人이며, 문장가였다. 〈백구가(白鷗歌)〉〈자연가(自然歌)〉 등의 시조작품과 〈하서집(河西集)〉에 실린 약 1,600여 首에 이르는 작품의 격조(格調)가 매우 높아 그의 사후 명종실록(明宗實錄)의 사관(史官)은 "장성함에 이르러 詩나 文

章을 지으며 맑고, 화려하고, 높고, 그윽해서 세상에 견줄 자가 드물었다.”(※명종실록- 庚申正月 壬午條 "及長爲詩文 淸華高妙 世罕其比人"경신정월 임오조 급장위시문 청화고묘 세한기차인) 고 적혀 있다.

이 外에도 이수광(李睟光)은 〈지봉유설-芝峯類說 卷 十四〉, 퇴계 이황(退溪 李滉)은 〈퇴계집-退溪集 券 二〉, 신흠(申欽)은 〈상촌집-象村集 卷 三十七〉, 김상헌(金尙憲)은 〈청음집-淸陰集-〉 등 당대 또는 후대 文人들의 찬양은 그가 우리 문학사에서 간과할 수 없는 위치에 있음을 시사(示唆)해 준다고 했다.

그의 출생지는 호남의 장성현 맥동리(長城縣 麥洞里-현재 전남 장성군 황룡면 맥동리)에서 李朝 中宗 5년인 1510년에 아버지 영(齡)과 어머니 옥천조씨(玉川 趙氏) 사이에서 출생하였으며, 선생의 휘(諱)는 인후(麟厚), 字는 후지(厚之), 號는 담제(湛齊)인데 세칭 하서(河西)라고 하며, 어려서부터 남달리 총명하여 "신동(神童)"으로 불리었다한다.

본관(本貫)은 울산(蔚山)이며, 시조는 신라 56대 경순왕의 둘째 아들인 학성부원군 덕지(德摯)다. 직접 사사(師事)한 스승으로 모신 분은 세 분이라 한다. 10세 때 전라감사로 부임한 모제 김안국(慕齊 金安國)은 그의 학식을 시험해 본 후 그를 "나의 소우(小友)"라 하면서 〈小學〉을 가르쳤으며, 〈진시삼대인물-眞時三代人物〉이란 칭찬까지 아끼지 않았다.

14세 때 여흥 윤씨(驪興 尹氏) 임형(任衡)의 딸에게 장가를 들었으며, 18세 때는 기묘사화(己卯士禍)로 동복(同福)에 귀양 온 최산두(崔山斗)

에게 수학(受學)하였는데 여러 학문에 통달한 그에게 "추수빙호-秋水 冰壺" 일컬었다. 그후 면앙정 송 순(俛仰停 宋純)에게서 가르침을 받았다한다.

22세 때는 성균관 사마시(司馬試)에 합격하여 성균관에 입학하여 서경덕(徐敬德), 정유길(鄭惟吉) 등과 함께 공부하였고, 24세 때는 학우(學友)인 퇴계 이황(李滉)과 더불어 지기(志氣)가 맞아 깊은 친교를 맺었다 한다.(※退溪 言行錄에 〈退溪所與交遊者 惟河西一人而已-퇴계언행록 퇴계소여교유자 유하서일인이이〉라고 쓰였다.)

34세 여름 사월에 正七品으로 승진되었으며, 世子로 있던 인종(仁宗)께서 손수 그린 묵죽일본(墨竹一本)을 하사(下賜)받았다.

河西는 인종, 명종 때의 명유(名儒)로서 형이상학적 철학연구를 주안(主眼)으로 주자학(朱子學-性理學)을 철칙으로 삼아 온 대학자이며, 孔子를 주벽(主壁)으로 신라시대 명유인 고운(孤雲) 최치원(崔致遠)부터 이조말 고종때 신독재(愼獨齋) 김집(金集)까지 문묘(文廟)에 배향(配亨)된 대유(大儒) 18현 중의 한 분이다.

성리학의 대가인 河西의 문학작품으로는 고시(古詩) 약 249 수, 절귀(絶句) 822 수, 율시(律詩) 483 수, 배율(排律) 31수를 합한 총 1,585首를 남겼다.

그의 詩는 대체로 내면의 의식적 기조(基調)인 도학(道學), 지절(志節), 은일(隱逸), 풍류(風流)의 정서와 지극한 효심과 인정(人情)에 기반을 두었다.

시경(詩經)과 초사(楚辭)를 문학의 전범(典範)으로 여겼으며, 굴원(屈原), 도잠(陶潛), 이백(李白), 두보(杜甫), 소식(蘇軾) 등 중국의 문인들에게서 많은 영향을 받았다. 특히 주희(朱熹-주자)의 고고(孤高)한 생애와 문학을 찬미하였고 이와 같은 취향은 이른바 '사무사-思無邪'를 지향하는 시의식(詩意識)의 토대 위에 성립되었다.

도학의 시류(詩類)는 자신의 심오한 학문을 표출하였으며 교육자로서의 자세와 정통 朱子學者의 면모를 확인할 수 있다. 자연시류(自然詩類)에서는 은일(隱逸)하는 선비의 멋과 낭만과 풍류의 정서를 잘 드러내놓고 있다.

2. 필암서원과 훈몽재(訓蒙齋)

필암서원(筆巖書院)은 河西의 높은 절의와 학문을 숭앙하기 위해 그의 문인들이 1590년(선조 23년)에 전라남도 장성군 황룡면 기산리에 세운 서원이다. '筆巖'은 하서의 고향인 맥동에 '붓처럼 예리'한 바위형상의 모습에서 지어졌다고 전해온다.

사적 제 242호로 하서 김인후를 기리기 위해 건립되었으며, 1590년에 세워진 이 서원은 정유재란 때 소실되었다가 1624년에 복원되었다. 1662년(현종 3년)에 '필암'으로 사액되었으며, 1672년 지금의 위치인 필암리로 이전되었다.

필암서원은 고종 때 대원군의 서원철폐령에도 훼철(毁撤)되지 않은 47개 서원 중의 하나로 이 서원에 보장된 문서들은 보물 587호로 지정되었다.

필암서원은 2019년 7월에 제 43차 유네스코 세계문화유산위원회에서 한국의 14번째 세계문화유산으로 등재되었다. 세계문화유산으로 등재된 우리나라의 서원은 (※.영주의 소수서원(1543년 건립), 함양의 남계서원(1552년), 경주의 옥산서원(1573년), 안동의 도산서원(1574년)과 병산서원(1613년), 장성의 필암서원(1590년), 달성의 도동서원(1605년), 정읍의 무성서원(1615년), 논산의 돈암서원(1634년).)등 모두 9개 이다.

訓蒙齋(훈몽재)는 조선초기의 성리학자인 河西 선생이 후진을 양성하기 위하여 명종 3년(1548년)에 지은 것으로 원래의 이름은 훈가(訓家)였으며, 하서 김인후, 송강 정철, 우암 송시열 등의 학문적 자취가 어려 있는 호남유학의 성지다.

'훈몽'은 아이들을 가르친다는 뜻으로 하서는 소윤(小尹)과 대윤(大尹) 즉 윤원형(尹元衡)과 윤임(尹任) 사이의 권력 싸움으로 야기된 을사사화(乙巳士禍) 이후 관직을 버리고 이곳으로 내려와 후학을 가르쳤다.

그 후 송강 정철(松江 鄭澈), 금강 기효련(錦江 奇孝鍊), 월계 조희문(月溪 趙希文) 등이 이 훈몽재에서 학문을 연마하였고, 우암 송시열(尤巖 宋時烈) 선생은 여기에서 후진을 양성하였다. 훈몽재는 한국전쟁 때 불 타버렸으나, 그 후 순창의 유림들이 그 자리에 어암서원 유허비(魚巖書院 遺墟碑)를 세워 河西의 유지를 받들었다.

정철은 김인후가 후학들을 지도하기 위해 세운 훈몽재에서 13살 때까지 공부하면서 틈틈이 대학암(大學巖)에 앉아 『대학(大學)』을 읽었다고 한다. 관동별곡 등 많은 작품을 남긴 정철은 우리나라 가사(歌詞)문학의 제1인자로 불린다.

河西는 전남 장성 태생으로 어릴 적부터 시재(試才)가 뛰어나 신동으로 불렸고, 큰 기대와 정성으로 계도한 세자는 후에 조선조 12대 인종으로 즉위하지만, 얼마 되지 않아 인종이 승하하고, 뒤이어 을사사화가 몰아치자 낙향하여 처사로 지내며 생을 마감했으며, 16세기 호남시단(湖南詩壇)과 호남을 대표하는 도학자(道學者)로서 정조대에 문묘에 배향되었다.

3. 작품 감상

✍ 1. 河西가 6세 때에 지었다는 「上元夕-상원석(정월 보름날 저녁)」

高低隨地勢 (고저수지세) ; 지세 따라 높고 낮게 비추어 주고
早晚自天地 (조만자천지) ; 천시에 맞춰 일찍 늦게 뜨기를 한다.
人言何促恤 (인언하촉휼) ; 사람들이 뭐라 건 꺼릴 게 있나.
明月本無私 (명월본무사) ; 밝은 달은 본래부터 사심이 없는데

※. 鑑賞 – 이 시는 일종의 영물시(詠物詩)인데도 대상을 겉모양만 그리지 않고 그 내적 의미를 추리하여 서술했다. 6세 아이가 어떻게 이런 상징적인 표현을 했을까 하고 의심이 된다.

시간적 개념과 공간적인 개념을 확실하게 터득하지 못하면 이런 견해를 나타낼 수가 없다. '사람들 말에 무슨 마음을 쓰느냐면서 밝은 달은 사사로운 마음

이 없다.' 라고 했다. 즉 공명정대하면 아무것도 두려울 것이 없다는 말이니, 과연 세속에 달관하지 않고서야 이런 시를 지을 수 있을까? 다음은 인종(仁宗)에 대한 추모와 단심(丹心)을 노래한 詩다.

2. 有所思(유소사)

君年方向立 (군년방향립) ; 임의 나이 삼십을 바라보는데
我年慾三紀 (아년욕삼기) ; 내 나이는 서른에 여섯이로다.
新歡未渠央 (신환미거앙) ; 새 기쁨 반도 못 누렸건만
一別如絃矢 (일별여현시) ; 한 번 이별은 활줄을 떠난 화살 같구나.
我心不可轉 (아심불가전) ; 내 마음 굴러갈 수 없건마는
世事東流水 (세사동류수) ; 세상일은 동으로 흐르는 물이더라
盛年失借老 (성년실차노) ; 한창 나이 해로할 이 잃어버리고
目昏衰髮齒 (목혼쇠발치) ; 눈은 어둡고 머리는 세고 이도 빠졌네.
泯泯幾春秋 (민민기춘추) ; 모르세라! 봄가을이 몇 번 지나갔더냐.
至今猶未死 (지금유미사) ; 아직까지 오히려 죽지 못했소.
柏舟在中河 (백주재중하) ; 백주는 강 가운데 떠 있고
南山薇作止 (남산미작지) ; 남산에는 고사리가 돋아나는 구나
却羨周王妃 (각선주왕비) ; 도리어 주나라 왕비가 부럽구려.
生離歌卷耳 (생이가권이) ; 생이별로 권이를 노래했으니.

※. 鑑賞 – 사랑하는 임 즉 임금(仁宗)과의 이별의 허전한 슬픔을 토로하고 있다.

① 1句의 君은 仁宗이며, 立은 仁宗이 승하(昇遐)할 때의 나이 30세다.
② 2句의 三紀는 자신의 나이 36세.
③ 3~4句는 인종과의 영원한 이별을 활시위에서 떠난 화살의 처지에 비유.
④ 5~6句는 내 마음은 변함없지만 세상일은 덧없이 흘러가더라.
⑤ 7~10句는 백년해로를 약속했던 임을 여의고도 따라 죽지 못한 한에서 선생의 절의(節義)의 근원을 말해주고 있다.
⑥ 11~14句는 〈시경〉의 노래를 인용하여 임에 대한 그리움과 애통한 심정을 그렸다.

※. 解說-〈卷耳章〉을 노래한 후비(后妃)의 생이별을 부러워하는 것은 작자의 망극한 슬픔을 짐작할 수 있다. 詩의 5句, 11句는 〈詩經〉 북풍의 '柏舟' 12구는 '召南-소남'의 '竹蟲-죽충'에서 14句는 주남(周南)의 '卷耳'에서 따온 구절이다.

〈有所思〉는 河西 선생이 詩經을 애호한 본보기의 작품이며, 문정왕후가 명종을 세우기 위해 인종을 독살한 불의(不義)를 비분강개하면서 정조를 강하게 드러낸 시다.
군신(君臣)관계를 부부(夫婦)관계로 의설(擬設)하였다. 도학자들의 작품에서 그런 상황을 이처럼 또렷하게 설정한 유래가 없다. 君(임금)을 대게 '美人-미인'이라 암시해 표현해왔던 것이다. 하서는 시사(詩辭)를 통해 도학을 구현했다고 할 수 있다.

　이런 면에서 하서의 도학을 주정적도학(主情的道學)이라 할 수 있는데, 이 주정(主情)은 도학의 삶에서 어쩌면 가장 높은 경계라 할 수 있다.

✎3. 自然歌(자연가)
靑山自然自然 (청산자연자연) ; 청산도 절로절로
綠水自然自然 (녹수자연자연) ; 녹수도 절로절로
山自然水自然 (산자연수자연) ; 산도 절로 물도 절로하니
山水間我亦自然 (산수간아역자연) ; 산수간에 나도 절로
已矣哉自然生來人生 (이의재자연생래인생) ;
　　　　　　　이 중에 절로 자란 몸이
將自然自然老 (장자연자연노) ; 늙기도 절로하리라.

※. 鑑賞 - 〈절로가〉라고 할 만큼 '절로'라는 단어가 많이도 사용되었다. 젊은 나이에 비정(非情)한 정치의 회오리바람을 미리 감지하고, 고향땅의 외직을 맡아 낙향하여 후배양성과 서화(書畵)에 전력을 바친 학자로서 또는 예술인으로서 유유자적(悠悠自適)하는 생활의 심회(心懷)가 잘 나타나 있다.

　〈自然歌〉는 선생과 교분이 두텁던 금호 임형수(錦湖 林亨秀)가 명종(明宗) 2년 정미(丁未)에 벽서사건(壁書事件)으로 애매하게 사사(賜死)를 당하는 것을 보고 부른 45세 경의 작품으로 추정한다. 즉 뛰어난 인

재가 사화(士禍)로 쓰러짐에 슬픈 현실을 은유(隱喩)와 상징적으로 풍자 탄식(諷刺歎息)한 것이다.

河西의 의식 밑바탕에 중추적(中樞的)으로 작용했던 '지절(志節)'과 은일에 작품이 형성된 시적(詩的) 구현(具現) 양상을 간략하게 살폈으며, 그는 정치가라기보다는 성리학자로 추앙함이 마땅하다. 그의 학문이 지향하는 바대로 빈한(貧寒) 속에서 끝까지 절의(節義)를 지키다 생애를 마쳤으니, 그의 일생은 이른바 '知行合一(지행합일)'의 본을 보인 삶이다.

* '자연가'에 대해 작자의 이견(異見)들에 다음의 논거를 통해 밝히고자 한다. 일석본(一石本)이나 주씨본(周氏本)의 「해동가요」 그리고 서울대본의 「악부-樂府」「대동풍아-大東風雅」에서는 송시열선생의 작품으로 되어 있고,

연민본 「청구영언」은 이황(李滉)선생의 작으로 소개되었다. 그러나 「하서집 속집(續集)」에는 하서의 작품임을 증명했다.

(謹按海東歌謠及 大東風雅 載以尤庵所作, 而河西後孫時瑞 常慕先祖此歌 號其堂以自然. 而又使崔公瑞琳譯以文句 如此則河西所作無疑- 河西續集 p.6) -

- 근안해동가요급 대동풍아 재이우암소작, 이하서후손시서 상모선조차가 호기당이자연 이우사최공서림역이문구 여차즉하서소작무의- 하서속집 6쪽) -

※. 번역- 살피건 데 해동가요 대동풍아에는 우암이 지은 것으로 기재되어 있으나, 하서의 후손 시서(時瑞)가 늘 선조의 이 노래를 흠모하여 당호도 自然堂이라고 한 것이다. 또 최공서림(崔公瑞琳)을 시켜 이를 漢譯한 것도 이와 같으니, 하서의 작품으로 의심이 없다.

이 노래가 퇴계 또는 우암의 작품으로 소개되는 이유는 무엇일까. - 퇴계와 하서는 성균관 시절부터 사귄 다정했던 사이로 인간적인 교류 또는 학문상의 친교가 돈독하였다. 이런 연유로 '自然歌'를 애송하다보니, 후세 퇴계의 작으로 잘못 전록(傳錄)된 것으로 본다.
　우암(尤庵)은 하서의 「神道碑銘-신도비명 」을 지을 정도로 좋아했으며, 기호학파 계통으로 자연가를 애송하였을 것이다.
　이병기교수는 우암은 유배생활 중에도 위국충정의 의지가 강한 정치인이었으며, 자연에 귀의하는 한가로운 정신적인 안일이 없었을 것으로 보아 漢詩를 짓는 것도 즐겨하지 않았기에 시조를 지었을 리 없다고 본다. 그러므로 自然歌는 하서의 작이라고 확언한다고 했다. (※河西 金麟厚의 思想과 文學 제1집 226쪽~229쪽 참조)

4. 雨中種菊 (우중종국 – 빗속에 국화를 심으면서)
種木當種松 (종목당종송) – 나무를 심으려면 소나무를 심어야 하고
種花當種菊 (종화당종국) – 꽃을 심으려면 국화를 심어야 하네.
松留四季春 (송류사계춘) – 소나무는 사철에 봄을 머물게 하고

菊稟中央色 (국품중앙색) – 국화는 중앙의 황색을 타고 났네.
幸我以病歸 (행아이병귀) – 다행히 병들어 내 돌아오니
田園頗自得 (전원파자득) – 전원이 어찌나 마음이 드는지
寒移北領稚 (한이북령치) – 북쪽 고개의 어린 소나무를 추울 때 옮기고
雨分東籬綠 (우분동리록) – 동쪽 울타리의 푸른 국화를 빗속에 나누었네.
千年霜雪幹 (천년상설간) – 천년의 눈서리를 겪은 등걸에
秋風襲晩馥 (추풍습만복) – 가을바람 늦은 향기가 스며드네.
且釀中山醪 (차양중산요) – 이제 중산의 술을 빚으면
采采乏盈掬 (채채핍영국) – 국화를 한 줄 따다가 술에 띄우리.

※. 鑑賞 – 학문과 절의(節義)의 큰 선비로 인종이 세자시절에 스승이었던 그는 인종이 죽고 명종의 즉위 직후 을사사화가 일어나자 병을 칭하고 고향인 장성으로 귀거래를 하면서 그는 국화처럼 삶을 산다.

도연명의 '귀거래사'에도 소나무와 국화가 언급되었듯 1~4행에서 언급된 소나무와 국화는 참된 선비의 지조와 절개를 말한다. 소나무와 국화는 은자(隱者)의 절개가 굳음을 비유한 것이다. 시 8행의 '동쪽 울타리의 푸른 국화를 빗속에 나누었네. 雨分東籬綠'의 표현도 도연명의 詩 飮酒 20수중 제5수의 '探菊東籬下 悠然見南山 (채국동리하 유연견남산) –동쪽 울타리에 피어난 국화꽃을 딸 새, 무심코 저 멀리 남산이 보이노라'를 연상케 한다.

🖉 5. 示 學者(시 학자 –배우는 이들에게 보임)

道在尋常裡 (도재심상리) – 심상한 것 그 속에 도가 있는데

人惟病不求 (인유병불구) – 사람들은 찾지 않으니 그게 병일세.
親親與敬長 (친친여경장) – 부모공양 어른 공경 이게 도이니
堯舜豈由他 (요순기유타) – 요순인들 딴 길로 가리오.

※. 詩語풀이– ①尋常– 대수롭지 않고 예사롭다. ②親親–마땅히 친해야할 사람과 친함. 堯舜–고대 중국의 堯 임금과 舜 임금.

※. 解說– 성현의 도는 흔히 생각하기 쉬운 바대로 철학적 개념체계가 아니라, 지극히 당연하면서 평이한 일상적 삶의 도리일 뿐이다. 그러므로 그것은 특별한 사람만이 행할 수 있는 것이 아니다. 사람이면 누구나 자연스럽게 행해야하는 부모공양과 어른 공경 그런 것이며, 이 두 가지는 이렇게 평이한 것 같지만 가장 중요한 일이다. 따라서 요순 같은 성인도 이 두 가지 말고 다른 것을 행할 수 없다는 것이다. 하서는 이 작품에서 도와 덕을 하나로 인격 주체를 통해 일체화(一體化) 하고 있음을 알 수 있다.

6. 丐歌嘆(개가탄 – 걸인의 각설이 노래)

積雪盈三尺 (적설영삼척) – 쌓인 눈이 석자나 가득한데
淸晨有丐歌 (청신유개가) – 새벽부터 걸인들은 각설이를 하네.
聞來偏惻耳 (문래편측이) – 들어보니 유달리 귀에 슬프더니
旣去恨如何 (기거한여하) – 가버렸으니 한탄한들 어찌하리.

※. 詩語풀이– ①積雪 – 쌓인 눈. ②丐歌– 걸인들의 노래. 거지들의 각설이. ③惻耳–귀에 슬프게 들린다. ④如何 –어찌하리. 어떠하리.

※. 解說 – '丐歌'라 한 각설이를 들은 소감을 소박하게 그려냈다. 석자(약 90센티)나 쌓인 추운 겨울인데도 굶주림을 달래려 새벽부터 동냥질을 나선 걸인들의 타령이 슬프게 들려오더라. 특히 결연에 그들이 간 뒤에 동냥에 보태지 못했음을 한탄한들 어찌하리. 이미 가버린 뒤인데 하고 후회의 심정을 그렸다.

하서가 민요에 세심하게 귀를 기울여 감동을 받는 자세로 민요체험을 통한 진실한 작품이다.

☞. 4기로 나눠본 河西의 생애

1기는 성장수학기(成長修學期-30세까지 - 19세에 성균관에서 수학)였으며,

2기는 출사기(出仕期-31~36세까지)라 할 수 있다.

3기는 실의(失意)한 시절 치사(致仕- 37세~45세까지. 벼슬을 사양하고 물러난 시기) 로 구분하여,

4기는 46세 이후 –학문(성리학과 도학) 완성시기로 고향에서 후학양성에 전념을 다했다.

36세 되던 해 인종이 승하하자, 관직과 세속의 명리를 버리고 인간의 근원적인 진리(학문연구)탐구에 정진하면서 생을 마감했다. 즉 벼슬살이는 2기에서 보듯 매우 짧은 시간이었다. 하서는 1796년 정조 20년에 문묘에 종사되면서 대광보국 숭록대부(大匡輔國崇祿大夫) 영의정에 추증되었다.

※. 참고문헌

* 河西 金麟厚의 思想과 文學. 제 1.2 집- 2000년-재단법인 河西 紀念會
* 河西全集- 河西先生 紀念事業會
* 河西先生略史-1984-全南大出版部
* 조선시대 漢詩 작가론- 이종찬 임종기 외- 이회문화사
* 漢詩가 있어 이야기가 있고-2001. 이종건- 새문사
* 湖南歌壇研究-1974-진명문화사
* 국문학 全史-1977- 李秉岐.白鐵 공저 -신구문화사
* 河西 김인후와 그의 詩文學- 박준규-1985-호남문화184
* 河西 김인후와 국문학- 정익섭-1985- 師林6집-전남대 師大

다. 난고 김병연 (蘭皋 金炳淵)

1. 出生과 이력

김병연(金炳淵-1807-순조7년~ 1863-철종14년)의 본관은 권문세가인 안동이며, 이름은 병연, 字는 性深(성심) 號는 蘭皋(난고), 속칭 즉 별호는 김삿갓 또는 김립(金笠)으로 경기도 양주 출생이다. 김안근(金安根)을 아버지로 4형제 중 차남이며, 20세가 되던 해에 장수 황씨에게 장가를 들어 슬하에 3형제(학균, 익균, 영규)를 두었다.(※字-결혼 후에 본이름대신 다르게 지어 부르는 이름)

☞. **김삿갓이 된 경위** – 평안도 곽산, 정주 등지에서 홍경래의 농민반란이 1812년(순조 12년)에 일어났다. 이웃고을 선천방어사(宣川防禦使)로 있던 조부 익순(益淳)이 적장에게 항복한 죄목으로 참형을 당하고 그 일가는 조정으로부터 삼족(三族)을 멸하는 폐족 처분을 당하였다. 김삿갓 一家의 신분적 지위는 양반귀족으로부터 최하층 상놈으로 전락하였다.

이후 김익순의 종(從)인 김성수(金聖秀)가 여섯 살 난 병연이를 등에 업고 도망하여 황해도 곡산에 숨어살다가 모친과 함께 곡산을 떠나 경기도 광주, 이천, 가평을 전전하면서 강원도 영월에 정착하게 되었다.

조부의 행적을 모르고 살다가 영월도호부 동헌 백일장대회에서 조부를 지탄한 죄책으로 번민 끝에 산골짜기 마을 하동면 와석리 어둔(於屯)으로 이주했다. 병연은 자책과 통한을 이기지 못하여 그의 나이 22세에 삿갓을 쓰고 방랑길에 나섰기에 그 뒤부터 김삿갓이란 별명으로 세상을 살아가게 되었다.

희망을 버리고 전국을 유랑걸식하며 언문(諺文)시, 국한문 혼용시, 해학(諧謔)시, 풍자(諷刺)시에 이르기까지 수많은 명시를 남겼으며, 특히 풍자시와 해학시는 추종을 불허하는 전무후무한 작품이라 한다. 그의 공령시(공령-고풍科詩)는 후세 과거 지망생들의 교과서로 쓰일 뿐 아니라, 평민들의 생활상을 詩로 읊어 빛나는 서민문학을 남겼다. 1863(철종 14)년 3월에 전라도 순천 근처인 동복에서 작고했으며, 3년 후 그의 둘째 아들 익균이 그가 살고 있는 강원도 영월군 하동면 어둔 노루목으로 이장하여 장사를 지냈다고 한다. 김삿갓의 손자 김영진은 당대에 와서 왕의 특사가 있어 직산(稷山)군수, 경원(慶源)부사 등의 벼슬을 살았다.

김삿갓은 전국을 방랑하는 과정에서 김란(金鑾)이라는 가명과 이명(而鳴)이라는 호를 사용하였기에 훗날 그의 작품들이 다른 이름으로 회자되는 도용(盜用)을 당했다고 한다. 김삿갓의 방랑생활 자체가 어쩌면 체념과 불평과 반항의 표현이었다. 봉건사상에 대한 반항으로 유랑생활을 했던 대표 작가들을 살펴보면 세조 때의 생육신 매월당 김시습이나, 광해군 때 최초의 국문소설 '홍길동전'의 작가 허균을 들 수 있다.

그가 죽을 때까지 쓰고 다녔던 삿갓은 상층계층이 아닌 야인(野人) 즉 상민(常民)을 나타내는 물질적 징표로 봐도 될 것 같다. 1982년 김삿갓의 묘가 강원도 하동면 노루목에서 발견되었다. 백일장에서 조부를 욕되게 한 글을 씀으로 하늘도 용서 못할 죄를 지어 집도 처자(妻子)도 버리고 평생을 떠돌아다닌 시인 김삿갓, 그의 시대정신과 예술혼을 추모하기 위해 업적을 기리는 시비(詩碑) 및 문학의 거리를 조성하여 문학적 위상을 재조명하는 축제가 강원도 영월에서 매년마다 열린다.

김삿갓이 활동한 19세기 중엽은 안동김씨를 비롯해서 趙氏(조씨), 閔氏(민씨)들의 세도정치로 인해 민란이 빈번했던 어수선한 세상이었다. 이 시기의 문학 환경을 언급한다면 서민계층이나 몰락한 양반 출신들의 무명작가들의 문학작품이 성행하였다. 즉 사설시조, 잡가(雜歌), 민간소설과 민간극(창극. 창가) 등이 고전형식을 파괴하면서 새로운 형식이 발생하였다.

현재까지 알려진 김삿갓에 대한 문헌으로는 해동시선(海東詩選), 대동시선(大東詩選), 대동기문(大東奇聞), 녹차집(綠此集), 해장집(海藏集) 등이 있으며, 그의 작품은 과체시(科體詩-예전에 과거를 볼 때 쓰는 詩體이며 또는 공령시(功令詩)라고도 한다.) 208편과 일반시 248편을 합해 대략 456여 首로 추정하고 있다.

김삿갓의 발길이 닿았던 곳이나, 머물다 간 곳이 어느 곳이던 간에 그의 시가 남아 있으나, 그의 유작들은 때로는 진품으로 때로는 다른 사람 이름으로 전해지기도 한다.

＊ 원로가수 명국환 원곡의 '방랑시인 김삿갓'의 노랫말을 감상해본다.

1. 죽장에 삿갓 쓰고 방랑 삼천리 / 흰 구름 뜬 고개 넘어 가는 객이 누구냐
   열두 대문 문간방에 걸식을 하며 / 술 한 잔에 시 한수로 떠나가는 김삿갓
2. 세상이 싫든 가요 벼슬도 버리고/ 기다리는 사람 없는 이 거리 저 마을로
   손을 젓는 집집마다 소문을 놓고 / 푸대접에 껄껄대며 떠나가는 김삿갓
3. 방랑에 지치었나 사랑에 지치었나. / 개나리 봇짐지고 가는 곳이 어데냐.
   팔도강산 타향살이 몇몇해던가.   / 석양 지는 산마루에 잠을 자는 김삿갓

2. 작품 감상

1). 과체시(科體詩) 편 – 과체시 또는 과시. 공령시(功令詩)라고도 하는데 과체시는 과거를 볼 때 사용한 시체(詩體)를 말한다. 이 시체는 김삿갓이 20세 이전에 과거준비를 할 때 공부한 형식의 시형(詩形)과 방랑생활 중에 과객들의 요구에 의해 창작한 詩들이 과거를 준비하는 양반자제들에게 참고서처럼 정독하였다.

김병연의 운명을 갈라놓았던 영월에서 열린 백일장대회의 시제(詩題)인 論鄭嘉山忠節死 嘆金益淳罪通于天 (논정가산충절사 탄김익순죄통우천), 등을 비롯해서 蘭皐平生詩(난고평생시), 天地者萬物之逆旅(천지자 만물지역려), 喜雨亭(희우정), 聶政後二百年秦有荊軻之事(섭정후이백년진유형가지사) 등이 전하는데 다음의 한 편만 감상하려한다.

1. 論鄭嘉山忠節死 嘆金益淳罪通于天
(논 정가산 충절사 탄 김익순 죄통우천)

日爾世臣金益淳 (왈이세신김익순) 말하노니 너 世臣 김익순은 들어보아라.
鄭公不過卿大夫 (정공불과경대부) 정공은 경대부에 불과해도 죽음으로
　　　　　　　　　　　　　　　　　　충성을 다하지 않았는가.
將軍桃李隴西落 (장군도리농서락) 너는 농서에서 적에게 항복한 이능처럼
　　　　　　　　　　　　　　　　　　비겁하나
烈士功名圖末高 (열사공명도말고) 정공은 그 공명이 열사로서 길이 빛나리라
詩人到此亦慷慨 (시인도차역강개) 시인도 이에 또한 비분강개하노니
撫劍悲歌秋水溪 (무검비가추수계) 칼을 어루만지며 秋水에서 슬픈 노래를
　　　　　　　　　　　　　　　　　　부르노라.
宣川自古大將邑 (선천자고대장읍) 선천은 예로부터 대장이 맡아오던
　　　　　　　　　　　　　　　　　　큰 고을이었는데
比諸嘉山先守義 (비저가산선수의) 가산에 비하면 (선천은) 충의를 먼저
　　　　　　　　　　　　　　　　　　지켜야할 곳이다.
淸朝共作一王臣 (청조공작일왕신) 정가산과 너는 모두 청명한 한 조정의
　　　　　　　　　　　　　　　　　　신하로써
死地寧爲二心子 (사지영위이심자) 死地에서는 어찌 두 마음을 품었단 말이냐?

＊ 11행 - 升平日月歲辛未 (승평일월세신미) 태평세월이던 저 신미년에
風雨西關何變有 (풍우서관하변유) 관서지방에 비바람 몰아치니, 이 무슨
　　　　　　　　　　　　　　　　　　변고인가?
尊周孰非魯仲連 (존주숙비노중련) 周나라에는 노중연 같은 충신이 없었고

輔漢人多諸葛亮 (보한인다제갈량) 漢나라를 보좌하는 데는 제갈량 같은
　　　　　　　　　　　　　　명장이 많았도다.
同朝舊臣鄭忠臣 (동조구신정충신) 우리 조정에도 가산에 정충신이 있어서
抵掌風塵立節死 (저장풍진입절사) 맨 손으로 풍진을 막다가 절개를 지키고
　　　　　　　　　　　　　　죽었도다.
嘉陵老吏揚名旌 (가릉노리양명정) 늙은 관리로서 구국의 기치를 든 가산
　　　　　　　　　　　　　　군수의 명성은
生色秋天白日下 (생색추천백일하) 가을 하늘의 태양과 함께 빛나리라
魂歸南廟伴岳飛 (혼귀남묘반악비) 혼은 남묘로 돌아가 악비와 함께 할 것이요
骨埋西山傍伯吏 (골매서산방백이) 뼈는 서산에 묻혀 백이의 곁에 있으리라.

*21행- 西來消息慨然多 (서래소식개연다) 서쪽에서 매우 슬픈 소식이 들려오니
問是誰家食祿臣 (문시수가식록신) 묻노니, 너는 누구의 녹을 먹던 신하더냐
家聲壯洞甲族金 (가성장동갑족김) 가문은 장동김씨로 으뜸가는 명족이요
名字長安行列淳 (명자장안항렬순) 이름은 장안에서도 떨치는 淳자 항렬이
　　　　　　　　　　　　　　아니더냐.
家門如許聖恩重 (가문여허성은중) 가문이 이같이 성은을 두텁게 입었으니
百萬兵前義不下 (백만병전의불하) 백만 대병 앞일지라도 대의를 저버려선
　　　　　　　　　　　　　　안 되리라.
清川江水洗兵波 (청천강수세병파) 청천강 맑은 물에 깨끗이 씻은 병마와
鐵甕山樹掛弓枝 (철옹산수괘궁지) 철옹산 수목으로 만든 강한 활은 어디에 두고
吾王庭下進退膝 (오왕정하진퇴슬) 우리 임금의 어전에 나아가 무릎을 꿇듯이
背向西城凶賊脆 (배향서성흉적취) 등을 돌려 서쪽의 흉악한 도적에게
　　　　　　　　　　　　　　무릎을 꿇었으니

* 31행- 魂飛莫向九泉去 (혼비막향구천거)
  　　　　　　　　　너의 혼은 죽어서 저승에도 못 갈 것이고
  地下猶存先大王 (지하유존선대왕) 先王들이 있는 지하에도 못가리라.
  忘君是日又忘親 (망군시일우망친) 임금을 버린 그날 조상 또한 버렸으니
  一死猶輕萬死宜 (일사유경만사의) 한 번 죽음은 오히려 가볍고 만 번
  　　　　　　　　　죽어야 마땅하다
  春秋筆法爾知否 (춘추필법이지부) (공자의) 춘추필법을 너는 아느냐
  　　　　　　　　　모르느냐?
  此事流傳東國史 (차사유전동국사) 치욕의 일은 우리역사에 기록되어
  　　　　　　　　　영원히 전하리라.

※. 詩語풀이-

* 1행의 世臣-世祿之臣의 준말. 대대로 벼슬을 해서 왕을 섬기는 신하.
* 2행의 鄭公 – 홍경래의 난 때 가산 군수 정시(鄭蓍).
* 3행의 李 – 흉노족에게 항복한 前漢 무제 때의 장군 이능(李陵).
* 4행의 圖末高 – 충신.열사들이 죽은 뒤에 그들의 초상화를 공의 대소에
  　　　　　　따라 사당에 안치해서 제사를 지냄.
* 11행의 升平 – 나라가 잘 다스려져서 태평함.
* 13행의 魯仲連 – 주나라의 충신.
* 19행의 岳飛 – 중국 남송 때의 충신.
* 20행의 伯夷(叔齊) – 중국 은나라 때의 충신.
* 23행의 甲族 – 가문이 훌륭한 집안.

＊24행의 長安 - 서울(중국 산서성에 있는 지명)

＊31행의 九泉 - 황천과 같은 뜻.

＊33행의 春秋 - 춘추는 五經의 하나로 공자가 윤리적인 입장에서
　　　　　　　　　비판한 책.

＊34행의 東國史 - 우리 역사

※. 鑑賞- 이 작품은 김병연이 삿갓을 쓰고 유랑 걸식을 하며 평생을 방랑객으로 불우한 일생을 살게 만든 그의 백일장대회 장원 작품이다. 그의 20세 때 강원도 영월읍에서 郡 단위 백일장대회가 열렸는데, 시제는 선천방어사 김익순의 불충에 대한 것이었다. 자신의 조부인 줄도 모르고 筆誅(필주-남의 죄악이나 잘못을 글로 꾸짖는 것)로 추상같은 질타를 한 것이다.

장원한 글의 내용을 들은 어머니는 그때서야 병연 가문에 대해 얘기를 해주었던 것이다. 오늘 네가 꾸짖은 김익순이 바로 너의 조부님이란 것을. 김병연에게는 청천벽력이었다.

2). 연정시(戀情詩) 편
✎2. 誘惑(유혹)
客枕蕭條夢不仁 (객침소조몽불인) 나그네 베개가 쓸쓸하여 잠을
　　　　　　　　　　　　　　　　　　이룰 수 없는데.
滿天霜月照吾憐 (만천상월조오련) 찬 서리 밝은 달이 나를 비추고 있구나
綠竹靑松千古節 (녹죽청송천고절) 송죽은 천고의 절개이지만
紅桃白李片時春 (홍도백이편시춘) 춘삼월 복사꽃 오얏 꽃도 한 때가 아니런가.

昭君玉骨胡地土 (소군옥골호지토)　왕소군도 죽어 북쪽 땅에 묻히고
貴妃花容馬嵬塵 (귀비화용마외진)　절세미인 양귀비도 마외 땅에 티끌이 되니
人性本非無情物 (인성본비무정물)　인간의 성품이 본래 목석이 아니거든
莫惜今宵解汝裙 (막석금소해여군)　그대여 오늘밤의 정을 아까워하지 말라.

※. 詩語풀이 – ①蕭條–사무치는 쓸쓸함　②不仁–좋지 않더니–'외롭더니'로 풀이　③霜月–가을 저녁의 달–'더욱 외롭다'로 풀이　④吾憐– 내가 사랑하는 사람.　⑤昭君·貴妃–왕소군과 양귀비　⑥馬嵬–양귀비가 자결한 지역 이름　⑦今宵–오늘밤　⑧解汝裙–몸을 허락한다.

※. 鑑賞– 낮에 만난 아리따운 과부가 눈에 밟혀 잠을 이룰 수가 없구나. 쓸쓸한 가을하늘에 떠오른 보름달빛을 바라보니 마음은 더욱 그리워진다. 하룻밤을 과부댁에서 유숙하다가 그 여인을 유혹하는 詩다. 과부의 거절에 중국의 4대 미인이라 일컫는 왕소군과 양귀비를 빗대어 젊음의 허무를 유혹했다.

3. 喪配自輓(상배자만 –아내를 잃고 슬퍼하노라)

遇何晚也別何催 (우하만야별하최)

　　　　　서로 만난 것도 늦었거든 이별은 왜 그리 빠른가.

未卜其欣只卜哀 (미복기흔지복애)

　　　　　만남의 즐거움을 누리기도 전에 이별을 맞는구나.

祭酒惟餘醮日釀 (제주유여초일양)

　　　　　그대 제삿술은 잔칫날 남은 것을 썼고

襲衣仍用嫁時裁 (습의잉용가시재)

   그대 수의는 시집올 때 입던 옷을 입혔나니

窓前舊種妖挑發 (창전구종요도발)

   창문 앞에 심었던 복숭아는 꽃이 만발하고

簾外新巢雙燕來 (염외신소쌍연래)

   주렴 밖의 새로 지은 둥지에는 제비 한쌍이 날아들었네

賢否卽從妻母問 (현부즉종처모문) 그대의 심성을 장모에게 물었더니

其言吾女德兼才 (기언오여덕겸재)

   내 딸은 덕과 재주를 겸했다고 말하더라.

※. 詩語풀이- ①醮日- 결혼식 하는 날 ②襲衣- 죽은 사람에게 입히는 옷. 壽衣와 같은 뜻

※. 鑑賞- 갓 결혼한 신부가 요절한 광경이다. 신랑의 슬픔은 말로 다 할 수 없었으리라. 신랑이 하염없이 창밖을 바라보니 복사꽃은 활짝 피었고, 제비 한 쌍이 다정하게 보금자리를 찾아들더라. 애틋한 마음을 달래느라 장모에게 딸의 품성을 물어보니 '내 딸은 재색을 겸비한 나무랄 데 없는 아이었다.'고 답하였다. 상처를 한 신랑의 이야기를 시로 읊은 작품이다.

3) 人生 그리고 풍자시(諷刺詩) 편 – 김삿갓의 수많은 漢詩들 중에서 인생을 읊은 몇 首와 그의 강한 반항정신에 기반(基盤)해서 세상인심을 풍자한 작품을 옮겼다. 가난하고 야박한 세상에서 인심마저 저버린 세태를 측은하게 보면서도 자신의 초라한 모습을 낙천적 심안으로 그려간다. 그의 시풍은 보이지 않는 반항정신과 돌려 말하는 풍자정신이 흐르고 있다. 양반들과 승려를 풍자한 작품을 보면서 후련하기 보다는 서글픔을 느껴간다. 풍자시에는 냉소와 폭소, 욕설과 매도, 비꼬아가면서 놀림을 주는 강한 어휘들로 표현되었다.

4. 艱貧(간빈-가난)

地上有仙仙見富 (지상유선선견부)
　　　　　세상에 신선이 있다는데, 부자가 신선처럼 보이네.
人間無罪罪有貧 (인간무죄죄유빈)
　　　　　인간에게는 죄가 없으나, 있다면 가난이 죄로다.
莫道貧富別有種 (막도빈부별유종)
　　　　　부자와 가난한 사람은 종자가 따로 있다고 하지 말라
貧還爲富富還貧 (빈환위부부환빈)
　　　　　가난한 자도 부자가 될 수 있고, 부자도 가난해질 수 있다.

※. 詩語풀이- ①地上-세상 ②莫道-말하지 말라. 莫은 勿이나 無와 같은 뜻이다. ③莫道貧富別有種 –王侯將相 寧有種乎(왕후장상 영유종호-왕후장상이 어찌 씨가 따로 있다더냐?) ④還-돌다. 복귀하다.

※. 鑑賞 - 인간만사 새옹지마라고 하던가? 어느 시대 어느 사회를 막론하고 부자와 가난한 자는 있기 마련이다. 세상일은 돌고 돈다는 평등사상을 얘기한 詩다.

✎5. 警世 (경세 –세상 사람들을 깨우침)

富人困富貧困貧 (부인곤부빈곤빈)
        부자는 부자대로 가난한 사람은 가난으로 괴롭다
飢飽雖殊困則均 (기포수수곤즉균)
        굶주리고 배부름은 다르나 걱정은 매 한가지라
貧富俱非吾所願 (빈부구비오소원)
        가난과 부자 모두 내가 원하는 바가 아니니
願爲不富不貧人 (원위불부불빈인)
        바라건대 부자도 가난도 아닌 그런 사람이 되고 싶다.

※. 詩語풀이 - ① 困-곤란하다. 괴롭다. 통하지 않는다. ② 殊-다르다 ③ 俱非- 모두 ~ 아니다.

※. 鑑賞- 빈부의 차이가 극심한 사회에서는 진정한 행복은 없다. 부자는 부자대로 가난한자는 가난으로 고통의 내용은 다를 수 있으나, 괴로운 것은 매 한가지다. 貧富 모두가 고통을 받는 사실을 강조한 김삿갓의 중도사상을 나타낸 詩로 봐도 좋을 것 같다.

6. 粥一器(죽일기 –죽 한 그릇)

四脚松盤粥一器 (사각송반죽일기) 허름한 소나무밥상에 놓인 죽 그릇에
天光雲影共徘徊 (천광운영공배회) 하늘과 흰 구름이 죽 그릇에 어른거린다.
主人莫道無顔色 (주인막도무안색) 주인이여 무안해서 미안하다는 말은 하지 마시구려.
吾愛靑山倒水來 (오애청산도수래) 나는 원래 청산이 거꾸로 물에 비치는 자연을 좋아하니까.

※. 詩語풀이- ①天光– 아름다운 하늘 빛. ②道– 말할 도. ③倒水來–거꾸로 물에 비치는 자연.

※. 鑑賞– 무더운 여름날 석양 무렵 외딴 집에 들러 저녁을 청하니, 죽을 쑤어 저녁상을 들고 왔다. 가난한 집이라서 쌀이나 보리가 들어가지 않은 멀건한 죽이라서 하늘에 떠 있는 구름들이 죽 그릇에 비춰 어른거리고 있는 모습을 주인이 무안해하는 것을 보고 그 정성에 고마워 주인에게 감사하는 마음으로 지은 위로의 詩다.

7. 二十樹下(이십수하 –스무나무 아래서)

二十樹下三十客 (이십수하삼십객); 스무나무 아래의 서러운 과객에게
四十家中五十食 (사십가중오십식); 망할 놈의 집에서 쉰밥을 주는구나.
人間豈有七十事 (인간기유칠십사); 사람으로서 어찌 이런 일이 있으리오.
不如歸家三十食 (불여귀가삼십식); 집에 돌아가서 선 밥을 먹는 것만 못하구나.

※. 詩語풀이- ①二十-스물. 20세 의 나이. ②三十客-서른 객-(서러운 나그네) ③四十家-마흔 집- (망할 놈의 집) ④五十食-쉰밥-(상한 밥) ⑤七十事-일흔 일 -(이런 일) ⑥不如歸- 돌아감만 못하다 ⑦ 三十食-서른 밥-(선밥, 설익은 밥)

※. 鑑賞- 어느 집에 들어가 밥을 청하니 먹지도 못할 쉰밥(상한 밥) 한 덩이를 주더라. 세상인심의 야박함과 객지에서의 서러움을 느끼면서 망할 놈이라 울분을 토하면서 차라리 고향에 돌아가 덜 익은 밥을 먹는 게 낫겠다는 자조적 풍자시다.

8. 兩班論(양반론)

彼兩班此兩班　（피양반차양반) 이 양반 저 양반 하고 양반 타령만 하니
班不知班何班　（반부지반하반) 양반이 양반을 몰라보니 양반은 무슨 양반인가.
朝鮮三姓其中班 (조선삼성기중반); 조선에서는 예로부터 三姓이 가장 양반이고
駕洛一邦在上班 (가락일방재상반); 그 중에서도 가락 김씨가 상반이요
來千里此月客班 (내천리차월객반); 나는 천리 먼 길을 찾아온 이 달(月)의 나그네 반이요
好八字今時富班 (호팔자금시부반); 돈이 많아 팔자 좋은 부자 양반들
觀其兩班厭眞班 (관기양반염진반); 그대 양반들이 진짜 양반을 몰라보니

客班可知主人班 (객반가지주인반); 손님 양반인 내가 주인 양반의
　　　　　　　　　　　　　　　　지체를 알겠구나.

※. 詩語풀이- ①三姓-김, 이, 박씨　②駕洛- 가락국. 김삿갓 자기의 본.
③一邦- 한 나라 ④上班- 가장 으뜸 양반

※. 鑑賞- 김삿갓이 어느 고을에 들리니, 노인들이 술판을 벌려놓고 서로 양반타령을 듣고 있자니 별것도 아닌 양반들이 자기를 상놈으로 알고 푸대접을 한다. 양반이란 족보만 늘어놓을 것이 아니라, 양반다운 행동을 못하니 그게 양반이냐며 자기는 가락국의 후예인 가락 김씨임을 넌지시 밝히면서 양반들을 핀잔하는 풍자시다. 이 시의 특정은 8귀 모두 끝 자를 '班'자로 맺었다.

4.) 자연 풍경(風景)시 편 – 김삿갓이 써 내려간 음풍농월의 漢詩는 귀족적이고 관조적인 풍경이 아니라, 평민적이고 사실적인 의미를 많이 담아내고 있다. 당시 보수적인 漢詩작가들은 김삿갓의 시를 평할 때, 규정을 벗어난 아름답지 못한 詩라고 평했다.

✎9. 書爲白髮(서위백발 – 책을 읽느라 백발이 되었다.)
書爲白髮劒斜陽 (서위백발검사양); 책 읽느라 백발이 되고 벼슬길
　　　　　　　　　　　　　　　　찾다가 늙어 버렸으니
天地無窮一恨長 (천지무궁일한장); 하늘 끝 땅 끝까지 한줄기 恨만
　　　　　　　　　　　　　　　　남았노라

痛飮長安紅十斗 (통음장안홍십두); 애통한 마음으로 장안에서 여인과
함께 술만 마시다가
秋風簑笠入金剛 (추풍사립입금강); 가을바람에 삿갓 쓰고 금강산에
들어 왔노라.

※. 詩語풀이- ①斜陽-기울어진 해. 석양. 늙었도다. ②無窮-끝까지 ③紅
-붉은. 술집 여인 ④十斗-열 말. 많은 술. ⑤簑笠-도롱이와 삿갓

※. 鑑賞- 산천을 구경하려 금강산을 찾아가는 게 원래 목적이 아니었고, 청운의 꿈을 이뤄내지 못한 恨 맺힌 현실을 잊어보려 술로 허송세월하다가 현실의 괴로움에서 벗어나기 위한 방편으로 외로운 가을바람을 맞으러 금강산을 찾아간 것이다.

✍10. 金剛山(금강산)

矗矗金剛山 (촉촉금강산); 우뚝 솟은 금강산은
高峰萬二千 (고봉만이천); 높은 봉우리가 일만 이천이로다.
遂來平地望 (수래평지망); 드디어 평지를 보고 내려왔으나
三夜宿靑天 (삼야숙청천); 사흘 밤을 푸른 하늘에서 자고 왔구나.

※. 詩語풀이- ①矗矗- 우뚝 솟은, 높이 솟은 모양 ②遂來- 드디어 왔다, 마침내 오다. ③三夜宿- 사흘 밤을 잤다. 평지까지 내려오는데 삼일이나 걸렸다는 뜻.

※ 鑑賞 – 금강산 높이는 1,638m가 되며, 동서로 40km 남북으로 60km 넓이는 530㎢ 범위에 걸쳐 있고, 높이가 1,500m 이상의 봉우리가 100여 곳이나 있다고 한다. 금강산을 행정구역으로 알아보면 본래 내금강은 강원도 회양군, 외금강과 해금강은 고성군, 총석은 통천군으로 나눠져 있다. 1952년 이후 북한의 행정구역 개편으로 금강군과 고성군에 걸쳐 있다.

문화유산으로는 대부분 불교유적과 유물들이며, 동국여지승람에 따르면 내외금강에 모두 108개의 절이 있었으나, 6.25전란으로 많은 사찰이 소실되었다고 한다.

5). 곤충 · 영물(詠物)시 편 – 곤충이나 동물을 시재(詩材)로 삼아 풍자한 작품

✍11. 虱(슬 – 이)

飢而吮血飽而擠 (기이연혈포이제); 굶주리면 피를 빨고 배가 부르면 물러가

三百昆蟲最下才 (삼백곤충최하재); 삼백 곤충 중에서 가장 하등일세.

遠客懷中愁午日 (원객회중수오일); 먼 길 가는 나그네 품속에서 낮 햇볕을 근심하고

窮人腹上聽晨雷 (궁인복상청신뢰); 가난한 사람 배 위에서 새벽우레 소리 듣는다.

形雖似麥難爲麴 (형수사맥난위국); 형체는 보리 같으나, 누룩을 못 만들며

字不成風未落梅 (자불성풍미락매); 글자는 風자와 비슷하나 매화를 떨어 뜨리지 못하네.

問爾能侵仙骨否 (문이능침선골부); 내 묻노니, 감히 선녀도 범할 수 있겠느냐.

麻姑搔首坐天臺 (마고소수좌천대); 마고 할멈 너 때문에 머리를 긁으며 천태산에 앉았구나.

※. 詩語풀이- ① 下才- 가장 낮은 사람. 최하의 ②窮人-가난한 사람. ③ 難爲麴- 누룩이 될 수 없다. ④仙骨- 신선. 선녀. 신선의 골격 ⑤麻姑-선녀의 이름. 신선 할머니.

※. 鑑賞- 새벽이면 가난뱅이 배 위에서 우레소를 듣고, 모양은 보리 같으나 누룩(술을 만드는 재료)이 될 수 없고, 글자는 바람 풍(風)자를 못 미치니 매화꽃을 날리지 못 한다고 비유를 했다. 사람을 괴롭히는 이가 신선도 범할 수 있겠는가.하고 반문하다가 천태산 마고 할멈이 '이' 너 때문에 머리를 긁고 있다고 한 비유가 기발하다.

12. 蛙(와 -개구리)

草裡逢蛇恨不飛 (초리봉사한불비)
　　　　　　물속에서 뱀을 만나면 날아갈 수 없음을 한탄하고

澤中冒雨怨無蓑 (택중모우원무사)
　　　　　　연못에서 비를 맞으면 도롱이 없음이 원망스럽네.

若使世人敎拑口 (약사세인교겸구)
　　　　　만약 개구리같이 불평하는 사람들을 입 다물게 했더라면
夷齊不食首陽薇 (이제불식수양미)
　　　　　백이숙제도 수양산 고사리는 먹지 않았으리라.

※. 詩語풀이- ①冒雨-비를 맞는다. ②拑口-말을 하지 않는다.③首陽- 수양산

※. 鑑賞- 세상 사람들이 불평과 불만에 가득 차서 남을 헐뜯고 모략하는 것만을 일삼는 것을 개구리가 울어대는 소리에 비유해서 은연중 사람들에게 경각심을 심어주는 시이다.

✎13. 錢(전 - 돈)

周遊天下皆歡迎 (주유천하개환영);
　　　　　천하를 돌아다녀도 모두가 너를 환영하고
興國興家勢不經 (흥국흥가세불경);
　　　　　나라와 가문을 흥하게 하니, 그 위세 대단하구나.
去復還來來復去 (거부환래내부거);
　　　　　갔다가도 다시 오고 왔다가도 다시 가며
生能捨死死能生 (생능사사사능생);
　　　　　살 사람도 죽이고 죽을 사람도 능히 살리는 구나.
苟求壯士終無力 (구구장사종무력);
　　　　　어떤 장사라도 이게 없으면 끝내 힘을 쓸 수 없으며

善用愚夫必有名 (선용우부필유명);
　　　　　바보라도 이게 있으면 이름을 떨칠 수 있으니
富恐失之貧願得 (부공실지빈원득);
　　　　　부자는 잃을까 두렵고 빈자는 얻기를 바라며
幾人白髮此中成 (기인백발차중성);
　　　　　많은 사람들이 이 가운데서 백발이 되어간다.

※. 詩語풀이- ①勢不經-세력이 가볍지 않다. ②復- 다시 부. 다시 복. ③ 捨死-죽음을 버리다. ④苟求- 진실로 구하려한다. ⑤愚夫-어리석은 사람 ⑥ 幾人- 어떤 사람. 많은 사람 ⑦ 此中成- 이 가운데서 이뤄간다. 이러다가 ~ 되어간다.

※. 鑑賞- 예나 지금이나 대단한 돈의 위력과 세태를 풍자한 작품이다.

6). 파자시(破字詩) · 언문(諺文)과 漢字 혼용시 편

✍14.

仙是山人佛不人 (선시산인불불인);
　　　　　신선은 곧 산사람이고, 부처는 사람이 아니며
鴻惟江鳥鷄奚鳥 (홍유강조계해조);
　　　　　기러기는 강의 새요, 닭이 어찌 새 이겠는가.
氷消一點還爲水 (빙소일점환위수);
　　　　　얼음에서 점이 사라지면, 다시 물이 되고

兩木相對便成林 (양목상대변성림);
　　　　　나무들이 마주보니 곧 숲을 이루리라.

※. 詩語풀이- ①仙= 亻(人)+山. 山은 곧 산사람이라는 뜻이다. ②佛= 亻+ 弗('不'자와 같은 뜻) ③鴻= 江+鳥 ④계=奚(어찌 해)+ 鳥 ⑤氷= 丶+ 水 ⑥兩木相對-두 나무가 상대한다. 나무들이마주 본다. ⑦便-'곧' 부사로 쓰였다. 대소변(大小便)에서는 변. 便利로 쓰일 때는 '편'으로 쓰인다.

※. 鑑賞- 漢字가 만들어진 제자(製字)원리를 설명한 육서(六書-)중 회의(會意) 상형(象形) 지사(指事) 등 그것들을 풀어서 읊은 작품이다. (※육서(六書)- 한자의 구조 및 사물에 관한 여섯 가지를 구별한 명칭-상형, 지사, 회의, 형성(해성), 전주, 가차)

*. 한글과 漢字를 섞어 7언 시의 모양을 갖춰 지은 김삿갓의 작품들을 양반들은 비웃었으나, 훗날 개화기 시가형식에 상당한 영향을 끼쳤다고 본다.

✎15.국한문 혼용시

靑松듬성듬성立- 푸른 솔은 듬성듬성 서 있고
人間여기저기有- 사람들은 여기저기 있는데
所謂어뚝삐뚝客- 난척하는 어뚝삐뚝 객들이
평생쓰나다나酒- 한 평생을 쓰나다나 술일세.
諺文眞書섞어作- 언문과 진서를 섞어 짓는 다고
是耶非耶皆吾子- 시비를 하는 놈은 모두 내 자식이다.

✎16. 낫 놓고 기역자도 모른다.

기역 (ㄱ) – 腰下佩(요하패); 네 허리에는 기역(ㄱ) 字 낫을 차고

이응 (ㅇ) – 牛鼻穿(우비천); 쇠코에는 이응(ㅇ) 字 코뚜레를 꿰었구나.

리을 (ㄹ) – 歸家修(귀가수); 집에 가서 리을(ㄹ) 字 몸을 닦아라.

디귿 (ㄷ) – 不然點(불연점); 그렇지 않으면 디귿(ㄷ) 字에 점을 찍고 망하리라.

※. 鑑賞– 위 작품은 한글로 쓴 파자시(破字詩)이다. 허리 아래 'ㄱ'을 찬다는 것은 낫 놓고 기역 자도 모른다는 뜻이고, 'ㅇ'은 코뚜레의 모양이다. 'ㄹ'자는 漢字 몸기 '己'자의 모양과 같다. 즉 집에 가서 수양(마음공부)이나 하라는 의미이고, 'ㄷ'자에 점을 찍으면 漢字 망할 '亡'자가 된다.

이상과 같이 여섯 갈래로 詩들을 간추려 옮겨봤으며, 해석이나 감상은 편저자 나름대로 의역을 한 곳도 있음을 밝혀둔다.

✎. 참고서적
* 김삿갓 시 모음집 – 權寧漢 역– 전원문화사-2001.12
* 김삿갓의 漢詩 – 신영준 해설– 도서출판 투영 미디어-2002.7
* 김삿갓 풍자시 전집 – 이응수 정리– 주)실천문학– 2001.10
* 방랑시인 김삿갓 시집 – 이명우 엮음– 집문당-2000.10
* 한시가 있어 이야기가 있고 – 이종건 著– 새문사-2001.5

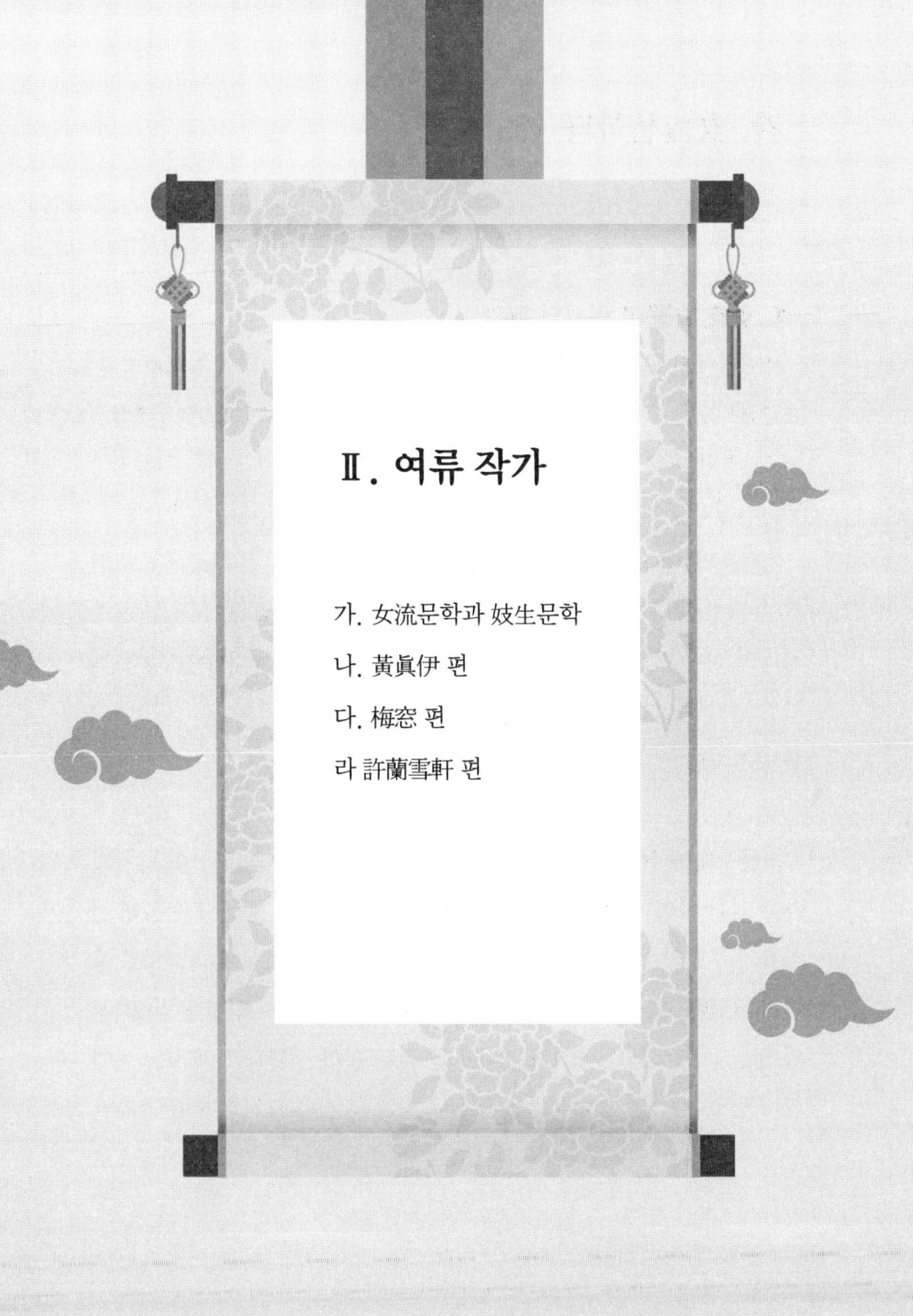

Ⅱ. 여류 작가

가. 女流문학과 妓生문학

나. 黃眞伊 편

다. 梅窓 편

라. 許蘭雪軒 편

가. 女流문학과 妓生문학

1. 女流 文學의 역사와 개관

　남녀칠세부동석(男女七世不同席), 삼종지도(三從之道), 칠거지악(七去之惡) 등은 조선시대를 살았던 여성들의 자유를 구속했던 굴레였으며, 엄격한 유교적 도덕관과 윤리관은 고려 말, 여성들의 풍기(風紀)가 문란해졌다고 판단한 유교적인 사고(思考)에서 시발(始發)한 것이다.
　여성들의 사회적 위치를 거슬러 올라가 보면 샤머니즘 사회에서의 여무(女子巫堂)라든가 모계(母系)사회 때의 여성들의 위치, 그리고 신라시대의 여왕시대(女王時代-27대 善德, 28대 眞德, 51대 眞聖)만 보더라도 당시 여성들의 사회적 지위가 그렇게까지 보수적이지는 않았다고 볼 수 있다.

　조선시대를 살다간 여성들은 태어나면서부터 신분의 귀천이 남자와 다른 심한 차별의 대우를 받았다. 성리학이 500여 년 동안 조선시대 선비들의 주류사상이 되면서부터 여성들의 지위는 제도적 윤리적으로 묶이게 되었다. 한편 조선조 여인들은 대가족 제도아래서 항상 근검(勤儉)의 정신과 남성들을 공경하는 태도를 갖는 것이 생활의 첫째 조건처럼 되어 있었다. 거기에다 여성들은 글을 모르는 것이 오히려 덕을 갖추는 요건이 된다는 왜곡된 사회 관념으로 자리 잡았던 성리학의 이념으로 인한 여성들의 신음(呻吟)이 20세기까지 들려왔던 것이다.

이러한 근거를 담은 자료가「內訓-내훈」에 기록되어 있으며, 당대의 여성들은 재능이 아무리 출중하고 학문을 좋아했더라도 사회적 제도 때문에 문자(文字)교육을 받을 수 없었다.

＊(內訓 -조선조 성종 6년 소혜왕후가 婦女子의 훈육을 위해 지은 3권 3책으로 엮어졌으며, 중국의〈烈女傳〉,〈小學〉,〈女教〉,〈明鑑〉등 네 종류의 책에서 중요부분을 선별하여 만든 책)

이러한 봉건사회의 통념과 신분상의 제도적 편견으로 교육을 받을 수 없었던 사회이었기에 우리나라의 여류 문학사를 더듬어보는 작업은 그리 간단하지 않은 일이다. 그 까닭은 후세에 이름을 남긴 여류작가들의 身上을 파악하고 분석하는 자료를 수집하는데 일정한 한계를 넘을 수 없었으며, 낳고 죽은 연대의 부정확성과 그들의 姓氏와 이름마저 제대로 파악할 수 없기 때문에 여성들의 작품은 작자를 밝혀내지 못하는 것들이 많이 있다. 즉 무명씨(無名氏)로 표기할 때가 많았다. (※우리나라에서 兩班을 제외한 常民들이 姓氏를 사용한 역사를 살펴보면 조선시대 末葉으로 추정한다.)

다시 표현한다면 누구의 부인, 또는 아무개의 딸, 아무개의 동생, 누구의 연인 등 정도로 작자가 확인되기 때문이다. 신사임당처럼 문장에 재능이 뛰어나서 당대에 소문이 자자해도 그 작품들이 제대로 전해지지 못하고, 다만 누구의 妻가, 누구의 어머니가 글을 잘했다고 전해올 뿐이다. 또한 그 시대의 여류 한시작가들은 바깥 사대부(士大夫)들과 자유롭게 자리를 함께 할 수 없었으며, 성씨만 기록한다든가 이름만 기재하는 예가 이렇듯 밝혀지지 않은 까닭이 되고, 전해지지 못한 체, 사장(死藏)되어진 작품들이 밝혀진 작품보다 월등하게 많을 것으로 학자들은 추정한다.

조동일 교수는 "여류문학은 方外문학에나 포함될 수 있는 예외적인 문학이며, 끝내 본격적으로 정착되지 못했다."라고 한다.(※-조동일의 '한국문학통사'2권 415쪽)

✑. **女流文學의 概觀** – 조선시대 이전의 여류문학의 실태를 살펴본다. 국문 역사상 최초로 문헌상 작품으로 남겨진 사람은 고조선 시대 곽리 자고(霍里 子高)의 아내 여옥(麗玉)의 작품으로 알려진 「공후인(箜篌引)」이다. (※ 공후인 '(公無渡河歌'로도 불린다.)은 본래 우리말이던 것을 이제현이 漢詩로 번역한 작품이므로 엄밀하게 본다면 여옥의 작품으로 보는데 무리가 따른다.)

이후 신라 진덕여왕의 「태평송(太平頌)」과 고려시대로 넘어와 제위보(濟危寶-고려 歌辭의 하나로 그 노래는 전하지 않고. 이제현의 한문 번역시는 전하고 있다.)의 여인이 지은 「백마랑(白馬郞)」 그리고 이제현 부인의 작품으로 알려진 「거사연(居士戀)」 등에서 그 명맥을 찾아볼 수 있다.

조선조에 들어와 이전의 한문학사에 비해 상당한 진보는 있었으나, 발전의 정도는 역시 미약했다. 조선조의 여인들은 경직되고 엄격한 유교사상의 영향으로 인간으로서의 권리를 누리지 못했으며, 오로지 대가족사회에서의 집안일에만 매달리며 살았다.

이러한 시대적 상황에서 한문학을 배운다는 것은 특별한 경우에서만 있을 수 있었다. 여류의 문학이 미약했던 것은 나라글자가 없었던 이유와 또 다른 이유로는 남성위주의 문화체계 때문으로도 돌릴 수 있다. 여류문학이 가당치않은 사치로까지 여겨졌지만, 수필류(隨筆類) 및 규방가사(閨房歌詞)가 등장하던 조선조 후기에도 역시 크게 번성하지 못했던 것이다. 그나마 기녀(妓女)들이 사대부들의 흥취를 돋우기 위해서 지었던 작품들이 여류문학의 근간을 이어갔다.

조선시대의 여류문학은 구체적으로 궁중의 귀부인, 사대부 집안의 여성, 사대부 家의 첩실(妾室), 기녀 등 네 계층으로 분류할 수 있다. 이들의 신분 계층으로 작가들을 분류한 작품내용의 성향을 나눠본다면 장르 면에서 밀접한 관계가 있다.

즉 궁중여인들의 작품은 주로 산문(散文)인 수필을 많이 썼으며, 사대부 집안의 여인들은 산문과 漢詩를 그리고 사대부들의 첩들과 기생들은 시조와 漢詩를 많이 남겼다. 또한 장르별 주제의식은 산문류(散文類)는 주로 당대의 유교적인 윤리관을 다루었고, 운문류(韻文類)는 이러한 유교적 질서로부터 자유로운 인간의 성정(性情)을 다룬 내용을 그려냈다. 현재까지 전해오는 조선시대 女人의 漢詩로서의 효시는 姓氏만 밝혀진 태조 때의 정씨(鄭氏)의 작품이다.

✍. 有射者中 奕者勝(유사자중 혁자승)

射者皆中奕者勝 (사자개중혁자승) 활 잘 쏘고 바둑 잘 두는
奕秋李廣未曾饒 (혁추이광미증요) 혁추와 이광도 실수한 적 있었다네.
歐翁自言飮少醉 (구옹자언음소취) 술에 취해 토해낸 늙은이는 조금 마시고도 취했다나.
醉說今爲小佩嘲 (취설금위소패조) 취해서 하는 말에 어린 소패가 웃고 있다.

*. 解說- 술에 취한 노인의 모습에 자신을 묘사하는 이 詩는 해학적 기교가 풍부하며, 혁추나 이광에 비견하는 정씨의 높은 자긍심과 아울러 당시 정씨가 지녔던 지식의 깊이를 보여주고 있다. 鄭氏는 정추재(鄭秋齋)의 고모(姑母)였다.

(※혁추(奕秋)는 孟子- 告子章句 上에 나오는 인물로 바둑을 잘 두는 사람으로 묘사되었으며, 이광은 西漢의 武將이다. 匈奴(흉노)는 이광을 飛將軍이라 칭할 정도로 활을 잘 쏘았다고 한다.)

※ **參考文獻** –

* 論文-「朝鮮朝 女性 漢文學史」-李淑姬.
* 韓國文學思想史 -啓明文化史 .1991.
* 漢文學史 -새문사. 2004.

2. 封建社會 時代의 女人史

역사의 주체로서 더 할 수도 없고, 덜 할 수도 없는 절대치인 두 개의 축으로 나뉜 문화 창조자 (文化 創造者) 중에서 그 절반의 요소는 여성들의 몫이라 할 수 있다. 여성들이 어떤 모습으로 성장하면서 글을 익혔고, 또는 무엇을 느끼면서 어떻게 살아왔을까 하는 것을 안다는 것은 매우 중요한 문제요, 그것들을 알아내는데 어려운 점은 봉건사회 시대에는 여성들에 대해서는 기록을 남기지 않았으니, 그것을 아는 유일한 길은 그들이 남긴 문학작품을 더듬어 유추(類推)할 수밖에 없다.

姓은 있으나, 이름이 없었던 여성들, 그 아버지는 알 수 있으나, 어머니는 모르던 여성들의 발자취, 더군다나 큰 업적을 남겼으나 한 인간으로서, 아내로서, 어머니로서, 그 보람을 찾지 못했던 여성사회의 역사는 숨겨질 수밖에 없었던 시대 상황이었다. 고대의 여성사는 인고(忍苦)와 비련(悲戀)과 궁핍(窮乏), 그리고 고독으로 이어지는 애환(哀歡)의 역사라고 볼 수 있다.

그 밑바탕에 흐르는 것은 항상 인종(忍從)을 위한 침묵과 기다림 속에서 당하는 번뇌와 가난에서 오는 생활고였다. 강한 자들에게는 가장 비약(卑弱)하고, 약한 자들에게는 가장 잔인했던 봉건사회 지배층을 이룬 대부분의 이기적이었던 남성들, 그들에게 부대예속(附帶隸屬) 당하는 것을 숙명으로 받아들여야 했던 고대의 여인들은 그 누구도 원망하려하지 않고, 자신들의 운명을 탓하며 하늘을 쳐다보고 한숨을 쉬면서 살아갔던 것이다.

古代로부터 여자들에게는 학문을 가르쳐주지 않았던 것이 통례요, 특히 진서(眞書)라는 漢文은 더욱 심했었다. 그러나 李朝時代 여성들은 그런 상황에서도 기를 쓰고 공부를 했고, 재능이 있는 여성들은 어릴 때부터 훈학(訓學)하는 부형들의 뒤에 숨어서, 어깨 너머로 보고 들으면서 배워 익혔던 것이다.

이렇게 하여 여류들이 한시문(漢詩文)으로 작품을 창작은 했으나, 세상에 내어놓지를 못했으며, 설령 내어 놓았다고 해도 출간을 못해 전해오는 유작(遺作)들이 적을 수밖에 없었다.

※. 參考; 고대 여인들의 작품을 수집하여 출간한 서적을 살펴보면, 이능화(李能和)의 '조선여속고-朝鮮女俗考' '조선해어화사-朝鮮解語花史, 에서 고대 여성들의 漢詩 소개의 효시(嚆矢)를 이루었고, 안서 김억(岸曙 金億) 詩人이 4~5권의 女流 漢詩 번역집을 내어 여성들의 漢詩를 더욱 주지시켰다.

3. 妓女 文學의 特徵

✎. **妓女의 由來** – 기녀들은 언제부터 존재했을까? 그 由來에 관해서는 몇 가지 설이 있다. 그중 하나는 신라시대의 화랑제도 이전에 원화(源花)에서 비롯되었다는 說로, 「삼국사기」 '신라본기(新羅本紀)에 보면 진흥왕 37년(576년)에 왕과 신하들이 인재를 찾아내기 위한 방편으로 사람들을 모아 무리지어 놀게 하고, 그들의 행실을 관찰하여 그 가운데서 뛰어난 사람들을 선발하였다. 源花의 의미는 여자들 가운데 미모나 덕성(德性)을 갖춘 것을 말하며, 원화를 기생과 같은 맥락으로 보아 기생의 기원으로 보는 견해다.

(* 參照 ; 황충기의 '閭巷人과 妓女의 時調, - 國學資料院 - 1999년 - 79쪽)

다른 한편으로는 이인로의 파한집(破閑集)에 실린 김유신과 천관녀와의 일화에서 근거한다. -

(* 연인 천관녀는 유신을 원망하는 글 '원사(怨詞)'를 남기고, 비구니가 되었으며, 유신이 말의 목을 벤 자리에 천관사(天官寺)를 지었다한다.)

以外 이익(李瀷)의 성호사설(星湖僿說)이나, 정약용이 쓴 아언각비(雅言覺非)의 주장은 다음과 같다. - 우리나라의 기생은 양수척(揚水尺)에서 나온 것이니, 양수척이란 유기장(鍮器匠- 전통적인 기법으로 놋쇠를 녹여 여러 기물을 만드는 匠人이다.)을 가리키는 말이며, 이들은 고려태조 왕건이 후백제를 공격할 때 견제하기 어려운 부류(浮流)로 이들에게는 관적(貫籍)과 부역(賦役)이 없고, 수초(手草)를 따라 다니기 때문에 이사(移徙)를 자주하고 사냥과 유기(柳器 -고리)를 만들어 생계수단으로 삼았다.

훗날 이들을 읍적(邑籍)에 예속시켜 남자는 노(奴)로 여자는 비(婢)로 만들어 여자들을 예쁘게 꾸며 화장을 시키고 노래와 춤을 가르쳐 기생으로 만든 것이 기생의 시초라는 주장이다. (※.參照- 황충기의 '閭巷人과 妓女의 時調' -79~80쪽)

㉣. 妓女들 時調의 특징

시조가 풍류의 현장에서 가창(歌唱)된 노래였다는 점은 사대부 남성의 주도로 전개된 시조사(時調史)에서 기녀들이 작가층으로 등장한 점과 밀접한 관련이 있다. 외국 사신들의 접대에 동원된 기녀들은 나라나 지방관아에 소속된 천민이었지만 국가에서 생계를 책임지지 않았기 때문에 양반들이 베푼 연회에서 받은 격려

금이나 기부(妓夫-기둥서방)를 얻어서 생계를 유지할 수밖에 없었다.

조선시대 양반들의 풍류 생활이 기녀들의 제도나 기녀들 풍속의 뒷받침 속에서 향유되는 가운데 기녀라는 신분상의 특수성은 그들에게 시조 창작의 기회가 제공되었다. 신분상의 의무 때문에라도 기녀들은 사대부들의 연회나 풍류에 동석해야 했으며, 그 과정에서 남성들의 문학 장르인 시조에 친숙해질 수 있는 기회를 가질 수 있었기 때문이다.(參照- 안지영의 '妓女時調의 時調史的 意味'-時調學論叢제17권, 韓國時調學會-2001년 235쪽)

기녀들의 작품 내용을 보면 외설(猥褻)이나 음란한 내용이 아닌 재치와 유머, 멋과 격조를 맛볼 수 있다. 봉건사회의 틀 속에서 여성이자 기녀로서의 신분은 이중으로 고뇌를 겪어야 했던 그들이지만 사대부들과 교유하면서 자신들이 지니고 있는 예술적인 감수성과 해학(諧謔)을 통해 세상을 조롱하고 스스로를 비웃는 조소적인 정감(情感)을 품어내기도 하였다.

(參照-이화형의 '妓女時調의 諧謔性과 究竟的 所望'-국제어문 제25권, 국제어문학회,2002년, 3~5쪽)

조선조 사회에서 기녀의 발생과정과 제도적인 성격은 그들이 평범한 삶을 살 수 없도록 제한이 심했던 것이다. 일반 여성들이 육아와 남편들의 애정으로부터 행복을 찾았다면 기녀들은 경제적인 여유와 자유스러운 행동반경에서 행복을 느껴야 했다. 남성들에게 기녀는 경제력이 허락된다면 언제든지 접근이 가능했기에 기녀들을 물질적 대상으로 생각하게 된다. 반면에 기녀 자신들은 여성으로 살아가면서 가정에 대한 소망을 포기한다는 것에 대한 비애를 느끼면서 삶의 고민과 애환이 그들의 작품 속에 승화시켜 표출하였다.

문헌상으로는 수많은 기생들의 이름이 등장하고 있으나, 時調와 漢詩를 남긴 기생은 그리 많지 않다. "時調文學史에 남은 기녀들의 작품유산은 양적(量的)으로는 26명에 의해 61首에 지나지 않지만, 이들 기녀들이 시조사상 女流文學의 주역이 되고 있다.

그것은 기녀라는 신분이 양반사대부들과 자유롭게 교유할 수 있었고, 저들의 편에서 볼 때 기방(妓房)은 정신적 스트레스를 발산할 수 있는 독특한 위치에 있었기 때문이다. 기녀들이 시조사(時調史)에 참여했다는 것은 원래 사대부 문학이었던 시조의 작가 층이 확대되는 계기가 되었다는 점, 유교이념의 형상화(形象化) 일변도(一邊倒)인 사대부들의 작품에 비(比)해 인간성에 의존한 서정적 표현 등을 통해 문학 본래의 기능을 노래하고 있다는 점, 이들의 작품 거의 모두가 우리 선인(先人)들의 멋과 시정(詩情)에 접할 수 있다는 점 등에서 매우 중요한 의미를 갖는다."(*參照 ; 朴乙洙의 韓國詩歌文學史. -亞細亞文化社. 1997년.)

나. 黃眞伊 편

1. 出生의 背景과 逸話(일화)

조선 中宗 때의 여류문학가이며 기생인 황진이는 본명은 진(眞), 기생명(妓生 名)은 명월(明月), 별명은 진랑(眞娘)으로 進士 벼슬을 한 아버지의 서녀로 송도에서 태어나, (生沒 연대는 분명하지 않으나, 어느 기록을 참고해보면 1506~1567년으로 나타난다.) 어머니에게서 글을 배웠다고 한다. 15세기 무렵 옆 동네 총각이 그를 연모하다가 상사병으로 죽자, 자기의 운명을 탓하며 기생이 되었다고 하며, 뛰어난 詩, 書, 가창(歌唱)의 재능과 출중한 용모로 당대의 文人들과 석학들을 매혹시킨 조선시대 최고의 名妓로 알려져 있다.

30여 년을 면벽(面壁) 수도를 하면서 生佛로 추앙을 받던 지족암(知足庵)의 지족선사(知足禪師)를 유혹하여 파계를 시키고, (* '도로아미타불'이라는 말의 유래가 이 때 부터 시작되었다고 한다.) 석학으로 소문난 서경덕선생을 유혹하다 실패한 뒤, 사제관계를 맺었다는 등 수 많은 일화가 전해오면서 왕실의 종친 벽계수(碧溪水)와 깊이 교제하면서 독특한 애정관을 詩로 표현하였고, 서경덕, 박연폭포(朴淵瀑布)와 더불어 송도삼절(松都三絕)이라 스스로 만들어 불렀다.

(※처음에는 지족선사를 넣어 三絕로 했으나, 자신과의 관계 이후 박연폭포로 바꿨다고도 한다.)

기발한 이미지와 세련된 언어구사 등으로 조선 시조문학의 백미(白眉)로 꼽히는 그녀의 時調 〈'청산리 벽계수야' '동짓달 기나긴 밤을' '산은 옛 산이로되' '청산은 내 뜻이요' '어져 내일이야' '내 언제 무신(無信)하여'〉 등 6수의 시조가 청구영언(靑丘永言)에 전한다.

황진이의 진면목을 알기 위해서 몇 가지 사항에 유념하면서 일화 및 기록들을 살펴본다.

※ 첫째 – 황진이가 살다갔다고 하는 16세기 초·중반의 사회에서 그녀의 삶을 살피는 일이다. 황진이는 正史에서는 그에 대한 자세한 기록을 찾기가 어려우나, 〈어우야담-於于野談〉등 다른 기록에 의하면 16세기 초반에 태어나 中宗, 仁宗, 明宗朝를 살다간 여인으로 나타난다.

16세기의 조선사회는 신분제의 제약과 남녀의 차별이 엄연한 시기였다. 〈송도인물지-松都人物誌〉와 〈송도기이-松都紀異〉에 의지해 볼 때 황진이는 황진사와 맹인(盲人) 악사(樂士)를 어머니(?)로 하여 태어난 것으로 추정된다.(※ 이외에도 여러 說이 분분하다.)

천민(賤民)인 악사의 딸로 태어났으니, 자신도 천민 대우를 받았던 妓女의 삶을 운명으로 받아들일 수밖에 없었다. 이런 맥락으로 볼 때 미천한 신분을 가진 여인이라는 굴레가 그녀의 삶에 비극적인 틀을 만들어 놓았으리라는 것은 어렵지 않게 짐작이 간다.

※ 둘째 – 황진이의 문학성(文學性)을 살피는 일이다. 그녀는 時調 6首(혹은 8首의 主張도 있음)와 漢詩 일곱 首를 남긴 것으로 기록된다. 한시를 연구하는 학자들은 "황진이의 詩 한 수가 김시습의 詩 열 首와 비길

만하다"는 평가를 주저 없이 내놓는다. 이렇게 훌륭한 작품들로 미루어 볼 때 그녀의 삶이 매우 진지하게 살다간 것을 엿볼 수 있다.

   * 셋째는 그녀와 교유했던 인물들을 살펴보는 것이다. "그 사람이 사귀는 벗을 보면 그 사람의 면면을 알 수 있다"는 것이 동서고금을 뛰어넘는 진리로 내려온다. 그녀와 상당한 기간을 동거했다고 알려진 양곡 소세양(陽谷 蘇世讓 1486~1562 – 大提學과 領議政을 지냈음)은 당대의 내노라하는 시객(詩客)이었으며, 6년여의 세월을 함께했다고 알려진 선전관 이사종은 그 시대의 대단한 가객(歌客)이었다 한다. 황진이는 이들과 자유로운 교유를 통해 문학과 예술의 경지를 끝없이 탐닉했을 것이며, 지족선사를 통해 수행과 중생들의 간극(間隙)을 넘나드는 삶에 대한 부질없는 존재와 욕심을 깊이 고민했음직도 하다.

   또한 연인의 감정을 버릴 수박에 없었던 평생의 스승으로 모신 화담 서경덕(花潭 徐敬德)선생은 남명 조식(南冥 曺植 1501~1572)선생과 함께 16세기 양대산맥(兩大山脈)을 형성했던 당대의 대학자로 숭앙을 받던 인물이다.

   中宗朝 기묘사화(중종 14년–1519년)로 조광조가 축출된 이후 정계에 등을 돌린 화담은 올곧은 선비로 유교, 불교, 도교를 자유롭게 넘나들며 진정한 학문의 성취를 위해 평생을 바쳤던 인물이다. 이러한 근거들로 미뤄 볼 때 황진이는 미천한 신분적 굴레를 천형(天刑)으로 가진 여인이었으나, 재색(才色)을 겸비한 여성 특유의 풍부한 감성으로 문학을 사랑했으며, 朝鮮時代를 통틀어 손꼽을 수 있는 최고의 女流 詩人으로 음악을 사랑한 예술가의 모습으로 한 시대를 풍미(風味)하였다.

＊황진이는 조선 중종 때의 名妓로 中宗 초엽(初葉)에 태어나(?) 明宗 시대를 살다간(?) 걸출한 시인이다. 아름다운 용모와 총명으로 교방(敎坊)의 동기(童妓)로 대성하여 시서음률(詩書音律)이 당시대의 독보였으며, 文人 석유(碩儒)들과 교유하면서 그들을 매혹시켰다 한다.

國文學史上에 있어서 黃眞伊의 위치는 전통적인 민족의 리듬으로 한국의 여성들이 지니고 있는 정감(情感)과 교방 여성들의 정한(情恨)을 문학으로 묘사 표현했던 뛰어난 여류작가라 할 수 있다. 그의 작품은 기교적이면서도 자유분방하게 사랑을 노래하고 있는 것이 특징이다.

2. 漢詩 作品

1. 영반월(詠半月)   ＊출전; 小華詩評(소화시평)

誰斷崑山玉 (수단곤산옥) 누가 곤륜산의 옥을 깎아내어
裁成織女梳 (재성직녀소) 직녀의 빗으로 만들어 주었던고.
牽牛一去後 (견우일거후) 견우가 떠나간 뒤에
愁擲碧空虛 (수척벽공허) 슬픔에 겨워 푸른 허공에 걸어 놓았다네.

※. 詩語풀이 - ①. 곤륜산은 중국의 서쪽에 있는 높은 산으로 玉의 생산지이며, 수많은 전설을 담고 있으며, 견우와 직녀는 설화 속에 나오는 비련의 연인들이다. ②. 織女는 牽牛가 떠나 간 뒤에 곱게 단장(머리를 빗을 일)할 일이 없어, 날마다 달을 바라보고 시름에 젖어 살아간다는 슬픈 감정을 노래로 승화시켰다. (＊ 이 詩는 초당 허엽(草堂 許曄 -1517~1580)의 작품인데 黃眞伊가 자주 불러 황진이의 작품으로 오인되고

있다는 학설도 있다.)

※. 鑑賞– 하늘에 걸려 있는 지다 남은 반달을 시름에 겨운 직녀의 머리빗에 비유했으며, 玉으로 만든 머리빗이 바로 반달로 나타난다. 그 머리빗은 견우가 떠나간 뒤에 다시 돌아오지 않아 정든 님을 기다리다 지쳐버린 직녀의 시름 덩어리가 된다.

원래 빗의 상징은 근심걱정이 생기거나, 생각이 막혀 잘나지 않거나, 머릿속이 복잡할 때면 머리를 빗거나 긁어대는 물건으로 항상 여인들이 곁에 두고 美를 가꾸는 도구다. 시름과 근심이 배어 있는 빗을 허공에 던져버렸더니, 그 빗이 반달이 되어 하늘에 걸려 있는 모습으로 보이는 것이다.

이 詩가 보이고 있는 탁월한 상징성으로 인해 독자의 시각에 따라 다양하게 의미를 부여할 수 있다. 그러나 이 詩에서 나타나는 비극적 이별이라는 고전적인 해석에서 벗어나서 생각을 해보면 이 詩의 깊은 의미는 다른 데에 있음을 쉽게 알 수 있다.

이 詩에서의 '빗'은 어쩔 수 없는 자신의 숙명으로 상징되고 있으며, 곤륜산의 옥으로 아름답게 다듬은 빗처럼 황진이는 빛나는 지적(知的) 능력과 자유분방한 자세로 현실세계를 살아가고자 했지만 현실은 그를 수용하지 않았던 것이다. 황진이 자신이 꿈꾸고 지향하는 이상세계는 무한대로 펼쳐져 있는 푸른 하늘이라 볼 수 있는데, 그러한 그가 푸른 하늘을 향하여 빗을 내던짐으로서 상징적으로나마 자신의 이상세계에 다다르게 된다.

이 작품은 상념에 잠긴 직녀의 슬픈 사연을 담고 있는 반달을 제재(題材)로 하여 여성스러운 감성을 매우 멋있게 표출시킨 詩라고 할 수 있다.

✍ 2. 송별소양곡(送別蘇陽谷) * 출전; 大東詩選 권 12.
月下庭梧盡 (월하정오진) 달빛 어린 뜰에는 오동잎 지고
霜中野菊黃 (상중야국황) 서리 속에 들국화 곱게 피었구나.
樓高天一尺 (누고천일척) 누각은 높아 하늘에서 한 척이요
人醉酒三觴 (인취주삼상) 사람은 석잔 술에 취했구려.
流水和琴冷 (유수화금냉) 흐르는 물은 거문고와 더불어 시원한데
梅花入笛香 (매화입적향) 매화 향기 피리소리에 실어 보내고
明朝相別後 (명조상별후) 내일 아침 헤어진 다음에야
精與碧波長 (정여벽파장) 그리운 정 푸른 물결처럼 끝이 없겠지.

※. 鑑賞 - 황진이가 소세양과 이별하며, 지은 이 작품은 남성 시인들이 사랑하는 여인과 헤어지면서 지은 것들과 그 품격이 크게 다르지 않다. 오동잎이 지고 국화가 만발한 가을, 높은 누각에 올라 이별을 슬퍼하며 술을 마시고 서로의 정을 시와 노래로 푸는 모습을 담고 있다.

특히 그리움이 푸른 강물처럼 길 것이라는 표현은 단순하지만 긴 여운을 준다. 시기(詩妓)로 명성을 떨친 황진이 다운 수준작이다.

여성이 님을 그리워하거나, 홀로 고독을 노래한 詩는 여성작가의 신분이 작품의 미감(美感)에 차별성을 크게 주지는 않는다. 부인이 남편을

그리워하거나, 첩실이 남편을 그리워하거나, 기생이 사랑하는 사람을 그리워하는 정서에 큰 차이가 없고, 더 나아가 詩的 형상화의 방법에도 그 차이는 없다.

✍ 3. 박연폭포(朴淵瀑布)　　※ 출전-靑丘永言

一派長天噴壑礱 (일파장천분학롱)
　　　　　한 줄기 긴 하늘이 바위 골에 뿜어내니
龍湫百仞水潨潨 (용추백인수총총)
　　　　　용추 못 백 길 넘어 물줄기 우렁차구나.
飛泉倒瀉疑銀漢 (비천도사의은한)
　　　　　날아 오른 폭포수는 은하수를 방불케 하고
怒瀑橫垂宛白虹 (노폭횡수완백홍)
　　　　　성난 듯한 물결이 흰 무지개처럼 드리웠구나.
雹亂霆馳彌洞府 (박란정치미동부)
　　　　　어지럽게 쏟는 물벼락 골짜기에 가득하고
珠舂玉碎澈晴空 (주용옥쇄철청공)
　　　　　구슬 절구에 옥같이 부서져 창공이 맑으니
遊人莫道廬山勝 (유인막도여산승)
　　　　　나그네여, 여산의 폭포만 좋다고 말하지 말라
須識天磨冠海東 (수식천마관해동)
　　　　　이 천마산 폭포가 해동에서는 으뜸이란다.

※.詩語풀이- ①.朴淵瀑布- 개성에 있는 폭포로 송도삼절 중의 하나. ②.廬山- 중국의 강서성 구강현에 있는 산으로 은자(隱者)들이 많이 살았다고 함. ③.天磨- 천마산은 경기도 개풍군에 있으며, 박연폭포가 있음. ④.海東- 해동은 우리나라를 지칭함.

※. 鑑賞-황진이가 그리도 사랑했던 뛰어난 자연경관인 박연폭포는 천마산 기슭에 자리하고 있으며, 일컬어 松都三絕 中의 하나로 아름다움을 지니고 있다. 상당한 길이의 폭포로 詩를 읽는 이들의 마음을 시원스럽게 표현한 문장이다. 폭포의 아름다움을 하늘의 은하수에 비교하여, 고색 찬연한 무지개를 그려내고 있으며, 중국 여산의 경치보다도 더 좋은 개풍군 천마산에 자리한 박연폭포의 정경(情景)을 여성 특유의 유려한 표현으로 감칠 맛나게 나타냈다.

3. 황진이의 時調 作品

흔히들 黃眞伊, 매창(梅窓), 허난설헌(許蘭雪軒)을 일컬어 조선조 삼대 여류작가라고도 한다. 그리 불리는 것은 그들의 문학성과 작품성이 뛰어나고, 여성 특유의 감정표현으로 독자들의 심금을 울린 데서 기인한 까닭이라고 본다. 여류 시조작가의 대명사인 황진이가 쓴 '소식이 없는 임에 대한 애절한 그리움과 원망의 정서'를 섬세하고 감각적인 필치로 아름답게 그려냈다.

✎ 1. 내 언제

내 언제 信이 업서 님을 언제 소겻관데.
　　　　　　－(임에 대한 변함없는 사랑을)
月沈三更(월침삼경)에 온 뜻이 전혀 업네.
　　　　　　－(임이 찾아주지 않는 안타까움을)
秋風(추풍)에 지는 닙 소리야 낸들 어이하리오.
　　　　　　－(임이 찾아주기를 바라는 간절한 마음을)

※. 詩語풀이- ①지는 닙- 詩的 화자(話者)의 외로운 心情을 代辯하는 事物.
②秋風 – 쓸쓸한 이미지를 통해 슬픔과 외로움이라는 話者의 情緖를 代辯.

※. 풀이 해보면
〈내가 언제 한 번이라도 신의 없이 임을 속였기에
달도 기운 깊은 밤에 님이 오려는 기척이 전혀 없구나.
가을바람에 떨어지는 나뭇잎 소리에도 내가 아니 속고 어이 하리오.〉

※ 서경덕(徐敬德)의 작품인
마음이 어린 후이니 하는 일이 다 어리다.
만중운산(萬重雲山)에 어느 님이 오리오마는
지는 잎 부는 바람에 행여 긘가 하노라.

※. 이 시조는 황진이를 그리워하며 지은 詩로써, 비록 스승과 제자의

사이지만 이성(異性)으로서 애정을 은근하게 품고 있음은 황진이나 서화담이나 다름이 없었던 것 같다. 다만 그 감정을 순수한 애정으로("지는 잎 부는 바람에 행여 권가")라고 승화시킨 花潭의 고매한 덕성과 황진이의 총명스러움으로 ("추풍에 지는 잎 소릐야 낸들 어이하리오")조화를 이뤄 답(答)한 것을 보여준다.

✒ 2. 동짓달 기나긴 밤을   ※출전-青丘永言

冬至(동지)ㅅ달 기나긴 바믈 한허리 버혀 내여,   -(기다림의 시간)
春風(춘풍) 니불 아래 서리서리 너헛다가,   - (만남의 시간)
어른님 오신 날 밤이여든 구뷔구뷔 펴리라.
      -(임과 함께 오랫동안 같이 있고 싶은 심정)

※. 풀이 해보면
동짓달 기나긴 밤의 한 가운데를 뚝 베어 둘로 나누어서
봄바람 마냥 따뜻한 이불 아래에 서리서리 간직해 두었다가
정든 임이 오시는 날 밤이면 굽이굽이 펼쳐내어 그 밤이 더디 세게 하리라.

※. 鑑賞 – 당대의 명창 이사종과 정열을 불태우던 무렵의 작품으로 임을 기다리는 그리움과 여인의 간절함을 표현하였으며, 추상적인 시간을 구체적인 사물로 형상화시켜 나타내었다. 妓女 시조의 본격화를 이루었고, 시조 문학을 높은 수준으로 끌어 올린 뛰어난 작품이다.
 임이 오지 않는 겨울밤은 너무나 길어 애가 타고 힘들다는 심정을 그

리면서, 길었던 그 시간을 임이 찾은 봄밤에 붙여 오래오래 함께 있고 싶어 하는 話者의 연정이 잘 묘사되었다.

황진이의 작품 하나하나가 높은 문학성을 지니고 있지만, 그중에서도 가장 예술적 향취를 풍겨내는 작품으로 기교가 넘치면서 情念을 애틋하게 그려냈다.

✍ 3. 산은 녯 산이로되

山은 녯 山이로되 물은 녯 물이 안이로다
晝夜(주야)에 흐르니 녯 물이 이실소냐
人傑(인걸)도 물과 ㄱㅌ야 가고 안이 오노믜ㅣ라.

※. 풀이 해보면
山은 예나 지금이나 다름없는 山이지만, 물은 옛날의 그 물이 아니더라.
밤낮으로 쉬지 않고 흘러만 가니 옛 물이 있을 수 있겠는가.
훌륭한 인물들도 저 물과 같아서 한 번 가고는 다시 돌아오지 않는구나.

※. 鑑賞 – "산은 녯 산이로되"라는 작품은 산과 물이라는 자연을 대조시켜 인생무상의 철학적 의미를 가미시킨 작품이 아닌가 한다. 情人에 대한 그리움의 시간들이 흘러가는 물과 같다는 감정을 노래하였다.

4. 청산리 벽계수야   * 出典 ; 청구영언. 해동가요

青山裏(청산리) 碧溪水(벽계수)야 수이 감을 자랑마라

一到蒼海(일도창해)ᄒ면 도라오기 어려웨라

明月(명월)이 滿空山(만공산)ᄒ니 수여 간들 엇더리.

※. 풀이 해보면

청산에 흘러가는 맑은 시냇물아, 빨리 흘러간다고 자랑하지마라.

한 번 바다까지 가버린 후엔 다시 돌아오지 못하리라.

밝은 달이 텅 빈 산에 가득하니, 잠시 쉬어 간들 어떠하겠는가?

※. 鑑賞 – 이 시조는 아름다운 妓女가 강직하기로 소문난 선비를 유혹하는 내용으로 이해할 수 있다. 초장(初章)의 '청산'은 변함이 없는 자연의 청산이며, '벽계수'는 쉬지 않고 흘러가는 인간들이 겪어가는 삶의 시간들이다. 영원한 것들에 비해 순간적이고 허망(虛妄)하기까지 한 인생을 풍류(風流)로 달래보자는 名妓 황진이의 호소력을 지닌 노래가 아닌가 한다.

왕실의 종친인 벽계수(李渾源-이혼원)라는 사람이 매우 근엄하여, 다른 여자를 절대로 가까이 하지 않는다는 소문이 널리 퍼져 있었다. 마침 그가 송도에 와서 나귀를 타고 만월대(滿月臺)를 산책할 때, 소복(素服) 차림을 한 황진이가 이를 시험하기 위해 일부러 뒤따라가 이 노래를 건넜더니, 벽계수는 이 노래를 듣고 나귀에서 놀라 떨어졌다한다. 그 뒤 벽계수가 미모와 詩才(시재)에 끌려 황진이의 사랑의 포로(捕虜)가 된 유명한 일화다.

　〈벽계수〉는 푸른 물과 왕실의 종친 벽계수를, 〈명월〉은 밝은 달과 황진이 자신을 나타내고 있다. 예나 지금이나 아름다움을 그리는 것은 누구나 같은 심정이었나 보다. 황진이를 에워 싼 인물들로는 야사(野史)에 傳하는 것만 보아도 그럴 듯한 당대의 뛰어난 인품을 가진 대가들이었다. 유명한 철학자인 서경덕(花潭). 재상 송순(宋純-俛仰亭-明宗 때의 유명한 詩人). 황진이와 동거를 했다고 전하는 종실(宗室) 이언방(李彦邦). 그리고 재상 소세양(蘇世讓-中宗 때의 명신, 호는 陽谷) 등 이외에도 허균(許筠), 한음 이덕형(李德馨). 유몽인(柳夢寅) 등이 그의 사적을 기록했다고 한다.

　성격이 활달하고 협객의 품격을 지녀 뭇 남성들을 굴복 시켰던 일화들은 지금도 널리 회자(膾炙)되고 있지 않은가? 천금을 갖고 유혹을 해와도 돌아보지 않던 황진이도 매력 있는 남성을 만나서는 어쩔 수 없는 따뜻한 가슴을 가진 여인으로 돌아가는 삶을 살아갔다.

🖎 5. 청산은 내 뜻이요　　＊出典 ;청구영언. 해동가요. 가곡원류

靑山(청산)은 내 뜻이요 綠水(녹수)는 님의 情(정)이
綠水 흘러간들 靑山이야 變(변)ᄒᆞᆫ손가
綠水도 靑山을 못 니저 우러 녜여 가ᄂᆞᆫ고.

※. 풀이 해보면
청산은 나의 뜻이요, 녹수(푸른 물)는 님의 정이라.

녹수가 흘러간들 청산의 뜻이야 변할 것인가?
흐르는 물도 산을 못 잊어 울면서 흘러가는구나.

※. 鑑賞- '靑山'과 '綠水' 변함없는 푸른 산과 자꾸만 흘러 잠시도 머무르지 않는 물결, 변함없는 지은 이의 뜻과 변덕스러운 '님'의 情을 이것(청산과 녹수)들에 비유한 着想(착상)이 평범하면서도 신선미가 넘쳐난다. 이별은 남아 있는 사람과 떠나는 사람 모두에게 고통스러움이라는 것을 나타내고 있다.

※. 解說- 이 작품을 ' 산은 녯 산이로되'와 유사한 느낌으로 해석해 봐도 될 것 같다. '청산'은 그대로 있는 즉 불변(不變)하는 자연으로 곧 '나'와 동일시되고, '녹수'는 변화하는 곧 '님'을 상징(象徵)하므로 임은 '녹수'가 되어 떠나간다는 의미로 볼 수 있다.
이로 인해 '녹수'가 흘러가도 변하지 않을 스스로의 의지를 표명하고 있는 것이다. '청산'이 넘치는 애정과 정열에 불타는 내 마음이라면, 그 밑으로 푸르름을 머금고 흐르는 '녹수'는 '임'이 나에게 속삭여주던 情이라 여길 수도 있다.
'녹수'의 흘러감으로 표상되는 인간이 지니는 숙명적 불안감과 허무감은 사대부들의 자연 인식과는 근본적으로 그 인식을 달리하는 것이다. 사대부들에게 있어서 '녹수'나 '청산'은 다 같이 시간적으로 무한한 영원을 상징하는 존재였다.
그러나 황진이는 '녹수의 흘러 감', 즉 그 유한성(有限性)에 주목함으로서 사대부들의 당위론적인 자연 인식과는 다른 이미지를 창출해 내었기에 훌륭한 작품이라 할 수 있는 것이다.

★. 靑草 우거진 골에 자는다 누엇는다

紅顔(홍안)을 어듸 두고 白骨(백골)만 무쳣는이

盞(잔)자바 권ᄒ 리 업스니 그를 슬허 ᄒ노라.」의 이 작품은 黃眞伊가 죽은 후, 조선 중기(명종~선조)의 풍류 시인 백호 임제(白湖 林悌)가 평양 감사의 벼슬길에 올라 개성을 지나가다가 황진이의 무덤 앞에서 그의 죽음을 슬퍼한 작품이다. 백호는 양반의 품위를 손상시켰다고 해서 벼슬평양감사직을 해임 당했다(?)고 한다.

※ 參考文獻

韓國 리얼리즘 漢詩의 理解 (鄭洋. 具仕會 공저-새문사).
韓國 漢詩 卷 3. (金達鎭 譯-民音社)
妓生時調와 漢詩 (黃忠基 著.- 푸른 사상)
歷代女流漢詩文選 (金智勇 譯-大洋書籍)
韓國 詩歌文學史 朴乙洙 著 亞細亞文學社
韓國漢詩의 傳統과 文藝美 이종묵 著 태학사
韓國文學史 장덕순 著 同和文化社
古典詩歌論 金學成 權斗煥 著 새문사
한국문학통사 2 -조동일-지식산업사.
한국고전시가 작품론2 -조세형-집문당.1992년.
韓國 女流漢詩選集-正音社-金岸曙 譯.
國文學 全史-新丘文化史-白鐵. 李秉岐 共著.
妓生 時調와 漢詩-푸른사상-黃忠基 著.
時調 類型論-梨花女子大學校 出版部-김대행.
韓國文學史-同和文化史-張德順 著

다. 여류시인 梅窓 편

1. 梅窓의 생애

매창(1573~1610)은 조선시대 14대 선조 代와 15代 광해군때 시재(詩才)로 이름을 날렸던 전북 부안의 명기(名妓)이며 계유년 출생으로 계생(桂生)과 계랑(癸娘)으로도 불리고, 자는 천향(天香), 향금(香今)이다. 자호(自號)를 梅窓 또는 섬초(蟾初)라 하였다.

〈※參照-梅窓集〉→ (蚊文 桂生 字天香 自號梅窓, 縣吏李湯從女也. 萬曆癸酉生. 매창집 발문 계생, 자 천향, 자호 매창, 현리이탕종여야. 만력계유생.)

계화(桂花)란 이름으로도 불렸으며, 시문(詩文)에 천부적인 소질이 있다하여 천향이란 이름으로, 처음 기생이 되어서는 섬초로 후에 스스로 매창이라 지어 불렀다. 사람들이 애칭으로 계생 또는 계랑으로도 불렀다한다.〈※참고-李能和의 朝鮮解語花史 236쪽〉

중인 계급인 부안 현리(縣吏)의 딸로 태어나 천부적 서정시인의 재질에다 부친에게서 漢學을 배웠고, 時調와 漢詩 그리고 거문고에 뛰어났던 매창은 부안을 벗어나 한양에 까지 명성을 날렸으며, 그러한 재능을 인정한 文士들과 詩로 교유하여 현재는 시조 한 수와 60여 편의 漢詩를 남겼다. 후손이 없는 기녀(妓女)이기에 그녀의 작품은 전해지지 못하다가 부안지방의 아전(衙前-지방관청에 딸린 벼슬아치)들이 흩어진 그의 시를 모아 『매창집』을 발간하였다.

매창이 어떤 연유로 기녀가 되었는지는 확실치 않으며, 다만 그녀가 이탕종의 서녀(庶女)였다고 한 일부의 기록〈※참고 －全羅北道誌 하권 전라북도사－ 편집위원회 1970년 刊－ 601쪽〉을 참고로 본다면 출생 신분으로 인해 기녀가 되었다고 유추할 수 있다.

李梅窓은 부안 사람들이 무척이나 사랑하는 굴지의 여류시인이다. 매창의 무덤은 아무런 혈육관계도 없는 촌노(村老)들 즉 詩를 좋아하고 풍류를 아는 공동단체에서 4백여 년을 지켜왔다. 한 여류시인의 무덤이 이토록 사랑을 받으면서 후세에 전해 내려오는 것은 놀랍고도 희한한 일이다.

※ 기생의 시초. － 삼국사기의 신라본기(新羅本紀)에 제20대 진흥왕 38년 봄에 원화(源花)라는 것이 처음으로 생겼다. 라는 구절이 있다.

※ 妓生史의 문헌인 '조선해어화사(朝鮮解語花史)'의 李能和님은 "우리나라 기생의 기원은 원화에서부터 시작되었다고 한다. －(始奉源花, 是爲妓女之濫觴－시봉원화, 시위기녀지남상)－

원화는 본래 왕이 신하들과 더불어 노닐 때(類聚群遊－유취군유) 술을 따르고 노래를 부르며, 춤을 추는 여자를 말한다.

이렇게 본다면, 기생의 역사는 1,400년의 오랜 역사를 갖고 있다. 그러나 '기생'이라는 명칭은 고려 이후에 불러졌기에 여기서는 원화와 기생은 근본적으로 다르게 보아야 한다. 그 까닭은 원화는 양가집 규수들 중에서 才色의 겸비와 행동거지가 민첩한 여자들을 골라 뽑았지만, 기생은 사회적으로 신분이 미천한 무자리(水尺者-수척자)의 딸들 중에서 뽑았기에 그 근본이 다른 것이다. 그러기에 원화는 기생의 원형이었다고 말 할 수는 있으나. 기생의 시조였다고 보는 데는 무리가 따른다.

그렇다면 기생은 언제부터 어떻게 생겨난 것일까? 고려 태조 왕건이 후삼국을 통일하고 고려를 창건했을 때, 후백제의 유민(遺民) 중에 무자리들이 많이 포함되어 있다.

(※ 무자리란, 삼국시대의 유민(流民)으로 관적(貫籍)도 없고 부역(賦役)도 아니하고 산과 들로 돌아다니며, 사냥과 유기(柳器)를 엮어 파는 떠돌이 족을 말한다.)

고려조정에서는 전국에 흩어져 있는 무자리들을 모아 노예로 만들어 남자는 노복(奴僕-종놈)으로 삼고, 여자는 노비(奴婢-종년)를 삼아 경향 각지의 관노로 만들었다. 이러한 관노들의 딸 중에서 예쁘고 재주가 있는 노비를 골라 춤과 노래와 의술을 가르쳐 양반들이 연회를 베풀 때 흥을 돋우게 한 것이 바로 기생의 시초였다. 그래서 기생의 시조를 무자리의 후예로 보는 것이다.(※史實-李瀷의 星湖塞說에 기록)

여러 기록에 의존하여 보면 기생들의 호적이 정식으로 만들어진 것은 1150~1160년대로 유추하며 그 역사는 850여 년이나 된다. 이런 역사적인 근거로 기생들이 천민으로 취급받아 온 것이다.

2. 梅窓의 문학세계

文(문장)보다는 詩를 즐겨 썼던 조선시대의 여성들은 이구동성(異口同聲)으로 규원(閨怨-여자의 뜻을 이루지 못한 원한)과 이별의 한(恨)을 많이 노래했으며, 사회제도에 얽매인 여성들의 운명에 대한 슬픔을 읊은 작품들이 많을 수밖에 없다.

봉건사회 안에서 특색 있는 개성을 살려 유명해진 작가들 중 黃眞伊는 자유분방하면서도 멋이 깃든 이성(異性)에 대한 작품을 여러 편 남겼고, 조선 중기의 여류작가인 허난설헌(許蘭雪軒)은 漢詩에 능해 세상을 읽어가는 아름다움을 노래했으며, 자신의 기구한 운명을 오열하는 여류시인 중, 매창은 슬픔 속에서도 정(情)이 넘쳐나고, 굳은 정절(貞節)로 여성만이 지닐 수 있는 섬세한 작가라 할 수 있다.

그의 작품이 500여 편이 넘는다고는 하나 매창집 (개암사 刊) 에는 58수가 전하고 있다. 매창의 대표 작품이라 할 수 있는 시조를 감상해본다.

"梨花雨 훗날닐제 울며 줍고 離別ᄒ 님
秋風落葉에 져도 날을 성각ᄂ가
千里에 외로운 꿈만 오락가락 ᄒ도다."

※. 鑑賞- 매창 특유의 멋과 애절함은 사람들로 하여금 가슴을 적시게 한다. 산만한 듯 정돈이 되어 있고, 어지러운 듯 고요한 번뇌로 가득한 심정을 노래한 시조가 아닌가 한다.

이 재치 있는 시조는 필설로 다할 수 없는 아픔을 「이화우(梨花雨)」즉 곱게 피어 있는 배꽃들이 비바람에 나부끼며 흩어져 가는 것처럼 이별의 장면을 연상시키고, 「추풍낙엽(秋風落葉)」의 구절은 소슬한 가을바람을 이겨내지 못하고, 태어난 곳을 버리고 떠나가듯이 낙엽이 되어 쓸쓸한 최후를 맞는 아린 마음을 읊조리고, 천리 길 머나먼 곳에 있을 연인(유희경)을 꿈속에서나마 그리워하는 사념(思念)을 멋지게 조화시켰다.

 아동에서부터 문객에 이르기까지 모르는 사람이 없으리만큼 너무나 유명한 이 시조는 우리의 고전문학이 되어있다.
 세계적인 문호, 인도와도 바꾸지 않겠다던 셰익스피어는 기억나지 않더라도「로미오와 줄리엣」을 모르는 사람이 없듯이 매창은 몰라도 '이화우'는 중등교육을 받은 사람이라면 누구나 알고 있는 유명한 작품이다.

 중국의 역사상 문학이 크게 번창했던 당(唐)나라에서 유명한 여류시인을 찾아본다면 설도(薛濤-당나라 때 기생)일 것이다. 허균은 '설도'에 비교하면서 매창의 죽음을 슬퍼하였다고 한다.
 조선시대에서 여류시인을 손꼽는다면 '황진이와 더불어 매창 그리고 허난설헌'을 추천해도 이의를 달 수 없으리라 생각한다. 매창은 타고난 서정 詩人인 것을 그 한 예로 '이화우'에 내제된 작가의 감정은 언제 보아도 가슴 깊은 곳에 잠겨 있는 아픈 이별의 장면이 선명하게 나타나는 주옥같은 시조다.

　조신(操身)한 선비들 중 으뜸이라 해도 누가 되지 않을 촌은(村隱) 유희경(劉希慶)같은 시인도 매창으로 하여금 파계(破戒)를 했으며, 인조반정을 꾀한 이귀(李貴)도 매창으로부터 정(情)을 구했으며, 내노라하는 당대의 文人들도 뛰어난 여류시인 매창을 그리워했다한다.

　작품으로는 나무랄 데 없이 훌륭하나, 작품의 틀에서는 중장(中章)에서 자칫 헝클어질 번 하다가 다시 정제된 시조의 운율의 틀로 이우어진 시형(詩型)이다. 매창집은 전북 부안의 개암사(開岩寺)에서 만들어졌으나, 불살라지고 전해오는 작품은 다음과 같다.

　오언절귀(五言節句) 21首. 오언율시(五言律詩) 3首. 칠언절귀(七言絕句) 25首 철언율시(七言律詩) 5首. 그 외 4首. 모두 58首가 전하고 있다.

　✍. **漢詩를 通해 본 梅窓의 生涯** – 우리들의 의식 속에서 나타나는 심리적 현상으로 많은 좌절을 가져다주는 것이 '콤플렉스'다. 매창은 출신 성분 때문에 자연스럽게 기생이 되었으나, 그러나 기생이라고 해서 자기의 몸이나 마음을 함부로 버리지 않았으며 자기를 지켜낸 절개곧은 기생으로 지금까지 기록되어 있는 것이다.

　지봉 이수광(芝峯 李晬光)은 그러한 사실을 「계량은 부안의 천한 기생인데 스스로 매창이라고 호를 지었다」. 신분이 기생이었던 만큼 집적거리는 사람들이 하나 둘이 아니었으리라, 점잖게 시를 지어 유혹하는 사람도 있고, 때론 취객의 강압적인 행동을 매창 특유의 재치로 받아넘

긴 시를 소개한다.

1. 羅衫(나삼 – 비단적삼)
醉客執羅衫 (취객집나삼) ; 취한 나그네가 명주 저고리를 잡아
羅衫隨手裂 (나삼수수열) ; 옷소매가 어이없게 찢어 졌구나.
不惜一羅衫 (불석일나삼) ; 명주옷 한 벌이 그리 아까우리오만,
但恐恩情絕 (단공은정절) ; 임이 준 은정이 끊길까봐 그게 두렵군요.

※. 鑑賞 – 술 취한 손님에게 옷을 찢기우면서도 화를 내지 않고, 인정이 끊길까봐 두려움을 나타낸 매창의 따뜻하고 너그러운 마음씨에 어느 남성인들 감탄을 하지 않을까?

　그는 기생의 몸이면서도 멋을 알고, 인생의 정의(情誼)를 아는 삶을 영위했다. 그러한 마음을 몰라주는 세상을 혼자서 한탄하며, 외로운 인생의 고독을 자연과 시와 거문고로 달랬다.

2. 梅映月(매영월)
平生恥學食東家 (평생치학식동가) ; 평생에 기생된 것이 부끄러워
獨愛寒梅映月斜 (독애한매영월사) ; 달빛에 젖은 매화를 사랑하는 나
時人不識幽閑意 (시인불식유한의) ; 세상 사람들은 내 마음을 알지 못하고
指點行人枉自多 (지점행인왕자다) ; 오가는 나그네마다 집적거리네.

※. 詩語풀이 - ①食東家- 떠돌아 다님. 東家食 西家宿 ②梅映月-달빛에 비추이는 매화 ③時人-세상 사람들 ④指點-어느 곳을 가리키다.

※. 鑑賞- 매창은 여인으로써의 뿐만 아니라, 여류시인으로써 보기 드문 매력을 지니고 있어 뭇 남성들이 수시로 접근해 온 것이다. 특히 거나하게 취한 선비들이나 나그네들의 희롱에 매창은 비록 출신성분 때문에 자연스럽게 기생이 되었으나, 자기를 함부로 버리지는 않았다. 접근해오는 취객들을 자존심을 상하지 않게 자연스럽게 시를 지어 거절했다한다.

* 그윽하고도 고매한 정신자세로 자신의 처지를 읊은 노래다. 매창이 마음을 주고 시를 지어준 정인(情人)은 촌은 유희경(선조 때의 시인)을 첫 손가락으로 꼽는다. 유희경은 천민이었지만 시인으로 이름을 세상에 알렸으며, 또 상례(喪禮)에도 일가견이 있어, 영의정까지 오른 박순(朴淳)을 비롯한 양반 사대부들이 그와 친교를 가졌다.

〈촌은집〉에 기록을 보면『젊었을 때 부안으로 놀러 갔었는데, 그 고을에 계생이라는 이름난 기생이 있었다. 계생은 그가 한양(漢陽)에서 이름난 시인이라는 말을 듣고는 「유희경과 백대봉 가운데 어느 분이십니까?」하고 물었다. 그와 백대봉(노예 출신)의 이름이 먼 곳까지 소문이 나 있었다. 유희경은 그때까지 기생을 가까이 하지 않았으나, 이때 비로

소 파계를 했다. 두 사람은 서로가 풍류를 즐기면서 마음을 주고받았다.」

매창과 유희경이 만난 때는 임진왜란 직전으로 그가 한양으로 돌아 온 뒤에는 의병을 일으켜 조국을 지키느라 바빴던 관계로 소식이 끊기었다. 사랑하는 님으로 부터 떠나간 뒤 소식이 없어 애태우며 지킨 독수공방에서 외로움을 달랜 시조가 바로「이화우(梨花雨) 흩날릴 제 울며 잡고 이별한 님」이다. 그들이 다시 만난 것은 먼 뒷날이었다.

외롭게 살아가던 매창에게 다시 나타난 남자가 이웃 고을 김제(金堤) 군수로 내려 온 묵재 이귀(默齋 李貴-인조 때의 공신 1557~1627)다. 글재주가 뛰어난 명문 집안의 사나이 李貴와의 로맨스는 구체적으로 기록에 없고, 李貴의 후배였던 허균(許筠-1569~1618 李朝 중기의 小說家로 홍길동전 작가)의 기행문에서 매창을 李貴의 정인이라고 한 기록만 남아있다. (*허균의「성소복부고」의 조관기행(漕官紀行)에 기록되었다.)

3 自恨 (자한 -스스로 한탄 함. 3首)

東風一夜雨 (동풍일야우); 봄바람에 실려 온 하룻밤 비에
柳與梅爭春 (유여매쟁춘); 버들과 매화꽃은 봄을 다투네.
對比最難堪 (대비최난감); 이를 바라보기 못내 겨워하거니
樽前惜別人 (준전석별인); 더구나 술잔 들어 님을 이별하는데.

① 東風-샛바람. 봄바람. ② 難堪- 견디기 어려움

③ 樽前- 술잔 앞. 술잔을 들고

含情還不語 (함정환불어); 정은 가졌으나, 말 할 수 없어
如夢復如痴 (여몽복여치); 그저 꿈인 듯, 바보가 되었네.
綠綺江南曲 (녹기강남곡); 비단 옷을 입고 강남곡을 타보나
無人問所思 (무인문소사); 이 시름을 물어보는 사람이 없구나.

※. 詩語풀이 - ①含情- 정을 품음. ②江南曲-님을 그리워하는 거문고의 가락 이름 ③所思- 생각하는 바. 사모하는 마음

翠暗籠煙柳 (취암농연유); 연기 속의 버들은 짙푸르고
紅迷霧壓花 (홍미무압화); 안개에 눌린 꽃은 희미하게 붉네.
山歌遙響處 (산가요향처); 목동의 노래는 멀리 메아리치고
漁笛夕陽斜 (어적석양사); 고깃배의 피리소리에 해가 저문다.

※. 詩語풀이 - ①籠煙-연기에 싸임. 연기 속 ②山歌- 산사람의 노래. 목동의 노래 ③漁笛- 어선의 피리소리

매창은 한시를 통해서 그의 의식을 표출시켰다. '님' '눈물' '꿈' '거문고' '정' '매화' '자연' '이별' '고독'을 노래한 비련의 문학매체로 한 의식세계를 나타냈다.

그는 '님'과 이별을 한 뒤엔 사랑하되 이룰 수 없는 숙명 앞에 혼자서

슬픔을 삭이고, 애를 태우며 눈물을 혼자서 기다림에 지쳐 그의 호(號) 처럼 높은 기개와 굳은 절개를 지킨 순수한 인간미가 발로되어, 절색은 아니었을지라도 그녀의 행실과 작품에 흐르는 소문은 한양(漢陽)까지 퍼져나갔다.

4. 松柏(송백)

松柏芳盟月 (송백방맹월); 송백을 두고 굳게 맹세하던 날
恩情與海深 (은정여해심); 사랑하는 그 정은 바다처럼 깊었네.
江南靑鳥斷 (강남청조단); 강 건너 멀리 떠난 님의 소식 아득하니
中夜獨傷心 (중야독상심); 밤마다 아픈 마음 홀로 애를 태우네.

※. 詩語풀이 - ①松柏-소나무와 잣나무 ②靑鳥-파랑새. 소식. 편지. ③中夜-한밤중.

※. 鑑賞- 그리움은 날로 더해간다. 임진왜란을 맞아 한양으로 올라가서 의병을 일으킨 유희경은 매창에게 소식을 전할 겨를이 없었다. 그런 사정을 모르는 매창은 맹세했던 님에 대한 정이 바다 속처럼 깊어가는 그리운 심경을 시로 노래했다.

님을 기다리면서 이 무렵에 지은 그 유명한 시조 이화우(梨花雨)가 〈가곡원류〉에 실린다. 매창은 수많은 유혹을 물리치면서 오래도록 절개를 지켰다 한다.

✎ 5. 登月明庵(등 월명암 – 월명암에 올라)

春來人在遠 (춘래인재원); 봄이 왔어도 그 사람은 멀리 있나니
對景意難平 (대경의난평); 경치를 바라봐도 마음은 편치를 않구나.
鸞鏡朝粧歇 (난경조장헐); 거울로 아침 단장을 마치고
瑤琴月下鳴 (요금월하명); 달빛 아래서 거문고를 타보네
看花新恨起 (간화신한기); 꽃을 볼 때마다 새 설움 일고
聽燕舊愁生 (청연구수생); 제비소리를 들으니 묵은 시름이 일어나네.
夜夜相思夢 (야야상사몽); 밤마다 님 그리는 꿈을 꾸다가
還驚五漏聲 (환경오누성); 날 샐 녘의 물시계소리에 새삼 놀라네.

※. 詩語풀이 – ①鸞鏡– 난새(봉황의 일종인 신령스러운 새)를 새긴 거울 ②瑤琴– 아름다운 거문고. ③五漏 –오경(五更–새벽 세시에서 다섯 시 사이) 의 물시계. 날이 샐 무렵.

※. 鑑賞– 부안 변산에 위치한 월명암에 올라가 멀리 한양을 바라보건만 혼자서 바라보는 경치는 아름답지를 않구나. 아침에 단장을 하고 하루 종일 기다리다 달빛을 받으면서 외로움을 달래려고 거문고를 타본다. 짝을 지어 다정한 제비들의 지저귐을 들으면서 잠이 들어 꿈속을 헤매다가 날이 새 깨어보니 옆에는 아무도 없는 쓸쓸함을 노래한 시다.

소문난 기생 매창이었지만 한 여인으로서는 외로운 날들을 이겨내기 힘든 고독이었으리라. 그렇기에 좁은 공간에서 거문고와 벗하면서 그

속에 '님'을 실어 정인을 노래하고, 거문고를 '님'삼아 고독을 달래 나갔다. 거문고는 그의 무한한 삶과 시를 짓는 의식의 공간이 되었다.

매창이 기생으로 살아가면서 많은 시인 묵객들과 교유를 하였다지만 그의 작품은 이사군(李使君)과 한순상(韓巡相)의 회갑에 축하시를 준 것 외에는 평생 동안 그가 사랑한 유희경과 한 때 정인으로 지냈다는 李貴 그리고 10여 년을 지우(知友)로 지낸 허균 등으로 기록되어 있다. 촌은이 '매창을 사랑하여 파계하였다.'(※최승범의 -반숙인간기-1968 형성출판사 282쪽)는 진솔하고 인간미 넘치는 마음을 詩로 나타내는 유희경의 작품을 소개한다.

✎. 懷癸娘(회계랑 - 계량을 생각하며)
癸娘在浪州 (계량재낭주) ; 계량의 집은 낭주에 있고
我家住京口 (아가주경구) ; 나는 장안에 살고 있으니
相思不相見 (상사불상견) ; 그리움이 사무치건만 서로가 만나지 못하고
腸斷梧桐雨 (장단오동우) ; 오동나무 위에 비가 내리면 창자가 끊어지는
것 같구나.

※. 梅窓과 村隱이 처음 만난 기록은 정확하지 않으나, 정미년(1607년)에 서로 만났음을 알 수 있으며, 이때 매창의 나이 35세요, 촌은의 나이 63세로 계산된다.

매창의 詩文 속에는 언제나 매우 진한 매향이 젖어있다. 그는 시인 묵객(墨客)들의 연인이며, 풍류남아들에게는 향수로 남아 있고, 주옥같은

그의 시는 은은한 매화향기를 품어내며, 그가 떠난 지 400여 년이 넘었지만 문필가들의 뇌리에는 영원히 살아있는 것이다.

✎. 結語

매창은 1610년 (광해군 2년) 38세의 젊은 나이에 세상을 떠나갔다. 선천적으로 타고난 시(詩)와 가무(歌舞)에 뛰어나 그 명성은 한양에까지 떨쳤다고 한다.

매창의 墓는 전라북도 기념물 제65호로 전라북도 부안군 부안읍 봉덕리에 있으며, 매창 詩碑에는 「이화우-梨花雨」시조가 새겨져 있다.

☞ 매창 공원에는

 * 연인 유희경의 "매창을 생각하며"
 * 허균의 "매창의 죽음을 슬퍼하며"
 * 김민성의 "매창묘에서"
 * 정비석의 "매창묘를 찾아서" 등의 追慕詩들이 매창의 영혼을 위로하고 있다.

그리고 매창의 "贈 醉客" 과 "御水臺" 등의 詩들이 새겨진 詩碑들이 410여 년 전에 정든 고향 扶安을 떠나간 名妓 매창을 기리고 있다.

✎. 한국 시조계의 태두(泰斗) 가람 이병기(李秉岐) 선생이 매창 무덤을 찾아 시조 세편을 지어 영혼을 위로했다.

✐. 梅窓 뜸   ※출전- 이병기 가람시조집 白楊堂 p58

* 돌비는 낡아지고 금잔디 새로워라.
  덧없이 비와 바람 오고가고 하지마는
  한줌의 향기로운 이 흙 헐리지를 않는다.

* 梨花雨 부르다가 거문고 비껴두고
  등 아래 홀로 앉아 그 누구를 생각하는지
  두 뺨에 젖은 눈물이 흐르는 듯하구나.

* 羅衫을 손에 잡혀 몇 번이나 찢겼으리
  그리든 雲雨도 슬어진 꿈이 되고
  그 고운 글발 그대로 정은 살아 남았다.

※ 참고문헌

韓國文學思想史.- 啓明文化社
朝鮮時代 漢詩 作家論.- 以會文化社
漢文學史.- 새문사
梅窓全集.- 扶安文化院
한국 漢詩 3권 -民音社
韓國 歷代 漢詩 詩話.- 延世大學校 出版部
반숙인간기- 최승범. 1968 형성출판사

라. 허난설헌 (許蘭雪軒) 편

1. 出生과 家門

　허난설헌(1563년 ~1589년)은 강원도 강릉에서 명망이 높았던 동지중추부사(同知中樞府事-從二品)를 지낸 초당 허엽(草堂 許曄)의 딸로 태어난 조선 중기의 여류시인이다. 본관은 양천(陽川), 본명은 초희(楚姬)이며, 다른 이름은 옥혜(玉惠)로 자는 경번당(景樊堂) 호는 난설헌(蘭雪軒)이다. 〈홍길동전〉의 작가 교산 허균(蛟山 許筠)의 누이로 3남 3녀 중의 다섯째로 태어났다.

　15세(1577) 되던 해에 서당 김성립(西堂 金誠立-1562~1592)과 결혼했으나, 남편은 과거에 급제한 뒤 가정을 돌보지 않고 노류장화(路柳墻花)의 풍류만을 즐기는 가운데 결혼생활은 순탄하지 못했다고 한다. 거기에다 고부(姑婦)간의 불화(不和)와 두자녀의 죽음과 유산(流産), 허균(許筠)의 귀양 등으로 삶의 의욕을 잃어 자신의 불행한 처지를 시작(詩作)으로 달래면서 섬세한 필치와 애상(哀傷)적인 시풍(詩風)으로 독특한 작품 세계를 이뤄나갔다.

　허난설헌은 유년시절 오빠 (허봉.1551~1588)와 동생 (허균.-1569~ 1618)의 틈바구니에서 어깨너머로 글을 익혔는데도 기억력이 좋고 글을 잘 써 8세에 〈광한전백옥루상량문-廣寒殿白玉樓上梁文〉을 지어 천재성을 나타냈다고 한다. 화담 서경덕의 수제자이며, 퇴계 이황의 문인(門人)인 부친 허엽은 그의 재주를 아깝게 여겨 글과 서예와 그림을 직접 가르쳐 그의 재능을 더욱 높여주었다. 그녀의 신선사상(神仙思想)은 유일한 사상적 배경으로 나타나는데 이는 도교를 가학(家學)이라 할 만큼 조예가 깊었던 친정의 도학사상에서 큰 영향을 받은 것이다.

허난설헌이 작고한 뒤에 허균이 보관하고 있던 작품들을 편집해서 1606년 明나라 시인이자 사신(使臣) 주지번의 도움으로 간행된 유고집 〈난설헌집〉과 국한문가사 〈규원가-閨怨歌〉와 〈염지봉선화가-染指鳳仙花歌〉가 전하고 있다. 1692년(숙종18년) 동래부(東萊府)에서 중간한 중간본이 일본으로 건너가 1711년 일본에서도 분다이야 지로베이(文台屋次郎)에 의해 난설헌의 문집이 간행되어 애송(愛誦)되면서 여류시인으로 격찬을 받았다.

남편 김성립이 임진왜란 때 전사(1592년)한 뒤 가선대부 이조참판(李朝參判)에 추증되면서 난설헌도 정부인(貞夫人)으로 추증되었다. 난설헌은 임종을 앞두고 자신의 작품들을 모두 태워버렸으나, 친정에 남아 있었던 작품들을 동생 허균이 보관한 詩 213수와 산문(散文) 수필 등 300여 작품이 현재까지 전한다.

2. 작품 이야기

허난설헌은 봉건시대의 굴레에 부대끼며 살다간 한 떨기 부용꽃으로 견뎌내기 힘든 불행의 늪에서 벗어나질 못했다. 지난날 우리나라는 철저한 남존여비의 봉건사회였다. 이러한 사회에서도 남성들을 농락하며

한 세상을 풍미했던 황진이 같은 여인도 있었는가하면, 밀폐된 규방에서 恨으로 얼룩진 일생을 짧게 살다간 허난설헌도 그중의 한 여인이다.

그 당시에 여성이 이름과 號와 字를 고루 갖춘 경우가 매우 드물었는데도 그녀의 경우는 대우를 받고 살았다고 볼 수 있으나, 여인으로서는 불우한 삶이었다.

허균과 허난설헌은 양반의 혈통을 받은 손곡 이달(蓀谷 李達- 1539~1612)에게서 詩文을 배웠으며, 이달은 어머니가 기생출신 첩이라서 서자로 살아야했기에 벼슬자리를 사퇴하고 방랑생활을 하면서 당대에 詩名을 널리 떨친 대시인이었다.

* 중인(中人)으로 미천한 신분이었으나 당대의 유명한 풍류객들인 고죽 최경창(孤竹 崔慶昌1539~1583), 옥봉 백광훈(玉峰 白光勳 1537~1582), 이달(楊士彦의 스승)을 비롯한 세 동문은 세칭 삼당파(三唐派)라 불리었다. 그들은 촌은 유희경(村隱 柳希慶.-梅窓의 情人) 등과 함께 허난설헌의 집안과 교류가 깊었으며 상당한 후원을 받았다고 한다.

1). 〈난설헌집〉에 수록된 작품은 詩는 총 210수이고, 사(辭) 1수, 〈몽유광상산시서 夢遊廣桑山詩序〉 1편, 〈광한전백옥루상량문 廣寒殿白玉樓上梁文〉 1편이 있고, 주지번의 서문과 양유년(梁有年)의 난설헌집 제사(蘭雪軒集題辭)가 실려 있다.

문집에는 수록되지 않았으나, 이수광의 「지봉유설」에 〈독서강사 讀

書江舍〉와 〈채련곡 采蓮曲〉이라는 칠언절구 2수, 「동양여시선 東洋女試選」에 〈빈녀음 貧女吟〉이라는 오언절구 1수, 영조(英祖)代 송계연월옹(松桂烟月翁)의 「고금가곡 古今歌曲」에 가사 〈규원가 閨怨歌〉 1편, 헌종(憲宗) 代의 「성일당잡지 貞一堂雜識」에 〈봉선화가〉 1편이 실려 있다.

* 〈난설헌집〉에 수록된 작품들이 모두 그의 작품인지를 두고 여러 의문들을 제기하고는 있으나, 특별한 근거가 없는 비판으로 보고 있다. 제기된 의문들을 열거해보면- 중국시의 표절이라는 설, 옛 시인들의 작품이라는 설, 허균이 누이의 명성을 높이려고 元나라와 明나라의 시인들의 아름다운 시구(詩句)를 도용해서 넣었다는 설, 허균의 위작설(僞作說), 등으로 폄하(?)하고 있으나, 〈난설헌집〉은 허균에 의해 간행된 것이 아니라, 명나라 시인 주지번이 출간한 것이기에 지나치게 중국 詩들을 모방한 것들이나 중국 詩 자체는 출간 당시 이미 삭제되었을 것으로 추정한다.

* 반론(反論)을 펴는 입장에서는 허난설헌의 작품의 기법(技法)이나 시재(詩材)가 중국의 시작품들과 비슷한 점이 많은 것은 사실이나, 그런 것들을 변형하여 자기의 것으로 만들어내는 것 또한 그의 작가적 능력으로 재확인시켜주는 자료가 되었다고 주장한다.

그의 시는 당시(唐詩)를 변형하여 재창작한 작품들이 많은 것은 사실이다. 그는 특히 이태백(李太白)의 시를 좋아했으며, 그 중에서도 악부시(樂府詩)를 소재로 한 詩를 변형하여 창작해냈다. 그리고 허균의 위작설은 대제학을 지낸 호곡 남용익(壺谷 南龍翼 1628~1692)에 의하면 두 사람은 詩의 풍격(風格)이 다르고 교산 허균은 누이의 시격(詩格)에 미치지 못하기에 위작이 아님을 바로 알아볼 수 있었다고 주장한다.

2). 규원(閨怨)시와 모정(母情)시 – 閨怨은 사랑하는 사람으로부터 버림을 받은 여인의 恨이며, 母情은 자식에 대한 어머니로써의 무한한 애정이다. 그는 결혼 초부터 과거를 준비하는 남편과 떨어져 살아야 했을 뿐 아니라, 금실(琴瑟之樂의 준말)도 좋지 않았으며, 고부간의 심한 갈등으로 고달픈 시집살이의 연속이었다. 어린 두 자녀를 잃은 슬픔과 유산(流産)이 겹쳐지면서 한 여인으로써 견뎌내기 어려운 운명을 독서강사, 규원, 감우, 춘일유희, 추한야좌 등의 작품에서 불행한 삶을 토해냈다.

3. 작품 감상

✎. 1 哭子(곡자-자녀의 죽음을 슬퍼하면서)

去年喪愛女 (거년상애녀) ; 지난해 귀여운 딸을 여의고
今年喪愛子 (금년상애자) ; 올해는 사랑스런 아들을 잃다니
哀哀廣陵土 (애애광능토) ; 서럽고 서럽구나, 광릉의 땅이여
雙墳相對起 (쌍분상대기) ; 두 무덤 나란히 앞에 있구나.
蕭蕭白楊風 (소소백양풍) ; 사시나무 가지에는 쓸쓸한 바람이 일고
鬼火明松楸 (귀화명송추) ; 도깨비 불빛은 숲속에서 어리비치네.

紙錢招汝魄 (지전초여백); 소지(燒紙)를 올려 너희들의 넋을 부르며
玄酒奠汝丘 (현주전여구); 너희 무덤에 술잔을 붓노라.
應知弟兄魂 (응지제형혼); 너희들 남매의 혼은
夜夜相追遊 (야야상추유); 밤마다 정답게 어울려 놀고 있을 테지.
縱有腹中孩 (종유복중해); 비록 뱃속에 아이를 가졌다한들
安可冀長成 (안가기장성); 어찌 자라길 바라겠는가.
朗吟黃臺詞 (낭음황대사); 부질없이 황대의 노래를 읊조리면서
血泣悲吞聲 (혈읍비탄성); 피눈물로 울다가 목이 메이네.

※. 詩語풀이- ①廣陵土- 지명. ②蕭蕭-나무를 스치는 바람소리 ③紙錢-관속에다 넣는 돈 모양의 종이 ④黃臺- 황대과사(黃臺瓜辭)라고도 하며, 당나라 때 장회태자(章懷太子)의 글이다. ⑤血泣- 피눈물. 몹시 슬프게 우는 상황 ⑥吞聲-소리가 나지 않는 울음

※. 鑑賞- 첫 딸을 잃은 뒤 다시 아들 희윤을 떠나보내고 자식을 잃은 슬픔을 달래면서 '곡자哭子' 詩를 읊는다. 허난설헌의 묘는 경기도 광주시 초월면 지월리 산 29-5에 있으며, 1985년에 현 위치로 이장되었다. 묘의 우측에 '전국 시가 비(詩歌碑)건립 동호회'에서 세운 詩碑가 서 있는데, 시비에는 哭子詩가 새겨져 있으며, 詩의 대상(對象)인 두 자녀의 무덤이 허난설헌의 묘 좌측전면에 나란히 있다. 1986년 5월에 경기도의 기념물 제 90호로 지정되었다.

2 送荷谷謫甲山 (송하곡적갑산-갑산으로 귀양 가는 하곡을 보내며)

遠謫甲山客 (원적갑산객); 멀리 갑산으로 귀양 가는 나그네
咸原行色忙 (함원행색망); 함경도로 가는 행색 그 모습이 바쁘겠네.
臣同賈太傅 (신동가태부): 신하는 漢나라의 가태부 같았는데
主豈楚懷王 (주기초회왕); 임금이야 어찌 초나라의 회왕이겠소.
河水平秋岸 (하수평추안); 가을이라 강물은 언덕과 가지런한데
關雲欲夕陽 (관운욕석양); 관북령의 구름은 서산으로 저물어 가네.
霜風吹雁去 (상풍취안거); 서릿바람 차가워 기러기 떼 날아가는데
中斷不成行 (중단불성행); 그 중간이 끊어져 행렬을 못 이루네.

※. 詩語풀이- ①行色-길을 떠나는 모습. ②賈太傅- 이름은 의(誼). 전한 문제(前漢 文帝) 때의 문신(文臣)으로 태중대부(太中大傅)가 되었다. ③楚懷王-초나라 항우를 가리킴.

※. 鑑賞- 십만양병설을 주창하는 이율곡을 탄핵하다가, 유배되는 허봉이 선조 16년 (1583)에 종성(鐘城)에 유배되었다가 뒤에 갑산(甲山)으로 옮겨갈 때의 오라버니와의 이별의 정서를 읊은 전별곡이다. 한나라 때 장사(長沙)로 귀양 가는 가태부(가의-賈誼 BC 201~169)처럼 선조에게 항소하다가 황망한 유배를 가는 오라버니를 사실적으로 묘사했다.

가태부, 변방, 가을 녘의 강물, 서릿바람, 석양, 기러기 떼 등의 간접 표현으로 안타까운 심정의 의미를 전달하려했다.

✍. 3 寄荷谷 (기 하곡 -하곡에게 드림)

暗窓銀燭低 (암창은촉저); 어둑한 창가에 촛불은 흔들리고
流螢度高閣 (유형도고각); 반딧불은 높은 지붕을 날아 넘어가네.
悄悄深夜寒 (초초심야한); 시름겨운 밤은 깊어 춥기도 하고
蕭蕭秋葉落 (소소추엽락); 싸늘하게 나뭇잎은 떨어지고 있네.
關河音信稀 (관하음신희); 오빠 계신 관하에서는 소식이 뜸하니
端憂不可釋 (단우불가석); 그지없는 시름이 풀릴 길 없구나.
遙想靑蓮宮 (요상청연궁); 청련궁에 계신 오빠를 멀리서 생각하니
山空蘿月白 (산공나월백); 먼 산은 비어있고 담장너머 달빛만 밝구나.

※. 詩語풀이- ①荷谷-허봉을 지칭 ②悄悄-근심이 되어 기운이 없는 모양 ③關河 -함곡관과 황하(黃河) ④靑蓮宮-절의 별칭. ⑤蘿月-덩굴에 걸려 있는 달.

※. 鑑賞-「기 하곡」은 귀양살이하는 오라버니 허봉에게 부친 詩다. 기련(起聯)에서는 가을을 나타내면서 깊어가는 밤에 떨어지는 낙엽으로 쓸쓸한 심회를 표출시켰으며, 승련(承聯)에서는 차가워지는 가을날씨와 낙엽으로 쓸쓸한 심정을 그려 나갔다.

전련(轉聯)에서는 멀리 떨어져 살아야하기에 만날 수 없는 그리움을 가속시켰으며, 결연(結聯)에서는 오라버니가 있는 곳을 구체적으로 나타내면서 교교한 달빛에서 깊어가는 남매의 정을 그린 작품이다.

오라버니가 없는 이곳은 암창(暗窓)이요, 가족들이 없는 저쪽은 산공

(山空)이라 했다. 이율곡의 십만양병설을 탄핵하다가 유배를 간 허봉은 노수신(盧守愼)의 주선으로 풀려나 다시 기용이 되었으나, 벼슬을 마다하고 백운산(白雲山) 등지로 유랑하다가 37세의 젊은 나이로 금강산에서 병사를 했다. 곡자, 송하곡적갑산, 기하곡 등 이상의 세 작품은 혈육의 애끓는 정을 읊은 詩이다.

✎. 4 貧女吟 (빈녀음 - 가난한 여인의 노래)

豈是乏容色 (기시핍용색); 어찌 내 얼굴을 못났다고 하는가.
工針復工織 (공침부공직); 바느질도 잘하고 베도 잘 짜는 것을
少小長寒門 (소소장한문); 어려서부터 가난하게 자라서
良媒不相識 (양매불상지); 중매쟁이가 모두 나를 알지 못하네.

※. 詩語풀이- ①乏容色-얼굴이 못남. ②工針-바느질을 잘 함. ③少小-나이가 어려서 ④長- 늘 ⑤寒門-가난한 집안

不帶寒餓色 (부대한아색); 추워도 굶주려도 내색을 하지 않고
盡日當窓織 (진일당창직); 하루 종일 창가에서 베만 짜노니
惟有父母憐 (유유부모련); 부모님은 가엾이 여기지만
四隣何曾識 (사린하증지); 이웃들이야 이런 줄을 어찌 알리오.

※. 詩語풀이- ①寒餓色- 춥고 굶주린 빛. ②四隣- 사방의 이웃 ③何曾識-어찌 일찍이 알까.

手把金剪刀 (수파금전도); 손에 가위들고 있노라니
夜寒十指直 (야한십지직); 추운 밤 열 손가락이 모두 곱아지네.
爲人作嫁衣 (위인작가의); 다른 이 시집갈 옷은 지으면서도
年年還獨宿 (연년환독숙); 해마다 홀로 자는 내 신세라네.

※. 詩語풀이- ①金剪刀-쇠로 만든 가위 ②直-꼿꼿해짐. ③人-다른 사람 ④嫁衣- 시집갈 옷

夜久織未休 (야구직미휴); 밤이 깊도록 쉬지 않고 베를 짜는데
戞戞鳴寒機 (알알명한기); 달가닥거리는 베틀소리 처량하구나.
機中一疋練 (기중일필련); 베틀에 감겨진 이 한필의 비단이여
終夜阿誰衣 (종야아수의); 밤을 새운 이 옷감은 누구의 것이려나.

※.詩語풀이- ①戞戞-쇠나 돌이 부딪는 소리. 달가닥 소리 ②練-명주. 비단 ③阿誰-누구

※. 鑑賞- 이달(李達)에게서 배운 당시풍(唐詩風)의 악부(樂府)체를 본뜬 작품「貧女吟」은 조선조 고달팠던 시대상을 그대로 잘도 묘사해냈다. 규방시인이 직접 겪어보지 않은 소재로 글을 쓴다는 것은 작가의 풍부한 상상력으로 체험을 이끌어내는 높은 수준의 창작을 말해주는 것이다.

♣. 5 染指鳳仙花歌(염지봉선화가 – 손톱에 봉숭아꽃으로 물들이다)

金盆夕露凝紅房 (금분석로응홍방); 금분의 저녁이슬 각시방에 엉기면
佳人十指纖纖長 (가인십지섬섬장); 아가씨 열 손가락 매끈하고 예쁘게
竹碾搗出捲菘葉 (죽년도출권송엽); 대절구로 짓이겨 찧어 배추잎에 말아
燈前勤護雙鳴璫 (등전근호쌍명당); 아름다운 소리 들으며 등잔불앞에서
　　　　　　　　　　　동여맸다네.
粧樓曉起簾初捲 (장루효기렴초권); 새벽에 일어나 주렴을 끌어올리니
喜看火星抛鏡面 (희간화성포경면); 반가운 화성이 거울에 비치네.
拾草疑飛紅蛺蝶 (습초의비홍협접); 풀잎을 뜯을 때 붉은 나비가 날아들 듯
彈箏驚落桃花片 (탄쟁경락도화편); 가야금을 탈 때는 복숭아꽃 떨어지듯
徐勻粉頰整羅鬢 (서균분협정라빈); 뺨에다 분 바르고 머리 매만지니
湘竹臨江戾血班 (상죽임강려혈반); 대나무상 위에 피눈물자국 곱기도 하네.
時把彩毫描却月 (시파채호묘각월); 때맞춰 붓으로 눈썹을 그리니
只疑紅雨過春山 (지의홍우과춘산); 붉은 빗방울이 눈썹을 스치는구나.

※. 詩語풀이- ①紅房- 새각시 방 ②佳人- 아름다운 사람. 아가씨. ③菘葉- 배추 잎 ④雙鳴璫- 여러 개의 소리. 놀이개. ⑤蛺蝶- 나비. 호랑나비 ⑥粉頰- 뺨에 분을 바르다. ⑦只- 다만. 어조사.

※. 鑑賞- 난설헌의 시중에서 대표시라 할 만큼 조선조 여인들의 은은한 향기와 멋을 그린 작품이다. 현대 여인들의 다양한 메니큐어의 시발이 봉숭아꽃으로 물들이는 데서부터였으리라. 붉게 물들인 손톱을 붉은 별,

붉은 나비, 복사꽃이 떨어지는 고운 빛깔에 비교하면서 곱디고운 그 모양을 자신과 대조할 때 피눈물 같고, 붉은 빗방울이 눈썹에 스치는 듯, 하다는 감상적 이미지로 엮어냈다.

6 效崔國輔體 (효최국보체 - 최국보를 흉내 내다.)

妾有黃金釵 (첩유황금채); 저에게 있는 이 하나의 금비녀는
嫁時爲首飾 (가시위수식); 시집 올 때 꾸미개로 꽂고 온 거라네
今日贈君行 (금일증군행); 오늘 떠나시는 당신에게 드리오니
千里長相憶 (천리장상억); 천리 멀리서도 기억하소서.

池頭樣柳疎 (지두양유소); 연못가의 버들잎은 성글어 가고
井上梧桐落 (정상오동락); 우물가엔 오동잎 뒹구는 가을에
簾外候蟲聲 (렴외후충성); 창밖의 귀뚜라미 소리 들으니
天寒錦衾薄 (천한금금박); 찬 날씨에 비단 이불이 얇구나.

春雨暗西池 (춘우암서지); 부슬부슬 봄비는 연못에 내리고
輕寒襲羅幕 (경한습나막); 싸늘한 찬 기운이 장막에 스며드는데
愁倚小屛風 (수의소병풍); 설움에 겨워 병풍에 기대어 보니
墻頭杏花落 (장두행화락); 살구꽃이 담장위로 져가고 있네.

※. 詩語풀이- ①黃金釵-금비녀 ②首飾-머리의 장식. 머리 꾸미개
③候蟲-철따라 나오는 벌레. 봄의 나비. 가을엔 귀뚜라미 ④天寒-찬

날씨 ⑤錦衾-비단 이불 ⑥羅幕-비단 휘장

※. 鑑賞 -최국보는 당나라 현종(玄宗) 대의 시인이다. 허난설헌의 시에는 직설적인 연정시는 드물다. 조선시대에서 연정을 그리는 것은 역설적이거나 아니면 음란한 작품으로 몰아가기 때문이다. 그러는데도 그는 약간의 작품에서 연정을 그린 것은 여성의 본능적인 질투이거나 극한의 외로움에서 올 수 있었다. 위의 시는 세 수로 구성되었으며, 첫수에서는 이별의 장면에서 자기의 분신 같은 금비녀를 길 떠나는 임에게 정표로 드리는 것이고,

둘째 수에서는 세월의 흐름에서 오는 외로움을 소슬한 가을밤에 그리움으로 표현했다. 셋째 수에서는 기다리다 지친 여인의 모습을 쌀쌀한 추위의 촉각과 떨어지는 살구꽃의 시각적 이미지로 조화를 이뤄냈다.

허난설헌이 앓고 있는 그리움의 대상은 상황에서 오는 외로운 고독한 생활이었다. 즉 남편에게서 받아보지 못했던 사랑, 남편보다 뛰어난 재주와 능력을 지닌 시기(猜忌)에서 나오는 시어머니의 시집살이, 두 자녀를 잃고 시름에 빠져드는 가슴 아픈 모성애 등이 그를 더욱 외롭게 만들었다.

7 閨情 (규정 – 규방의 정한)
燕掠斜簾兩兩飛 (연략사렴양양비); 제비는 발을 스쳐 짝을 지어 나는데
洛花撩亂撲羅衣 (낙화료란박라의); 지는 꽃은 어지러이 비단 옷에 스치네.
洞房極目傷春意 (동방극목상춘의); 규방에서 바라보는 봄빛의 시름이여

草綠江南人未歸 (초록강남인미귀); 강남에 풀 푸른데 님은 돌아오지 않네.

※. 詩語풀이- ①掠-스쳐지나가다. ②撩亂-가지런하지 못하고 어지러움. ③洞房-부인이 거처하는 방 ④極目-시력이 미치는 한계 ⑤人未歸-님(남편)은 돌아오지 않네.

※. 鑑賞- 이수광의 「지봉유설」에는 난설헌은 신혼 초기부터 남편과는 별거나 다름없는 생활을 했다고 기록되었다. 과거 시험 준비를 하는 남편을 기다리면서 지은 이 시를 음탕하다고 했으니, 조선조 사회의 남존여비사상에 찌든 실증을 나타낸다.

임을 기다리는 고독한 마음을 쌍쌍이 날아드는 제비들의 다정함과 꽃잎들이 떨어져 비단옷에 스쳐간다는 표현은 외로움의 극치라 아니 할 수 없다. 침방에서 바라보는 따스한 봄빛을 받아 초록에서의 부풀어 오른 희망은 기다리는 임에 대한 절실하고도 애절하다.

과거공부에 메달리던 남편이 기생집에서 술을 마시고 있다고 친구중 하나가 소식을 전했다.
이에 난설헌은 술상을 준비해서 시 한 귀절을 써 보냈다.
郎君自是無心者 (낭군자시무심자); 낭군께서는 이렇듯 무심한 분인데
同接何人縱半間 (동접하인종반간); 같이 공부하는 사람은 어찌된 사람이
이간질을 하는가.
남편이 어느 날 함께 서당에 다니는 생도 모임(接-사귈 접)에 간다하

고 기생집에 갔다는 소식을 듣고 보낸 詩 귀절이다.

　古之接有才 (고지접무재); 옛날의 接은 재주가 있었는데
　今之接無才-(금지접무재); 오늘의 接은 재주가 없구나.

✎. 접(接 사귈 접)자에서 재(才-재주 재)를 빼면 妾(여자)만 남아 있다는 조롱이다.

✎. 8 遊仙詞(유선사 -신선들이 노니는 노래)
　(※87수 중-첫 首와 맨 끝 首만을 감상해본다.)
千載瑤池別穆王 (천재요지별목왕); 천년 묵은 연못가에서 목왕을 이별하고
暫敎靑鳥訪劉郞 (잠교청조방유랑); 잠깐 청조시켜 유랑을 찾아보았네.
平明上界笙簫返 (평명상계생소반): 밝아오는 하늘에선 풍악소리 울리니
侍女皆騎白鳳凰 (시녀개기백봉황); 시녀는 모두 하얀 봉황을 타고 가네.

※. 詩語풀이- ①遊仙詞-악부(樂府) 이름　②瑤池-해가 뜨는 곳이라 생각하는 상상의 연　③穆王-주나라 임금.신선을 좋아해서 八駿馬를 타고 西王母를 요지에서 만났다. ③靑鳥-파랑새 ④劉郞- 漢나라의 明帝. 선녀들과 결혼해 살다가 고향이 그리워 돌아와 보니 고향에는 그의 7대손이 살고 있더라는 전설. ⑤平明-해가 뜨는 시각 ⑥笙簫-퉁소

六葉羅裙色曳烟 (육엽라군색예연); 여섯 폭 비단치마 안개 속에 끌며
阮郞相喚上芝田 (원랑상환상지전); 완랑을 불러 지초 밭 위에서

笙歌暫向花間盡 (생가잠향화간진); 피리 부는 소리 잠깐 꽃 사이에 끊기어도
便是人寰一萬年 (편시인환일만년); 인간들이 사는 고을에는 일만 년이 흐른다네.

※. 詩語풀이 - ①羅裙-비단 치마. ②人寰-인간 세상

※. 鑑賞- 허난설헌의 신선사상을 노래한 仙界의 배경은 도교에 가깝다고 볼 수 있다. 유선사는 87수로 구성되어있는데, 본고에서는 그중 첫 首와 맨 끝 首만을 실었다. 천년이나 묵은 못가에서 목왕을 이별하고 파랑새를 시켜 유랑을 찾는데 하늘에서는 풍악소리 울리고 여인들은 봉황을 타고 하늘로 날아가는 모습을 상상해보자.

87수 째 끝에서는 선녀들이 지초 밭에서 피리소리를 들으며, 잠깐 노닐었는데도 인간세상은 일만 년이나 흘러갔단다. 소원은 인간들의 강한 욕망을 기원하는 것이다. 시인은 욕망의 충족을 이상향에서 찾으려 했던 것이 아니었을까. 정신적인 자유를 지향하는 세계를 선계라는 이상향을 설정해놓고 그곳에서 노닐고 있는 선녀들에게서 대리만족을 찾아 나선 고독한 시인 난설헌을 그려본다.

※참고문헌

한국 漢詩 제3권 - 民音社- 金達鎭 譯解
한국 여류 漢詩선집- 正音社- 金岸曙 譯
조선시대 漢詩작가론 - 이회- 李鍾燦. 林基中 외
허균평전- 돌베개- 허경진 지음
역대 여류한시문선- 대양서적- 金智勇 譯
한시가 있어 이야기가 있고- 새문사- 이종건 著

Ⅲ. 佛敎文學과 禪詩

가. 禪의 定意와 禪詩의 유래

나. 禪詩에 나타난 自然觀과
   현실인식

다. 불교의 詩文學과
   고려시대의 禪詩

   1. 眞覺國師 慧諶
   2. 圓鑑國師 冲止
   3. 白雲 景閑
   4. 太古國師 普愚
   5. 王師 懶翁和尙
   6. 西山大師

가. 禪의 定義와 禪詩의 유래

1. 禪의 의미와 종류

* 선(禪)은- 사유수(思惟修), 적려(寂慮), 기악(棄惡), 공덕총림(功德叢林), 현법낙주(現法樂住), 또는 삼마지(三摩地-삼매)라고도 한다. 사유수는 정사유(正思惟)로 즉 바른 생각을 하면서 닦는 공부가 禪이란 뜻이다.

* 적려(또는 靜慮정려)는 번뇌를 소멸하여 고요하고 밝게 생각하는 것이다. 즉 본분사(本分事)에서 생각한다는 뜻이며, 기악(棄惡)은 상대 유한적(有限的)인 악(惡)만 아니라, 나와 너, 그리고 무엇이 좋다 나쁘다는 구별의 망상(妄想)도 버려야하다는 뜻이다.

* 공덕총림은 공덕이 하나 둘 있는 것이 아니라, 총림같이 무더기로 있다는 말이다. 즉 무한공덕을 이른다. 현법낙주는 집착이 스러지다가 육계를 초월한 법락(法樂)을 얻어서 한량없는 행복에 잠기는 것이다.

⌘. 禪詩(선시)의 어원은

– gata라는 산스크리트語로부터 시작되었다. 중국에서는 가타(伽陀) 게타(偈陀)로 음역(音譯)하고 있다. 이를 의역하면 게송(偈頌) 또는 송(頌)이 된다. 가타는 불전(佛典)의 운문체로서 불덕(佛德)을 찬탄(讚嘆)하거나 산문(散文)을 마무리하는 운문(韻文)형식이었다. 이것은 「詩經시경 六義육의」 가운데 「頌」에 해당된다.

詩經六義는 흥(興), 부(賦), 비(比), 풍(風), 아(雅), 송(頌)이다.

* .興 – 하나의 사물이나 상황을 설명하기 위하여 다른 사물이나 상황을 끌어와 은연중에 말하고자 하는 내용을 알게 하는 시문체(詩文體)의 일종이다.
* .賦 – 말하고자 하는 것을 서슴없이 직설(直說)하는 詩文體.
* .比 – 이것과 저것을 비교하면서 전개시켜 나가는 詩文體.
* .風 – 각 지방의 풍속과 민요.
* .雅 – 궁중의 아악(雅樂)을 위한 가사체(歌詞體)와 詩文.
* .頌 – ①.성왕(聖王)의 성덕(盛德)을 송양(頌揚)하는 가사체의 詩文.
　　　②.종묘제를 위한 가사체의 詩文體.
　　　③.군악대의 행진을 위한 가사체의 시문.
　　　④.외국의 사신을 영접하기 위한 음악의 가사체의 시문.

* 禪詩란 – 禪은 언어를 부정하는 불립문자(不立文字)로부터 출발했다. 그러기에 언어에 뒤따르는 사고(思考)도 용납하지 않았으며, 오직 자기 자신 속에서의 직관적인 깨달음만을 강조하는 것이 禪이다. 문제가 되는 것은 스스로의 깨달음을 다른 사람에게 전달하려는 표현 방식이다. 제자들의 물음에 고함이나 몽둥이질로 전달했던 것이다. 이러한 표현들은 자상(仔詳)한 전달이 되지 않았기에 글, 즉 詩를 선택했을 것이다.

詩는 언어의 설명적인 기능을 최대한 함축시킨 언어다. 선승(禪僧)들이 자기의 깨달음을 詩를 통해 표현하기 시작한 것이 禪詩의 출현이다. 선시는 중국에서 시작하여 신라, 고려로 이어졌으며, 깨달음의 희열을 읊은 시와 山寺의 서정을 노래한 詩가 그 주류를 이루고 있다.

禪詩란? 禪이면서 禪이 없는 것이 詩요,(禪而無禪便是詩-선이무선편시시) 詩이면서 詩가 없는 것이 禪이다.(詩而無詩禪儼然-시이무시선엄연) 선시는 언어를 거부하는 '선'과 언어를 전제로 하는 '시'의 만남이다. 즉 긍정과 부정의 공존이다.

* 禪의 종류는 외도선, 범부선, 소승선, 대승선, 최상승선으로 분류할 수 있다.

①. 外道禪(외도선)은 불교를 믿지 않는 사람으로 인과를 불신하고 유루공덕(有漏功德)을 위하여 닦는 것을 이르며, 머리와 몸이 좋아지는 명상(瞑想)을 말한다. 불교는 인과(因果)를 밝히고 인과를 초월하는 종교다.

②. 凡夫禪(범부선)은 불교를 믿으며 인과의 사상을 믿지만 무위공덕(無爲功德)과 해탈을 믿는 것은 아니다. 福도 받고, 재수도 좋아지고 병도 낫게 하는 세속적인 유위공덕(有爲功德)을 위해서 닦는 것을 말한다.

③. 小乘禪(소승선)은 깨닫지는 못했으나, 견도(見道)해서 자성(自性)은 알고 있다는 말이다. 내 몸이 땅, 물, 불, 바람(地水火風)의 사대종(四大種)으로 이루어진 것은 알고 있지만 일체만법(一切萬法)이 모두 비었다는 법공(法空)을 미처 깨닫지 못한 것이다.

④. 大乘禪(대승선)은 일체만법이 모두 비어있다고 여기면서 자기만의

방식으로 같은 법문도 자기 견해만 옳다고 생각하며, 다른 사람의 생각은 신통치 않게 생각한다. 아공(我空)과 법공만을 믿고서 해탈을 위하여 닦는다.

⑤.最上乘禪(최상승선)은 여래선과 조사선(如來禪 祖師禪)을 말한다. 여래선은 부처님 경전을 참고로 하였으며, 조사선은 불립문자 교외별전(敎外別傳)으로 교(敎) 밖의 격외(格外) 도리에 보다 더 철저하게 들어간다. 최상승선은 본래 부처로서 일체 무루공덕(無漏功德)이 원만하게 구족(具足)함을 신해(信解)하고 닦는 선이다. (※.敎外別傳-禪宗에서 부처의 가르침을 말이나 글에 의존하지 않고, 마음에서 마음으로 전하여 진리를 깨닫게 하는 일.)

2. 禪과 禪詩의 관계

禪詩는 불교의 禪사상을 바탕으로 하여 그 오도(悟道)의 세계나 과정, 또는 체험을 선화(禪化)한 종교적인 시를 말한다.

禪이 하나의 종파로 확립되고 철학적으로 체계화 하여 하나의 사상으로 정립된 것은 중국으로 전파된 불교로부터 시작되었으며, 인도의 僧 보리달마(菩提達磨)가 중국으로 건너 온 때(AD 520년 경 ?)부터 시작된다. (☞.본격적인 禪宗의 확립은 달마(達磨)를 초조(初祖)로 하여 시작되며, 달마는 가섭(迦葉)으로부터 이어지는 서천(西天)의 28대가 되나, 동토(東土)로서는 제 1祖다.)

禪은 마음의 깨달음을 내세우기 때문에 불립문자로 표방된다. 이처럼 언어문자를 거부할 뿐 아니라, 정서적 감정은 물론 분별적 사유마저 배격한다. 선시 발생의 계기를 살펴보면

첫째 ; 禪은 '세계와 自我의 본질'을 탐구한다. 정신적 세계의 추구와 詩적인 영감을 통해 사물과 인생의 본질을 탐구하고 미적(美的) 가치를 발견하려는 詩 창작의 원리와 일치한다. 선가(禪家)의 언어는 초현실적인 표현을 구사하며, 지극히 역설적인 그리고 극도의 부정적인 수법으로 나타난다. 즉 禪에서 표현하기 어려운 정서적 경지를 상징적으로 나타낼 때 시사(示唆)되며, 그것이 곧 선시(禪詩)다.

둘째 ; 禪僧은 오랫동안의 수행을 통하여 깨달음의 경지에 이르면 "오도시 또는 개오시(開悟詩)"를 쓴다. 증도(證道)의 희열을 "證道歌"로 나타내며, 심산고찰(深山古刹)속의 산중생활을 선취(禪趣)가 가득담긴 "山居詩"로 표현한다. 선의 오묘한 철리(哲理)를 "선리시(禪理詩)"로 마지막 세상을 떠나면서 "임종게(臨終偈)"나 열반시(涅槃詩)"를 남긴다.
이처럼 선승은 出家에서부터 수도. 개오. 전법(修道, 開悟, 傳法). 涅槃의 전 생애를 온통 詩的인 과정 속에서 보낸다.

셋째; 선시, 즉 불교시의 기원은 멀리 불전(佛典)의 형태에서부터 비롯되었다. 대부분의 불전에는 詩的인 운문이 삽입되어 불교시가(佛敎詩歌)의 원류를 이루고 있다.
以上에서 禪과 詩의 관계, 그리고 禪詩의 발생과 창작의 계기를 살펴

보았다. 보통 시게. 게송. 가타. 송고. 가영(詩偈. 偈頌. 伽陀. 頌古. 歌詠) 등 다양한 명칭으로 불리어지는 불교의 시문학(詩文學)은 禪詩가 그 중심이 되며, 공안류와 어록류(公案類. 語錄類) 등과 함께 禪家문학의 대종(大宗)을 이룬다. 한편 禪詩는 불교문학의 전반에서 볼 때, 불교지식층들이 즐긴 차원 높은 문학이다.

3. 禪詩의 由來

우리나라에 처음으로 선을 전해 온 사람은 법랑선사(法郎禪師-704~779)이다. 그는 7세기 신라 선덕여왕 때 唐나라에 들어가 중국 선종(禪宗) 제 4대 도신(道信)의 선법을 배워 왔다.

그러나 본격적으로 禪이 전래된 것은 신라 말에서 고려 초기(9세기 말~10세기 중엽)에 개설된 구산선문(九山禪門-아홉 군데 禪을 수행하는 장소.)을 통해서다.

* 보조국사인 지눌(知訥-1158~1210)에 의해 禪은 완전하게 우리 것으로 정착하였으며, 그의 제자 진각혜심(眞覺慧諶-1178~1234)에 이르러 본격적인 선시가 나오기 시작했다. 진각혜심은 공안(公案), 공안시(公案詩), 공안평론집(公案評論集)의 대백과사전인 "선문염송(禪門拈頌)" 30권을 편찬, 당송(唐宋) 이후의 모든 선어록(禪語錄)을 총정리 하였다.

* 선승(禪僧) 일연(一然-1206~1289)이 지은 삼국유사는 고려문학

을 연구하는데 매우 귀중한 자료인 이 책에는 향가 14수, 균여(均如 -923~971)의 보현십원가(普賢十願歌) 11수 〈균여가 지은 향가. 보현보살의 십종원앙(十種願往)을 노래로 지은 이두(吏讀)로 기록된 10구체. 균여전에 실림.〉와 함께 향가문학의 극찬을 이루고 있다. 지눌과 진각을 거쳐 원각국사 충지(圓覺國師 冲止-1226~1292)가 출현하여 정밀한 禪詩를 써냈다.

☞. 신라시대의 향가문학

🖎1. 서동요(薯童謠)는 우리나라 최초의 향가다.
善花公主 主隱 (선화공주주은); 선화공주니믄;
他密只 嫁良置古 (타밀지 가량치고) ; 늠 그스지 얼어두고
薯童房乙 (서동방을) ; 맛동방을
夜矣 卯乙 抱遣去如 (야의 난을 포견거여) ; 바뫼 몰 안고 가다.

※. 풀이- 선화공주님은 / 남몰래 정을 통해 두고 / 서동 도련님을 / 밤에 몰래 안고 간다네.

※. 詩語풀이- ①. 善花公主 主隱-선화공주님은. ②.他 密只-남몰래. 嫁良置古-몸바쳐 두고. ③.薯童房乙-서동의 집으로. ④.夜矣-밤에. 卯乙-몸을. 抱遣去如-안고 간다.

※.〈서동요〉는 신라 진평왕 때 백제 30대 무왕(서동)이 지은 4구체 향

가로 현전(現傳)하는 가장 오래된 향가이다. (선화공주는 진평왕의 셋째 딸이다.) 主隱의 '隱은', 置古의 '古고', 房乙의 '乙을', 卯乙의 '乙을'은 음을 빌어다(音借) 쓴 것이다.

※. 鑑賞 – 백제 무왕의 휘(諱)는 장(璋), 아명은 서동(薯童), 다른 이름은 무강(武康)이다. 일찍 아버지를 여의고, 홀어머니를 모시고 살았다. 지혜와 도량은 넓었으나, 가난하여 마(薯)를 팔아 생계를 유지했으며, 사람들은 그를 서동(薯童) 또는 맛동이라 불렀다. 선화공주의 미모를 소문으로 들은 뒤 천진한 서라벌의 아이들에게 마를 나눠주면서 자작곡(自作曲)인 노래를 부르게 하였다.

이 노래가 궁궐까지 알려져 선화공주는 궁궐에서 쫓겨나게 되었고, 서동의 계획적인 구애로 선화공주를 아내로 맞이했다한다. (※.전북 익산 소재 국보 11호 미륵사지 석탑이 해체되면서 이 설화는 신뢰를 잃었다고 한다.)

☞. 국문학사적 가치– 이 노래는 지금부터 약 1,300여 년 전에 지혜로운 한 소년이 미모의 아내를 얻기 위한 전략으로 만들어진 동요로 정착 된 유일한 향가다.

2. 원왕생가(願往生歌)   * 詩體– 향가. * 出典– 삼국유사
月下 伊底亦 (월하 이저역) ; 달님이시여! 이제
四方念丁 去賜里遣 (사방염정 거사리견) ; 서방까지 넘어 가시려는고.

無量壽佛前乃 (무량수불전내) ; 무량수불전에
惱叱古音 多可支 白遣賜立 (뇌타고음 다가지 백견사립) ;
　　　　　　　　　　일러서 사뢰옵소서.
誓音 深史隱 尊衣 希仰支 (서음 심사은 존의 희앙지);
　　　　　　　　　다짐 깊으신 아미타불을 우러러
兩手 集刀花乎白良 (양수 집도화호 백량) ; 두 손 모으고 사뢰옵소서.
願往生 願往生 (원앙생 원앙생) ; 왕생을 원하며, 왕생을 원하며
慕人 有如 白遣賜立 (모인 유여 백견사립) ; 그리는 사람 있다 사뢰옵
　　　　　　　　　　　　　　　　　소서.
阿耶 此身遺也 置遣 (아야 차신견야 치견) ; 아아, 이 몸을 남겨 놓고
四十八大願 成遣賜去 (사십팔대원 성견 사거) ; 사십 팔 대원 이루소서.

※. 詩語풀이- ①.月下-달하. '하'는 '아'의 존칭어. 伊底亦 - 이제. 西方念丁 -서방까지. 去賜里遣-가시리잇고. 가시려는고. ②.無量壽佛前乃-무량수불전에. 무량수불은 아미타불의 譯. 惱叱古音-거듭거듭. 다시금. 多可支-많이. 白遣賜立- 사뢰옵소서. 아뢰소서. ③.誓音 深史隱 尊衣-다짐 깊사온 님에게. 希仰支- 우러러. 兩手 集刀 花乎-두 손 모아가지고. 白良-아뢰소서. ④.願往生-왕생을 원하며. 가고 싶구나. 慕人 有如 -그리워하는 사람이 있다. ⑤.阿耶-아아(감탄사). 此身遺也 置遣-이 몸을(서방정토로) 보내시어서. 成遣賜去-이루소서

＊ 형식- 10구체 鄕歌. ＊ 參考文獻- 禪詩감상사전(민족사) 외.

※. 鑑賞 - 作者는 광덕의 아내다? 원왕생가의 공간적인 배경은 분황

사(芬皇寺)다. 절실한 그리움을 그려낸 이 노래는 신라 문무왕 때의 사문(沙門) 광덕(廣德)과 엄장(嚴莊)의 이야기를 담아냈다. 둘의 언약은 "먼저 극락정토(極樂淨土)에 가는 이는 서로 알리자."고 했다. 광덕은 분황사 서쪽 마을에 살면서 짚신 장사를 했고, 엄장은 남악(南岳) 암자에 살면서 火田을 일구며 생활을 했다.

그러던 중 광덕이 먼저 세상을 떠났는데, 엄장은 광덕의 장사(葬事)를 지낸 후에 광덕의 妻(분황사의 寺婢)에게 "이제 남편이 갔으니, 함께 살면 어떠리."하고 간청하자, 광덕의 妻도 동의를 했다.

어느 날 엄장이 동침을 원하자, 광덕의 妻는 "광덕은 나와 열 해 남짓을 살았으나, 한 번도 한 자리에 베개 하지 않았습니다. 이제 스님의 관(觀)은 동쪽은 몰라도 서방정토(西方淨土)는 갈 수 없을 것입니다."라고 응대했다. 엄장은 얼굴을 붉히며 물러나, 곧 바로 원효대사가 계신 분황사로 가서 원효에게 왕생비요(往生秘要)를 물었을 때, 원효는 수관법(修觀法)을 지어 엄장을 타일렀다고 한다.

🖎 3. 龍樹菩薩 住錫寺 吟 (용수보살 주석사 음);
고향을 그리며. * 출전-往五天竺國傳.

月夜瞻鄕路 (월야첨향로) ; 달 밝은 밤 고향으로 가는 길 바라보니,
浮雲颯颯歸 (부운삽삽귀) ; 뜬구름 바람 따라 휙휙 흘러가네.
緘書參去便 (함서참거편) ; 편지를 구름 편에 부치려하나
風急不廳廻 (풍급불청회) ; 바람은 빨라 나를 본 체도 않네.
我國天岸北 (아국천안북) ; 내 고향은 하늘 끝 북쪽에 있고

他邦地角西 (타방지각서) ; 이국땅은 하늘 끝 서쪽이구나.
日南無有雁 (일남무유안) ; 열대지방 남쪽에는 기러기조차 없으니
誰爲向林飛 (수위향림비) ; 누가 있어 내 소식을 계림으로 전해주리.

※. 詩語풀이- ①他邦-인도. ②林-계림 (鷄林)으로 신라를 지칭.
※용수보살-대승불교의 창시자인 나가르주나.
※. 鑑賞 - 혜초스님은 지금부터 약 1300여 년 전에 활동한 신라 후기의 고승으로 중국을 거쳐 인도까지 가서 불법을 체득하였으며, 세 권의 왕오천축국전을 지었다. '용수보살 주석사'는 이역만리(異域萬里) 인도에서 맞이한 어느 날 밤에 하늘 높이 떠 있는 보름달을 바라보며, 고향으로 달려가는 감정을 가감 없이 노출시킨 서정시다.

어느 곳이든 마음대로 돌아다닐 수 있는 막힘없는 바람과 정처 없이 떠가는 그리도 부러운 조각구름을 바라보면서 상황과 공간의 장애를 받는 인간으로서의 느끼는 한없는 고독일 것이다. 교통이 불편했던 그 시절에 머나 먼 인도에까지 가신 우리 역사상 하늘의 별처럼 빛나는 큰 스님이 계셨다는 것만으로도 무척이나 자랑스러운 이야기다.

4. 祭亡妹歌(제망매가)   ※10구체 향가. 출전; 삼국유사 권 5.
生死路隱 (생사로은);생사의 길은
此矣有阿 米次朕伊遣 (차의유아 미차짐이견) ; 여기 있어 머뭇거리고
吾隱去內如 辭叱都   (오은거내여 사질도) ; 나는 간다는 말도
毛如 云遣 去內尼叱古 (모여 운견 거내니질고) ; 못다하고 가 버렸네.

於內 秋察 早隱 風未 (어내 추찰 조은 풍미) ; 어느 가을 이른 바람에
此矣彼擬 浮良落尸 葉如 (차의피의 부량낙시 엽여) ;
　　　　　　　　여기저기 떨어질 잎이여.
一等隱 枝良 出古 (일등은 지량 출고) ; 한 가지에 나고
去奴隱處 毛冬乎 丁 (거노은처 모동호정) ; 가는 곳 모르다니.
阿也 彌陀刹良 逢乎 吾 (아야 미타찰량 봉호오) ;
　　　　　　　　아아, 서방정토에서 만날 우리
道修良 待是古如 (도수량 대시고여) ; 누이여, 길 닦으며 기다리리라.

☑ 삶과 죽음의 길은 / 여기(이승)에 있으므로 두려워하고 / '나(누이)는 죽는다.'라는 말도 / 못 다하고 갔는가? / 어느 날 가을 이른 바람에(누이의 요절을 의미) / 여기저기 떨어져 가는 낙엽(죽음)이여 / 한 가지(부모)에서 낳았는데도 / 가는 곳을 모른다니 / 아야, 극락정토에서 만날 나(作者;월명사) / 도 닦으며, 기다리겠오.

※. 詩語풀이 - ①米次肹伊遣-머뭇거리고. ②吾隱去內如-나는 갑니다. ③毛如云遣-못다 이르고. ④浮良落尸葉如-떨어지는 잎이여.
　＊바람-삶과 죽음을 가르는 자연의 섭리.　＊잎-형제자매.

※. 鑑賞- 작자인 月明師는 신라 35대 경덕왕 때의 스님으로 향가와 범패에 능했다. 특히 피리를 잘 불었다고 한다. 제 망매 가(祭亡妹歌)는 누이와의 死別로 인해 인생의 무상함을 느끼면서 슬픔과 비탄에 젖은

심정을 읊은 노래다. 깊은 슬픔을 종교적으로 승화시켰으며, 불교적인 윤회사상을 바탕으로 하여 감정을 잘 다스려 나갔다. '누이의 제'를 지낸 곳은 사천왕사로 지금은 유적만 남아있으며, 그 유적지에는 선덕여왕이 잠든 곳이기도 하다.

5. 秋夜雨中(추야우중)　　※出典-삼국유사

秋風惟苦吟 (추풍유고음) ; 가을바람에 괴로이 읊조리나
擧世少知音 (거세소지음) ; 세상에 알아주는 이 없네.
窓外三更雨 (창외삼경우) ; 창밖엔 밤 깊도록 비만 내리는데,
燈前萬里心 (등전만리심) ; 등불 앞에 마음은 만 리 밖을 내달리네.

※. 詩語풀이- ①.擧世-온 세상.　②.知音-자신을 알아주는 이.(중국 춘추시대 거문고의 名手인 백아(伯牙)와 그가 켜는 거문고소리를 알아주는 친구 종자기의 고사(鍾子期의 故事)에서 유래한 말이다.)　③.三更-子時. 밤 11시~새벽 1시.

※. 鑑賞-사람들마다 고향은 마음의 안식처다. 소년의 몸으로 정든 고국을 떠났던 최치원(崔致遠)은 수만리 타국에서 밤마다 고향을 그리워했을 것이다. 비 내리는 가을밤에 홀로 등잔불을 바라보고 있을 때, 지난날의 추억들이 주마등처럼 스치는 그 시간 외로움으로 얼마나 안타까웠을까?
고향에 계신 부모님을 비롯한 가족들에 대한 그리움과 머나 먼 이국에

서의 외로움이 뼈 속 깊이 파고드는 심정을 읊은 詩다.

　최치원(857년~? 호는 孤雲)은 신라의 문호(文豪)로 추앙을 받으며, 명승(名僧)들의 비문(碑文) 대부분을 작성하였다. 12세에 당나라에 들어가 18세에 진사에 급제를 했으며, 25세에 귀국했다. 헌강왕(憲康王) 때 벼슬살이를 했으나, 지리산 등 심산유곡을 찾아다니면서 은거를 거듭하며 난세를 통탄했다. 진성왕 때는 가야산 해인사에 들어가 은거하다가, 생을 마쳤다고 한다. 작품으로는 「최치원문집 3권」이 있다

6. 讚耆婆郎歌(찬기파랑가)　　　　* 出典－삼국유사

咽嗚爾處米　　(인오이처미); 열치매
露曉邪隱 月羅理 (노효사은 월라리) ; 나타난 달이
白雲音 逐于 浮去隱 安支下 (백운음 축우 부거은 안지하);
　　　　　　　　흰구름 쫓아 어디로 가는가.
沙是 八陵隱 汀理也中 (사시 팔릉은 정리야중) ; 새파란 가람에
耆郎矣 自史 是史藪耶 (기랑의 자사 시사수야) ; 님의 얼굴 비치고 있네.
逸烏 川理叱 磧惡希　(일오 천리질 적악희) ; 빠른 내의 돌도
郎也 持以支 如賜烏隱 (낭야 지이지 여사오은) ; 님의 지니심 같사온
心未 際叱肹 逐內良齊 (심미 제질힐 축내량제) ; 마음의 끝을 쫓고자
阿耶 栢史叱 枝次 高支好 (아야 백사질 지차 고지호) ; 아아 잣가지 높아
雪是 毛冬乃乎尸 花判也 (설시 모동내호시 화판야) ;
　　　　　　　　서리도 못 내릴 꽃사내시여.

ㅁ. 문을 열자 / 나타난 달이 / 흰구름 따라 어디로 가고 있을까? / 새파란 냇가에 / 기랑의 모습이 있구나. / 이로부터 냇가 조약에 / 낭이 지내시던 / 마음의 끝을 따르련다. / 아아, 잣나무 가지 높아 / 서리조차 모르시올 화랑의 우두머리여.

   1-3행 ; 화자(話者)가 달에게 묻는 말. *달-높은 존재.
   4-8행 ; 달이 화답하는 말. *냇물-맑고 깨끗한 모습. *조약돌-원만
        하고 강직한 인품.
   9-10행 ; 화자의 찬양. *잣나무- 고결한 절개.

※. 詩語풀이- ①讚-찬미. ②郞-화랑. ③歌-노래. ④耆婆-범어. ⑤咽嗚爾處米-닫혀 있는 것을 확 열어젖히자. ⑥露曉邪隱-나타난. ⑦月羅理-달이. ⑧浮去隱 安支下-어디로 가는가. ⑨沙是 八陵隱-새파란. ⑩汀理也中-가람에. 냇물에. ⑪自史-모습이. ⑫是史藪耶- 있다. 있다더라. ⑬逸烏 川理叱-빠른 냇물의. ⑭磧惡希-돌이. 돌도. ⑮如賜烏隱- 같사온. 같은. ⑯際叱肹-끝을. ⑰逐內良齊-쫓고자. ⑱栢史叱 枝次-잣가지. 잣나무 가지. ⑲高支好-높아. ⑳雪是 毛冬乃乎尸-눈(서리)조차 모르실.

※. 鑑賞- 신라시대의 화랑이었던 기파랑(耆婆郞)의 높은 인격을 사모한 충담(忠談)스님이 그의 인물됨을 상징성을 띤 자연물에 비겨 찬양한 노래다. 향가 특유의 숭고미를 자아내는 달, 자갈, 잣나무, 흰구름, 눈(서리) 등 선명한 색채의 자연을 표방했다.

서정시로 문학적인 가치가 매우 높은 시며, 향가(鄕歌)로서 대표적인 작품이다. 충담스님은 왕사(王師)로 책봉을 하려해도 굳이 사양할 정도로 소박한 삶을 살았다. 그의 작품으로는 찬기파랑가(讚耆婆郎歌)와 함께 안민가(安民歌)가 전하고 있다.

7. 風謠(풍요- 바람결의 노래) 지은이 僧- 양지(良志)

來如 來如 來如 來如 (내여 내여 내여 내여) ; 온다. 온다. 온다. 온다.
哀反多羅 哀反多矣 (애반다라 애반다의) ; 슬픔이 커라, 슬픔이 커
徒良功德 修叱如良來如 (도량공덕 수질여량내여) ;
  무리의 공덕 닦으러 온다.

※. 詩語풀이- ① 來如-온다. 오고 있다. ② 徒良; 무리. 떼거리.
  ③ 功德-착한 일을 하여 적선을 하는 것. ④ 修叱- 닦으러.
  * 형식; 향가.   * 출전; 삼국유사

※. 鑑賞; 삼국유사 제6권에 기록이 있으며, 작가인 스님 良志는 정확한 연대를 알 수는 없으나, 27대 선덕여왕대(재위 기간 632~647)의 사람으로 추정한다. 스님이 머물던 곳은 석장사(錫杖寺)였으며, 행적의 신기로움을 많이 남겼다.
  영묘사의 (靈廟寺) 장육삼존 (丈六三尊), 천왕상(天王像), 전탑(殿塔)의 기와, 사천왕사 탑 아래 팔부신장(경주박물관에 파편이 있다고 한다.) 법림사(法林寺)의 주불삼존(主佛三尊) 등의 글씨가 良志스님의 작

품이라고 한다.

☑. 錫杖寺의 명칭 유래- 양지스님이 짚고 다니는 지팡이 머리 부분이 주석으로 된 육환장을 잘 부렸다는 데서 절 이름을 따왔다고 한다.

☑. '風謠'의 異見
① 영묘사 장육불상을 만들 때 진흙을 나르는 백성들과 함께 불렀다고 한다.
② 문승(文僧)인 良志가 제비를 얻으려고 단월가 문전에서 불렀다고 함.
③ 본래는 방아노래였는데, 良志스님이 장육삼존을 만들 때 寺女들 중 누군가가 불렀다고 함.

8. 遇中漢使入蕃(우중한사 입번 – 서역길이 먼 것을 한탄)
지은이; 혜초(慧超)

君恨西蕃遠 (군한서번원) ; 그대는 서역길이 먼 것을 한탄하나
余嗟東路長 (여차동로장) ; 나는 동방으로 가는 길 먼 것을 원망한다.
道荒宏雪嶺 (도황굉설령) ; 길은 거칠고 눈은 산마루에 쌓였는데
險澗賊途倡 (험간적도창) ; 험한 골짜기에는 도적떼가 우글거리네.
鳥飛驚峭嶷 (조비경초억) ; 새들은 날아 깎아지른 멧부리에 놀라고
人去難偏樑 (인거난편량) ; 사람들은 좁은 다리 건너가길 무서워하네.
平生不捫淚 (평생불문루) ; 평생에 눈물 한 번 흘려본 적 없건마는
今日灑千行 (금일쇄천행) ; 오늘은 눈물이 비 오듯 하네.

※. 詩語풀이- ①西蕃-서쪽 오랑캐 나라. 여기서는 天竺. ②倡-미쳐 날뛰다.(莊子의 倡狂妄行 창광망행) ③哨-험준하다(淮南子의 岸哨者必陀안초자필타) ④嶷-높은 모양(史記의 其德嶷嶷 기덕억억)
　⑤捫-눈물을 뿌리다의 뜻.(釋名의 在外爲人所捫摸也재외위인소문모야)
　* 출전; 往五天竺國傳.

※. 鑑賞; 求道의 길은 멀고도 험준하며, 인간이 가진 모든 것들과의 이별의 길이다. 사람들은 흔히 외로움을 호소한다. 그러나 俗人들이 말하는 외로움의 대부분은 센치한 감정의 사치스러운 표현이 아닐까? 진정으로 외로움이란? 그것은 세상에 혼자 버려진 감정일 것이다.

9. 涅槃頌(열반송 - 임종에 부치는 노래)
　　　지은이- 부설거사(浮雪居士)　*출전; 韓國佛敎史話
目無所見無分別 (목무소견무분별) ; 보지 않으면 분별이 없고
耳聽無聲絶是非 (이청무성절시비) ; 듣지 않으면 시비가 끊어지네.
分別是非都放下 (분별시비도방하) ; 분별과 시비를 모두 버리고
但看心佛自歸依 (단간심불자귀의) ; 내 마음의 부처에게 돌아가리라.

※. 詩語풀이- ①都放下-모두 팽개쳐 버리다. ②心佛-마음의 부처. ③歸依-몸과 마음을 기울이다.

※. 鑑賞; 전설적인 부설거사의 임종게(臨終偈). 평범하면서도 전체에 흐르는 분위기는 매우 장엄하다 *.浮雪居士(出沒 연대 ?)는 신라 선덕여왕 때의 스님이다. 강원도 오대산으로 참배를 가던 중, 지금의 전라북도 만경읍 구무원(仇無寃)이란 사람의 집에서 묵다가, 그의 딸 묘화(妙花)와 결혼을 한 뒤 부설거사로 개명하고 재가(在家) 수도(修道)에 전념하여 큰 깨달음을 얻었다고 한다.

영조(靈照)와 영희(靈熙)라는 두 도반(道伴)이 집으로 찾아오자, 그들 앞에서 임종게를 써 놓고 조용히 앉아 열반에 들었다고 한다.

나. 禪詩에 나타난 自然觀과 現實認識

1. 詩와 자연과의 관계

인간은 자연에서 태어나 자연 속에서 살다가 자연으로 돌아간다. 이처럼 인간은 자연의 일부로 존재할 뿐 아니라, 사상이나 문화 역시 자연에서 이루어짐으로 자연과의 관계를 유지하면서 새로운 것들을 만들어 간다.

문학은 다른 어느 예술분야보다도 자연과의 관계가 친밀하다. 즉 자연은 문학의 원천이요, 소재(素材)의 보고(寶庫)이면서 영적(靈的)인 교섭을 바탕으로 인간의 심오한 사상과 미적(美的) 가치를 창조해 간다.

詩人들에게 자연은 美的 관조(觀照)의 대상이며, 자연을 통하여 정서를 순화시키고 자연과의 美的 교감(交感)으로 아름다운 시상(詩想)을 다듬어 갈 수 있다. 그러기에 일찍이 아리스토텔레스는 "시는 자연의 모방이다."라고 했던 것이다.

문학의 발생 이래, 자연은 시가(詩歌)문학의 주제와 소재, 그리고 배경의 중심을 이루어 왔다. 고시가(古詩歌)나 신라가요(新羅歌謠)에서는 주술(呪術)과 경외(敬畏)의 대상으로서의 자연, 고려 詩歌문학에서는 은일(隱逸)과 서경(敍景)의 대상으로, 조선시대 문학에서는 요산요수(樂山樂水)와 안빈낙도(安貧樂道)의 음풍농월(吟風弄月)로서의 자연, 그리고 현대시에 있어서는 서경의 원천으로 자연은 그 시대에 따라 또는 이를 받아들이는 문학형태에 따라 여러 가지의 모습으로 詩歌문학의 중심이 되어 왔다.

국문학(國文學)에서 본격적으로 자연을 문학 속에 수용했던 고려시대 불교계의 선승(禪僧)들을 앞서 살펴보았다. 불교에서는 세계를 세간(世間)이라 하여 유정(有情)세계와 기세간(器世間)으로 나누기도 하며, 다시 욕계(欲界; 색욕. 식욕. 재욕이 강한 유정이 머무는 세계), 색계(色界; 욕계와 무색계의 중간), 무색계(無色界; 色身.육체, 물질의 속박을 벗어나서 心神만이 존재하는 思惟의 세계)의 三界로도 설명한다.

※.유정세계- 인간을 포함한 동물의 세계를 말하며, 업인(業因- 선과 악의 果報를 일으키는 원인)에 따라 윤회하는 지옥, 아귀(餓鬼), 축생(畜生), 아수라(阿修羅), 인간, 天上의 육도(六途)를 의미한다.

※.기세간(器世間) -유정들이 생활하는 곳으로 山河大地 등 일체의 可視的인 물질세계.

자연을 중생들의 생활무대로도 볼 수 있으나, 모든 중생도 자연의 존재로 보아 자연에서 분리시키지 않는다. 이렇게 다양하게 나타나는 일체의 현상계 모든 것들을 불교계에서는 자연으로 본다. 그러나 존재로서의 자연과 당위(當爲)로서의 자연에 대한 관념은 달라진다.

그러므로 일체는 무아(無我)이며, 무상(無常)이며, 無一이며, 무주재(無主宰)로 보면서 이를 空(공)이라 한다. 空의 바탕이 되고 있는 연기(緣起)의 본원을 대승불교에서는 진여일심(眞如一心)이라고 하며, 진심

(眞心)은 우주(宇宙)만유의 본체이며, 여기서부터 무궁무진(無窮無盡)한 연기가 펼쳐진다고 한다.

以上과 같은 경지를 깨닫는 일이 불교의 목적이요, 그 길을 찾아가는 방법이 禪이며, 그 禪의 경지를 나타낸 것이 선시(禪詩)라고 볼 때, 선시는 단순한 관념시(觀念詩)나 철학시의 단계를 넘어서 자연과의 교감을 통한 시선일여(詩禪一如)의 경지에서 서정적인 자연시를 만들어내기도 한다.

선시에 있어 자연소재로서의 山水는 앞에서 살펴 본 충지(冲止)와 경한(景閑) 그리고 보우(普愚)의 詩들이다. '꽃과 봄'을 소재로 노래한 일연(一然)의 詩를 감상해보고자 한다.

雪擁金橋凍不開 (설옹금교동불개) ; 금교에 눈이 덮여 아니 녹으니
鷄林春色未全廻 (계림춘색미전회) ; 계림의 봄빛은 아직도 먼데
可怜靑帝多才思 (가령청제다재사) ; 영리한 봄의 신 재주도 많아
先著毛郞宅裏梅 (선저모랑댁리매) ; 모랑네 집 매화가 먼저 피었네.

※. 鑑賞 – 이때의 봄은 만물이 소생하는 희망의 계절이면서 불법(佛法)이 삼라만상에 고루 퍼져나가는 상황을 말하는 계절 소재이며, 매화꽃은 불법(佛法), 그 자체의 상징물인 자연 소재다.

승 일연(僧 一然)은 이 詩에서 불교 용어를 전혀 사용하지 않으면서 '봄과 꽃'이라는 계절과 식물의 상징을 통해 佛法이 온 나라 안에 개화(開花)됨을 나타내고 있다.

☞. **禪詩人들의 현실인식** - 불교의 구세주의적(救世主義的) 측면은 선승(禪僧)들의 고행수도(苦行修道)도 심산고찰(深山古刹)에 독오청정(獨悟淸淨)하여 일생을 무의미하게 보내는데 있지 않고, 깨달은 진리를 중생들에게 널리 펴는데 있다.

禪僧들이 수행기간 동안에도 끊임없는 정진을 위하여 山寺에 칩거(蟄居)한다하더라도 단순한 안주(安住)가 아니라, 끊임없는 교화(敎化)를 통하여 학인(學人)들과 중생을 접하는 것을 게을리 하지 않으면서 다양한 방법으로 현실에 참여하여 그들의 깨달음을 실천에 옮겨 갔다.

그러나 승려들의 현실참여가 모두 긍정적인 측면만으로 나타나는 것은 아니었다. 때로는 지나친 권력지향에서 온 현실정치 개입, 그리고 세속적인 명리(名利)를 위한 집착이 불러 온 신앙적 타락 등이다. 이런 현실참여가 끝내는 불교를 국교(國敎)로 했던 고려 말에는 백성들로부터 신뢰가 떨어져 국운과 함께 사양길을 걸어야했다.

당시 왕사(王師)나 국사(國師)는 법계(法階- 불도를 닦는 사람의 수행 계급)가 높고 인격과 덕망이 높은 승려 중에서 택한 불교계 최고의 자리다. 정치, 학문, 종교, 인격의 측면에서 王師는 王의 수범(垂範-본보기)이 되고, 國師는 나라의 정치와 종교에 지대한 영향을 미쳤으며, 그들은 왕실과 온 나라 백성들의 존경을 받는 지고(至高)의 존재였다.

이들은 선종(禪宗)의 최고 자리인 선사(禪師)나 大禪師 중에서 그리고 교종(敎宗)은 역시 최고의 자리인 수좌(首座)나 승통(僧統) 중에서 선택되었다.

※. 禪宗 – 참선으로 자신의 본성을 구명하여 성불(成佛)을 목표로 하는 종파. 중국 양나라 때 달마대사가 중국에 전하였으며, 우리나라는 신라 중엽에 전해져 구산선문(九山禪門)이 성립 되었다.

※. 敎宗 – 불교의 교리를 중시하는 종파. 조선 세종 때(1424년) 자은종. 화엄종. 시흥종. 중신종(慈恩宗, 華嚴宗, 始興宗, 中神宗)이 합해서 교종이 되었다.

1. 普愚(보우)의 「辭王師 – 사 왕사」

誰憐吾拙直 (수련오졸직) ; 누가 내 못남을 가엽다 하리
林泉有幽趣 (임천유유취) ; 자연의 그윽한 정취가 있거늘
聖君如護我 (성군여호아) ; 성군께서 나를 보호하려면
賜放靑山老 (사방청산노) ; 청산에서 늙도록 놓아 주소서.
山中何所有 (산중하소유) ; 산중에 무엇이 있으리오.
蒼蒼但煙霧 (창창단연무) ; 푸른 연기와 안개 뿐
於斯修道業 (어사수도업) ; 나는 이곳에서 도를 닦아
於國垂法雨 (어국수법우) ; 이 나라에 법우를 내리게 하리라.

※ 詩語풀이 – 法雨 – 중생을 교화하여 사람들에게 덕화(德化)를 입게 함을 비(雨)에 비교한 말. 즉 불법의 은혜.

※. 解說 – 여말 선승(麗末 禪僧)들의 우국일념(憂國一念)은 普愚에게서 더욱 두드러짐을 볼 수 있다. 普愚는 고려의 선승 중 그 누구보다도

국가적 차원에서 현실문제에 깊이 관여하여 개혁을 주도하였으며, 구산선문(九山禪門-달마대사의 선법을 이어 받은 아홉 교파)의 통합을 위한 시도(試圖)와 한양 천도(漢陽 遷都)를 끈질기게 내세웠다.

王師를 반납하고 속리산에 금고(禁錮)를 당하기도 했으나, 그의 정론(正論)과 충성심은 많은 사람들의 인정을 받아 결국은 國師의 자리까지 오르게 되었다. 위의 詩는 신돈(辛旽)의 축출을 주장하다가 왕사를 물러날 때 읊은 것이다.

2. 沖止(충지)가 元나라와 고려 연합군의 일본 정벌의 현실을 읊은 작품이다.

有臂皆遭縛 (유비개조박) ; 팔이란 팔은 모두 묶이고
無胰主受鞭 (무이주수편) ; 등어리 채찍 안 맞은 곳이 없네.
尋常迎送慣 (심상영송관) ; 높은 사람 맞고 보냄 예삿일이고
日夜轉輸運 (일야전수운) ; 물자운수 밤낮으로 이어지니
牛馬無完肩 (우마무완견) ; 우마의 잔등은 다 부르트고
人民鮮息肩 (인민선식견) ; 백성들 어깨가 쉴 틈이 없구나.

※. 鑑賞 - 일본 정벌에 따른 과다한 물자의 징수와 운반, 인원 동원 등으로 피폐한 농민들의 참상을 詩化한 일부분의 내용이다. 1차 일본 정벌은 1274년 (충렬왕 1년)에 몽고군 2만여 명과 고려군 5천여 명을 金方慶(김방경)장군이 인솔한 전쟁이었으나, 태풍과 일본군의 저항으로 실패하였다.

2차(1281년)에 시도한 10만 여의 연합군도 실패하여 고려 남부지역은 명분 없는 대리전쟁으로 피해를 입은 민생은 도탄에 빠져 백성들만 처참한 상처를 입어야 했었다.

2. 佛敎文學의 문학사적 意義

漢文學이 꽃처럼 피어오르기 시작한 것은 신라말엽 최치원으로부터 시작하였으며, 만개(滿開)하여 아름다움으로 승화된 것은 고려조에 들어서면서였다. 고려조는 밖으로는 宋나라의 영향을 받았고, 국내로는 광종(25대-재위기간- 949~975년)에 이르러 과거제도의 실시로 한문학이 발달하는 계기가 되었으며, 한문학의 중심문학은 역시 시문학(詩文學)이었다.

고려 말에 등장한 시화(詩話)는 詩人이나 詩에 관한 일화(逸話-에피소드), 시에 대한 이론, 비평 등을 내포한 시화들이 비평문학으로 발전되었다.

시평(詩評)의 주역들은 이규보의 「東國李相國集-동국이상국집」, 이인로의 「破閑集-파한집」, 최자의 「補閑集-보한집」 이제현의 「櫟翁稗說-역옹패설」, 등은 고려조의 대표적인 시화집들이다.

이들의 詩에 대한 이론적 관심은 매우 다양했으며, 시의 본질론은 물론 작시론(作詩論), 시인론(詩人論), 작품론까지 다뤄나갔다. 이규보의 주기론(主氣論) 최자의 의기론(意氣論) 등은 시의 본질적 이론을 다시 이규보는 시의 선천성(先天性)을 중시하고 이인로는 후천적(後天的)인

기교를 중요시했으며, 이렇게 그 이론들이 수준 높이 오르는데 부족함이 거의 없었다.

불교시(佛敎詩)는 이처럼 시문학에 대한 이론이 활발하게 전개되는 가운데 등장한 종교문학으로 자리를 굳혀 갔지만, 앞서 말한 시화집들도 불교시에 관한 언급은 매우 미약했었다. 그 이유는 作者를 비롯한 그들이 불교측과 인연이 깊지 않은데서 기인할 수도 있다. 당시의 논자(論者)들은 승려들의 시를 산인체(山人體)라 하여 일반문인들의 시와 다르게 구별하고 있었다. 이규보는「白雲小說-백운소설」에서 "禪師惠文 固城郡人也....(선사혜문 고성군인야.... – 선사 혜문은 고성군 사람이다.) 嘗住雲門寺 爲人抗直 一時士名大夫多從之遊 喜作詩 得山人體 (상주운문사 위인항직 일시사명대부다종지유 희작시 득산인체. – 일찍이 운문사에 살았는데, 사람됨이 올곧아서 당시에 이름을 날리던 사대부들이 많이 좇아서 놀았다. 시 짓기를 즐겨했는데 산인체를 체득했다.)라고 하였다. 즉 '山人'이란 입산수도하는 승려들을 지칭한다.

신라시대의 문학에서부터 현대문학에 이르기까지 국문학에 끼친 불교의 영향은 매우 크다고 할 수 있다. 유교가 종교로서보다는 수기치인(修己治人)의 인륜 도덕이나, 정치 강령에 머물렀던 데 비해, 불교는 삶과 죽음, 그리고 사후(死後) 내세(來世)에 대하여 깊게 시사(示唆)한 것들이 우리나라 사람들의 정신적인 면과 신앙에 지대한 영향을 끼쳤던 것이다.

그러기에 불교는 정치, 사회, 사상, 예술 등 여러 분야에 깊이 뿌리를 내렸으며, 우리 문화에 크게 영향을 끼친 불교문화는 국보와 보물급 문화재(文化財)의 90% 이상이 불교의 유산(遺産)이라는 점을 간과(看過)할 수 없으며, 문학도 문화유산 중의 하나다.

즉 국문학 사상으로서의 불교사상, 종교문학으로서의 불교문학도 전통문학화(傳統文學化) 하여 국문학의 한 갈래를 형성하면서 꾸준하게 지속되어 왔고, 그 유산도 매우 풍부하다.

✎. 국문학과 국문학사에서 큰 비중을 갖는 불교문학과 그 흐름 속에서 고려시대의 선시는 어떤 意義를 갖고 있는가. 간략하게 서술하고자 한다.

* 신라가요에 나타난 아미타사상(阿彌陀思想), 미륵(彌勒)사상, 관음(觀音)사상 들이 그리고 불교가사(佛敎歌詞)나 조선조(朝鮮朝) 소설에는 인과사상이나 윤회(輪廻)사상, 서원(誓願)사상 등이 주요사상으로 거론되었다.

* 우리나라의 詩史 입장에서 볼 때, 고려시대 禪詩는 최초로 본격적인 형이상학적(形而上學的)인 철학성(哲學性)을 가진 詩라고 할 수 있다.

* 고려시대 禪詩를 통한 자연의 발견, 자연미의 창조와 새로운 자연관이 정립되었다.

* 고려시대 禪詩는 불교시가 문학사적(佛敎詩歌 文學史的) 관점에서 우리나라 선시의 원류(源流)를 이뤄냈다.

다. 佛敎의 詩文學과 高麗時代의 禪詩

　우리문학사에서 고려시대를 흔히 국문학의 불모기(不毛期)라고 일컫는 이유는 당시 고유문자가 없었다는 점과 외우내환(外憂內患)의 소용돌이에서 문학창작이 침체되었고, 문헌들이 소멸되어 전하지 못한 데서 기인된다. 또 다른 이유로는 漢字로 된 문학에 대한 연구영역의 한계성과 고려 중기 이후 유가중심의 漢文學이나 時調에만 국한되었기 때문이다. 이러한 사실들이 당시에 성황리에 풍성했던 불교문학이 고려문학에서 제외되는 결과를 가져왔던 것이다.

　＊ 고려조는 불교가 국교였기에 정치, 사회, 사상, 문화, 예술 등 불교의 영향이 미치지 않은 분야가 없었다. 그리하여 불교문학이 성행하였고, 향찰식 표기법으로 기록된 균여의 보현십원가(普賢十願歌)를 제외하고는 모두 漢字로 기록되어 전한다.
　즉 漢字로 된 문학과 불교문학이 도외시(度外視)되었기에 고려시대 국문학이 빛을 보지 못했으며, 특히 당시 성행된 불교문학이 종교문학으로조차도 정립되지 못한 체, 국문학사에서 제외되었던 이유의 범위를 불교시인과 불교시(佛敎詩)로 좁혀 본다.

　＊ 불교시인은 고려가 불교문화국이었던 만큼 자질이 우수했다. 즉 최

고 지식계급인 승려계층, 재야의 거사(居士) 층의 학자들, 정치인 등 그 층이 매우 두터웠으며, 승려계층에 있어서도 교승(敎僧)이든 선승(禪僧)이든 모두 시승(詩僧)으로 불릴 정도로 많은 詩를 남겼다.

 * 불교시는 불교적 작품을 널리 포함시킬 수 있기 때문에 불교적 발상이나 느낌, 사상이나 관념, 그리고 불교적 소재나 배경을 지닌 詩를 그 영역으로 본다. 그러나 선시라 할 때는 그 범위가 좁아진다. 禪詩는 선적(禪的)인 세계나 체험, 그리고 그 증도(證道)나 사유(思惟)의 과정을 나타낸 것이며, 대체로 선가(禪家)의 승려들에 의해 지어진다.
 그러나 불교시를 작가의 종파(宗派)적 다름만으로 구분할 수 없는 것이기에 불교시와 禪詩가 확연하게 구별되는 것은 아니다. 禪僧이 아니더라도 禪的인 시와 창작은 가능하고 일반적 불교시를 지을 수 있다는 것이다.

1. 眞覺國師 慧諶(진각국사 혜심) 편

 혜심은 지금의 전남 나주 화순현에서 1178년(고려 명종 8년)에 태어났다. 혜심은 그의 휘(諱)이고 字는 영을(永乙) 또는 무의자(無衣子)다. 속성(俗姓)은 최, 이름은 식(寔) 진각국사는 시호(諡號)이다.
 24세에 사마시(司馬試)에 합격하여 벼슬길에 들어섰으나, 모친이 병환으로 별세 후 불문(佛門)에 귀의하여 조계산에서 수선사(修禪社)를 열어 도화(道化)에 한창이던 보조국사 지눌(普照國師 知訥)의 제자가 되었다. 법 높은 고승으로 따르는 제자들이 구름처럼 몰렸다고 한다.

그는 1234년 57세 되던 해의 6월에 제자 마곡(麻谷)이 지켜보는 가운데 가부좌를 한 채 월등사(月燈寺)에서 법랍 32세로 입적했다.

그의 저서로는 「禪門拈頌集-선문념송집」 30권, 「心要-심요」 1편, 「曹溪眞覺國師語錄-조계 진각국사 어록」 1권, 「狗子無佛性話揀病論-구자무불성화간병론」 1편, 「無衣子-무의자」 시집 2권, 「金剛經贊-금강경찬」 1권이 전한다.

1. 對影(대영; 그림자)   * 출전; 無衣子 시집

池邊獨自坐 (지변독자좌) ; 못가에 홀로 앉아.
池底偶逢僧 (지저우봉승) ; 물밑의 한 승과 서로 만났네.
黙黙笑相視 (묵묵소상시) ; 서로 간에 말없이 미소 짓는 것은.
知君語不應 (지군어불응) ; 마음끼리 서로가 비치는 때문이라.

※. 鑑賞- 연못 속에 비치는 자신의 그림자를 마주보며 미소를 짓는 것은 서로가 너무나 잘 알고 있기 때문이리라. '나와 내 그림자' 이 얼마나 다정한 정경인가? 혜심이었기에 이런 경지를 읽었을 것이다.

2. 木蓮(목련)   * 출전; 無衣子 시집.

見葉初疑柿 (견엽초의시) ; 잎사귀는 감잎 같고
看花又是蓮 (간화우시련) ; 꽃은 연꽃 같구나.
可憐無定相 (가련무정상) ; 고정되지 않은 그 모습이여
不落兩頭邊 (불락양두변) ; 이쪽저쪽에 떨어지지 않았네.

※. 詩語풀이- ①兩頭邊-선과 악. 흑과 백. 대립의 두 차원.

※. 鑑賞- 목련꽃을 바라보며 읊은 시다. 목련의 잎은 감잎 같고 꽃은 연꽃 같다. 그러기에 '나무에 핀 연꽃'이라는 이름을 붙였다. 목련을 통해서 혜심스님은 二元的인 대립의 차원을 넘어선 절대의 세계를 보고 있다.

✑ 3. 呼兒響(호아향)

呼兒響落松蘿霧 (호아향락송라무) ;
　　　　　　아이 부르는 소리 소나무 안개 속에 울려 퍼지고
煮茗香傳石徑風 (자명향전석경풍) ;
　　　　　　차(茶)달이는 내음 돌길을 스쳐 풍겨온다.
才入白雲山下路 (재입백운산하로) ; 이제 막 백운산 아래 접어든 순간
已叅庵內老師翁 (이참암내노사옹) ;
　　　　　　이미 암자에 들어 스승님 뵌 듯, 하여라.

※. 鑑賞- 지눌(知訥)을 통해 입도(入道)한 후 몇 년 동안에 걸쳐 각고의 수행기간을 보낸 혜심은 28세 때 억보산 백운암(億寶山 白雲庵)으로 지눌을 찾아간다. 그는 스승이 머물고 있는 암자가 멀리 바라다 보이는 소나무 아래에 쉬면서 위와 같은 詩를 읊었다.
　고요하고 그윽한 山寺의 풍경을 배경으로 하여 七言絶句로 엮어진 이 詩는 평범한 내용인 듯싶으나, 여기에는 깊은 선취(禪趣)가 담겨져 있

다. 스승의 '아이 부르는 소리'와 '차 달이는 내음'은 단순한 소리와 냄새가 아니라, 지눌과 혜심을 연결하는 이심전심의 선적(禪的)인 교통수단인 이른바 염화시중(拈花示衆)의 경지와 같으리라.

청각과 후각의 감각적인 표현을 통하여 오도적(悟道的)인 경지를 보여주면서 높은 詩的인 효과를 성취하고 있다. 결구(結句)의 '이미 스승을 뵈었다.'는 의미는 혜심의 정신적 깊이를 은근히 노출하고 있는 것이다.

* 혜심은 지눌을 찾아뵙고, 예를 올린 뒤 이 詩를 올렸다고 한다. 詩를 받아 본 지눌은 혜심의 의중을 알아차리고 고개를 끄덕이면서 그가 갖고 있는 부채를 주었다.

지눌은 그의 선맥(禪脈)의 계승자로 이미 혜심을 점찍었고, 혜심은 지눌의 선사상(禪思想)의 詩的 전개를 시도하면서 위와 같은 시를 지었다.

* 보조국사 지눌은 해동조계종(海東 曹溪宗)을 창설하여 인도(印度)의 불법(佛法)과 중국의 조도(祖道)를 융합한 선불교(禪佛敎)를 성립시켰다. 고려시대를 통하여 禪이 크게 발전하는 계기가 마련된 것이 지눌에 의해서라면 禪詩가 융성의 계기를 맞이한 것은 진각국사 혜심에 의해서다. 지눌의 의발(衣鉢)을 받아 조계산 제2세가 된 혜심은 옛날 선사들의 염송(念誦)을 수집한 〈禪門拈頌集선문염송집〉을 편찬하였으며, 자작시(自作詩)들을 모은 〈無衣子 시집〉을 남겨 禪詩의 진흥에 크게 기여하였다. 혜심의 詩들은 선적(禪的) 실천의 한 방편으로 쓰여진 것임에 틀림없지만, 거기에는 승속성범(僧俗聖凡)의 구별이 없는 詩的 차원이

펼쳐져 있다. 성범불이 승속불이(聖凡不二 僧俗不二)의 단면은 다음의 작품에서 엿볼 수 있다.

※衣鉢; 승려가 죽을 때 자신의 가사 (袈裟-승려의 법복)와 바리때를 후계자에게 전하던 세습과, 스승에게서 전수 받는 교법이나 불교의 깊은 뜻을 이르는 말.
　※聖凡; 성인과 범인. ※僧俗; 승려와 속인.

✎ 4. **妙高臺上作(묘고대상작)**　　　＊출전; 無衣子 시집 卷上.
嶺雲閑下徹 (영운한하철) ; 고개 구름 한가로이 걷히지 않고
澗水走何忙 (간수주하망) ; 시냇물은 왜 그리 바삐 달리나.
松下摘松子 (송하적송자) ; 소나무 아래에서 솔방울 따서
烹茶茶愈香 (팽다다유향) ; 다리는 차 맛은 더욱 향기로워.

※. 鑑賞 - 산에 머무르면서 느끼는 물외한정(物外閒靜)의 세계다. 한가로움과 바쁨이 교차되지만 조급한 상념이 일어날 수가 없다. 소나무 밑에서 솔방울을 따서 차를 달이는 모습은 인과(因果)를 의미하고 있으며, 하늘에 떠 있는 구름과 흐르는 시냇물은 자연의 정경이다.
　언덕위에 서 있는 소나무, 그 소나무 그늘에 앉아 있는 자기 자신, 즉 천지인(天地人)은 三才의 화합으로 펼쳐진 공간들이 융화된 향기로운 느낌이다.

5. 息心偈(식심게)   * 출전; 無衣子 시집

行年忽忽急如流 (행년홀홀급여류) ; 세월은 물같이 흘러흘러

老色看看日上頭 (노색간간일상두) ; 귀밑머리 희끗희끗 나날이 더해 가네.

只此一身非我有 (지차일신비아유) ; 이 육신은 이미 내 것이 아니거니

休休身外更何求 (휴휴신외경하구) ; 그러나 이 육신 밖에서 구하지도 말자.

※. 詩語풀이- 忽忽-세월이 정신없이 흘러가는 모양.

※. 鑑賞; 세월의 흐름이 물 흐르는 것처럼 느끼고 있다는 것은 물이란 그 지형에 따라 자유자재로 휘어지기도 하고, 곧게 흐르기도 한다. 그렇게 끊임없이 흘러가는 것이 물의 생리다.

세월이 멎지를 않는 것처럼 물이 머무를 때는 곧 죽음을 의미한다. 거침없이 흐르는 물도 언제 어디선가는 멈춰야 하는 것이 자연의 섭리다. 계속해서 흐르고 있다는 것은 영원히 변절되지 않는 진실을 의미한다.

6. 春晚遊燕谷寺贈當頭老(춘만유 연곡사 증 당두노)
* 출전; 無衣子 詩集

春深古院寂無事 (춘심고원적무사) ; 인적 없는 옛집에 봄은 깊어 가는데

風定閑花落滿階 (풍정한화낙만계) ; 바람 없는 꽃잎이 뜰에 가득하구나.

堪愛暮天雲晴淡 (감애모천운청담) ; 해질 무렵 구름은 고운 빛 물들어 가고

亂山時有子規啼 (난산시유자규제) ; 산에는 어지러이 두견이 우네.

※. 詩語풀이- 定-바람이 자다. ※ 堪愛-좋아하다.

※. 鑑賞- 山中의 늦은 봄, 어느 날 저녁 무렵의 풍경을 그려낸 작품이다. 시상(詩想)과 시정(詩情)이 무르녹아들은 뛰어난 작품이라 할 수 있다.

7. 惜春(석춘)   *. 출전; 無衣子 시집

蝶兒啣去花脣赤 (접아잡거화순적) ; 나비는 꽃 입술 물어 벌겋게 지나가고
燕友迎來柳眼靑 (연우영래유안청) ; 푸른 버들눈은 제비가 가져왔나.
芳菲軟暖春家事 (방비연난춘가사) ;
　　꽃들의 보드랍고 따스함이 봄 집안일이나
筍似松筠冷淡形 (순사송균냉담형) ;
　　소나무 대나무의 새순인 양 싸늘하네.

※. 鑑賞; 꽃이 피고 버들이 늘어지는 푸른 정경은 봄철의 이치거늘, 시인의 눈으로 느끼는 시정이 아름답다. 나비가 봄을 물어가고, 제비들이 늦봄을 가져온다는 표현은 극치를 일궜다.

선사의 시각으로는 중생들의 모습에서 꽃과 나비, 버들과 제비가 동일한 형상으로 물아일체(物我一體)의 경지를 만나게 된다. 전(轉)과 결(結)구에서는 송죽의 새순처럼 담박함을 드러내면서 '보드랍고 따뜻함'

으로 봄날의 햇살을 촉감으로 표현했고, 송균(松筠)과 냉담(冷淡)의 연결로 삶의 부분을 연결지었다.

　＊ 이규보는 비문(碑文)에서 진각국사 혜심(慧諶)을 아래와 같이 적었다. 「國師께서는 젊어서부터 이미 文章에 종사하여 얼마 안 되어 현사(賢士)들의 관문인 사마시에 뽑혔으니, 학문이 정밀하지 않음이 아니며, 운수가 불우한 것도 아니었다.
　만약에 잠깐 기다렸다면 문득 대과급제한 사람의 명단에 올라 앞으로 나아가 이름을 날리는 사대부가 되었음이 틀림없었을 터인 바, 도리어 이루어지는 명예를 떼어버리고 오히려 일찍이 세속에 물듦을 씻어버리지 않았음을 한탄하였으니, 그의 초연히 세상 밖에 뛰어나는 마음을 또한 여기서 알 수 있다.
"況自妙齡 業已從事於文章(황자묘령 업이종사어문장) -중략- 其超然出世之心 亦於比可驗(기초연출세지심 역어비가험)"」-朝鮮金石總攬 조선금석총람- 上. 462쪽

　＊ 혜심은 이처럼 세속적인 것을 멀리한 선승(禪僧)이었을 뿐 아니라, 수도(修道)과정에 있어서도 철저한 고행(苦行)주의자였다. 한편 혜심의 품위와 언변(言辯)과 필력(筆力)은 당대에 따를 자가 없어 모두가 스승으로 공경하였다한다. 이렇게 위엄(威嚴)이 있는 반면 온화한 성품으로 해박한 지식의 소유자였다.

✍ 8. 爲亡靈(위망령)   * 출전; 無衣子 詩集

死生無盡日 (사생무진일) ; 죽고 사는 것은 끝없이 반복되는데
來去幾多時 (내거기다시) ; 그 얼마나 오고 갔던가.
自有不錯路 (자유불착로) ; 길을 잘못 들지 않으면
行之卽涅槃 (행지즉열반) ; 가는 곳이 그대로 열반의 세계네.

※. 鑑賞 - 망자(亡者)를 추모하여 읊은 詩로 詩語들이 담담하게 흐르고 있다. 그리하면서 그 사이사이에는 직관의 예지가 번쩍이고 있다.

✍ 9. 大丘郡守於觀音寺盤松下請(대구 군수 어관음사 반송 하청)
  * 출전; 無衣子 詩集

太古身材獨屈蟠(태고신재독굴반) ; 오랜 세월에 구부러진 몸이여
淸風一葉一寒聲(청풍일엽일한성) ; 맑은 바람 한 잎에 차가운 소리 들리네.
先師面目今猶在(선사면목금유재) ; 옛 스승의 모습이 여기 있나니
爲報時人洗眼看(위보시인세안간) ; 마음의 눈을 씻고 분명하게 살피자.

※. 詩語풀이- ①屈蟠—구불하다. ②先師—돌아 가신 스승. ③爲報—알리다.

※. 鑑賞 - 억만 년의 세월동안에 풍상과 비바람을 묵묵히 견디고 있는 노송을 바라보며, 스승을 생각하고 있는 시다. 그리하여 노송과 스승은 이 시에서 어느덧 하나가 되어가고 있다.

✍ 10. 因雨示衆(인우시중)   * 출전; 無衣子 詩集
昨朝今日雨連連 (작조금일우연연) ; 어제부터 장대비가 오고 있네.
陸步船行總不便 (육보선행총불편) ;
           걸어가려도 배를 타려해도 모두가 불편하니.
要得渾身都莫濕 (요득혼신도막습) ; 저 비에 몸을 적시지 않으려거든
爭如屋裡坐安然 (쟁여옥리좌안연) ; 이 방안에 편안하게 앉아 있게나.

※. 詩語풀이- ①連連-연속으로. ②爭如-어찌 ~ 함만 하겠는가?
③坐安然-편안하게 앉아 있다.

※. 鑑賞- 진각국사의 대표작으로 보아도 좋을 것 같다. 有의 차원에도 無의 차원에도 접하지 말고 유무(有無)가 없는 그 중간에 편안하고 넉넉하게 앉아 있으라는 구절은 대각(大覺)을 얻은 거장이 아니면 감히 내뱉을 수 없을 것이다.

*. 고려는 불교국가였던 만큼 승려가 많았으며, 그들은 모두 지식계급이었으니, 문승(文僧)이 많을 수밖에 없었다. 따라서 고승으로서 詩 한 수 못 짓는 것은 부끄러운 일이었다. 文僧들은 당대의 일류 文人 석학(碩學)들과 빈번한 교류를 하였으며, 그리하여 수많은 詩人 승려들이 배출되어 고려조의 시단(詩壇)을 풍요롭게 하였다.
 이런 사실은 당시 유가(儒家)의 文人들도 인정을 하였으니, 그때의 시론가(詩論家)들을 든다면 자칭 백운거사(白雲居士) 이규보, 이인로,

최자. 이제현 등은 그들의 시문집(詩文集) 속에서 많은 문승들과 詩 화답을 나누면서 불교시를 발전시켜 나갔던 것이다.

2. 圓鑑國師 冲止(원감국사 충지) 편

충지는 1226년(23대 고종 13년)11월, 정안(定安- '전라남도 장흥'이라는 異說도 있음.)에서 태어났다. 원감국사(圓鑑國師)는 그의 시호(諡號)이고, 冲止는 휘(諱)이며, 원래 이름은 법환(法桓)이다. 속성(俗姓)은 위(魏), 속명(俗名)은 원개(元凱)였다.

그는 총명함이 뛰어나 경서(經書)와 자사(子史)에 통달하였고, 글을 잘 지어 1244년 19세에 과거에 장원하여 이름을 날렸다. 일본 사신으로 활동하는 등 순탄한 벼슬길이었으나, 어려서부터 선림(禪林-선종의 사원)에 관심이 깊었다고 한다. 29세(1254년)가 되던 해에야 부모의 허락을 받아 수선사(修禪社) 제 5세인 원오국사(圓悟國師) 천영(天英)에게 가서 머리를 깎고, 비로소 승려 생활이 시작되었다.

주지(住持) 자리는 모두 사양하고 오직 禪에만 정진하였으나, 41세 때는 스승인 원오국사의 교유(敎諭- 가르치고 타이름.)로 처음으로 김해 감로사(甘露寺)의 주지가 되었다.

이 시절에는 元나라의 횡포와 수탈이 심했으며, 전세(田稅)와 노비의 징발이 가혹하던 때였다. 冲止가 머물던 승주(昇州)의 정혜사(定慧寺)에서도 과다한 군량미를 거둬갔었는데, 이에 분개를 느낀 冲止는 元의 세조(世祖)에게「上大元皇帝表-상대원 황제표」를 올려 세금을 되돌려 받았다.

표(表)를 받아 본 元의 황제는 충지를 흠모하여 사신을 보내 만나보고자 했으나, 칭병(稱病)으로 거절하였고, 마침내는 조정(朝庭)의 독려로 원나라 황제를 만났으며, 세조는 충지의 덕을 칭송하여 스승의 예로 대하였고, 귀국 길에는 벽수장삼(碧繡長衫)과 흰 불자(拂子)를 하사했다고 한다.

　충지는 충렬왕 때 대선사(大禪師)가 되었으며, 그 후 청주의 진각사(眞覺寺), 논산의 개태사(開泰寺) 등을 거쳐 59세 되던 해는 지리산 상무주암(上無住庵)으로 옮겨 선을 닦았다.
　스승인 원오국사가 입적(1286년)하자 그의 뒤를 이어 대도량(大道場)인 수선사의 6세가 되어 지눌(知訥)의 법통을 이었다. 1292년 67세 되던 해 '임종게-臨終偈'를 읊은 다음 제자들과 선문답(禪門答)을 나눈 후에 입적하였는데 법랍(法臘- 승려의 나이.)은 39세였으며, 충렬왕은 시호를 원감국사로 탑명(塔名)을 보명(寶明)이라 하사(下賜)했다.
　저서로는「圓鑑集-원감집」과「圓鑑國師語錄-원감국사어록」이 있었으나, 현재는「圓鑑錄-원감록」하나만 전한다.
　冲止의 詩에 나타난 특징은 인정시(人情詩), 생활시(生活詩), 산거시(山居詩) 등 서정시적(敍情詩的)인 것이 어느 선승보다도 많고, 선적(禪的)인 詩라 할지라도 선리시(禪理詩-형이상학적이고 관념적인 시.)보다는 다분히 문학적인 선취시(禪趣詩)와 선기시(禪機詩)가 대부분이다.
　그의 詩들은 거의가 선적인 역설이나 비약을 드러내기보다는 일반적인 비유와 상징적 수법을 취하고 있다. 감로사 주지로 있을 때 어느 선객(禪客)이 詩 한 首를 청했을 때 읊은 작품이다.

✍ 1. 春日花開

春日花開桂苑中 (춘일화개계원중) ; 봄이라서 계원에도 꽃이 피지만
暗香不動少林風 (암향부동소림풍) ; 꽃향기 소림 바람에도 꼼짝도 않네.
今朝果熟沾甘露 (금조과숙점감로) ; 이제야 열매 익어 감로에 젖으니
無限人天一味同 (무한인천일미동) ; 무한한 사람과 하늘도 맛을 보리라.

※. 鑑賞- 시 전체가 차원 높은 은유적 표현으로 이루어졌으며, 起句는 冲止가 일찍 과거에 급제했던 지난 일을 말하고, 承句는 그가 갈고 닦은 도력이나 선풍을 펴서 드날리지 않고 있음을 나타낸 것으로 해석된다.

원숙한 禪의 경지가 비로소 경지에 이르렀음을 轉句의 '익은 열매'라는 詩語로 표현했으며, 結句에서는 널리 중생에게 베풀자는 보살행의 의지가 암시되었다. 당시의 이 詩는 널리 인구에 회자(膾炙)되어 많은 사람들이 冲止를 만나보기를 원하였다고 碑銘에 전한다.

(※曹溪山 修禪社 第六世 圓鑑國師 碑銘)- 李能和; 朝鮮佛敎通史).

✍ 2. 作偈示同梵 (작 게시동범)

鷄足峰前古道場 (계족봉전고도량) ; 계족봉 앞의 오랜 옛 도량
今來山翠別生光 (금래산취별생광) ; 이제 오니 유달리 푸른 산빛.
廣長自有淸溪舌 (광장자유청계설) ; 물소리 그대로 부처님 말씀이니
何必喃喃更擧揚 (하필남남경거양) ; 도를 일러 뭐라고 說할 것인가.

※. 詩語풀이- ①道場- 불도를 닦는 곳. ②今來-이제 오니. ③生光-빛이 남. ④喃喃-재잘거림.

※. 鑑賞- 冲止는 평범한 일상사나 자연소재를 가지고 詩的인 합의를 통하여 깊은 의미를 담아냈다. 위의 작품은 〈至元九年壬申三月 初入定慧 作偈示同梵-지원 구년 임신 사월 초입정혜 작게시동범〉이라 제목을 붙였다. 충지의 나이 47세 때 처음으로 정혜사에 들어가 스님들에게 보인 詩라고 한다. 선배 선사(禪師)들이 도를 닦던 곳, 그 주위를 감싸고 있는 푸른 산색, 골짜기로 흐르는 시냇물소리가 모두 진여(眞如)의 모습이며 소리라고 읊었다.

"물소리 곧 부처님 말씀이거니, 산 빛인들 그 어찌 법신(法身)이 아니리."라고 표현한 轉句. 結句는 곧 소동파의 詩句를 연상시킨다.(鷄聲便是廣長舌 山色豈非淸淨身-계성편시광장설 산색기비청정신)

3. 作野牛頌示同人(작 야우송시동인)

野牛天性本難馴 (야우천성본난순) ; 들소의 천성은 길들이기 어려워
草細平田自在身 (초세평전자재신) ; 넓은 들 풀밭에서 제멋대로 노니네.
何意鼻端終有索 (하의비단종유색) ; 어찌하랴. 코끝에 고삐 달려서
牽來牽去摠由人 (견래견거총유인) ; 끌려 오고감은 사람 마음대로니.

※. 詩語풀이- ①難馴-길들이기 어렵다. ②自在- 저절로. 제멋대로. ③鼻端-코 끝에.

※. 鑑賞 - 인간의 본성을 야우(野牛)로, 본성을 가린 무명(無明-모든 번뇌의 근원이 됨.)을 고삐로, 깨달음을 모른 채, 방황하는 들소의 모습을 사람들에게 끌려 다니는 것으로 나타냈다.

　이러한 시적(詩的) 표현들이 冲止의 탁월함을 잘 보여준다. 평범한 내용으로 깊은 의미를 담아내면서 학인(學人-도를 배우는 사람.)들을 깨우치는 그의 詩人的인 기교와 안목이 놀랍다.

4. 遊子 (나그네)

古園家業日荒涼 (고원가업일황량) ; 고향의 집안일은 날로 황량해 가고
遊子迷津去路長 (유자미진거로장) ; 나그네 속세에서 갈 길 멀어라.
若向箇中廻眼覰 (약향개중회안처) ; 눈을 돌려 그곳을 보면
元來脚下是吾鄕 (원래각하시오향) ; 원래 서 있는 발 밑 아래가 고향인 것을.

※. 詩語풀이 - ①古園-오래된 정원. 고향. ②遊子-나그네. ③迷津-속세. ④覰-엿보다 바라보다. ⑤吾鄕-내 고향.

※. 鑑賞 - '고향'이란 시적 심상(心象)을 사용하였다. "나그네와 고향"은 뗄 수 없는 숙명이다. 이 시에서의 '나그네'는 생사고해(生死苦海)의 사바세계(娑婆世界)에서 방황하는 무명의 범부(凡夫)들을 비유한 것이며, '고향'은 지리적 장소로서의 세속적인 고향이 아니라, 인간이 마땅히 돌아가야 할 인간 본연의 처소, 즉 깨달음의 세계, 불성(佛性-중생이 부처가 될 성질)과 진여 (眞如-우주 만물의 본체인 평등하고 차별이

없는 절대적인 진리)의 세계를 의미하는 시적인 표현이다.

충지는 미진(迷津), 즉 극한(極限)의 고통으로 꽉 차 있는 차안(此岸-생사의 고통이 있는 세계. 이 세상.)에서 번뇌의 업장(業障)에 가려 스스로가 부처임을 알지 못하고, 헤매는 중생들에게 방향을 제시하였다.

즉 깨달으면 자기가 곧 부처요, 지금 서 있는 이곳이 바로 불국토(佛國土)라는 사실을 깨우쳐 주고자 했던 것이다.

5. 示人(시인 -세속을 바라보다.)

浮生正似隙中駒 (부생정사극중구) ; 떠도는 삶은 빠른 세월과 같거늘
得喪悲歡何足數 (득상비탄하족수) ; 득실과 슬픔을 헤아려 무엇 하리오.
君看貴賤與賢愚 (군간귀천여현우) ; 보아라, 귀하고 천박한 현우들이여
畢竟同成一丘土 (필경동성일구토) ; 마침내 모두 한 무덤의 흙이 될 것을.

※. 詩語풀이- ①浮生-덧없는 인생. 떠도는 삶. ②駒- 젊은 이. ③得喪- 득실과 같음. 얻고 잃음. ④君看-그대들이여 보아라. ⑤賢愚- 중생들. ⑥畢竟-마침내 끝내는. ⑦一丘-무덤.

※. 鑑賞- 세간(世間-속세)의 인생은 제아무리 아름답고 즐겁다고 해도 한바탕의 꿈이요, 부질없는 것을. 꿈을 깨어 참다운 나를 찾아 고향으로 돌아가 각(覺-도리를 깨달아 아는 일)을 이루어야 한다는 冲止

의 진의가 담겨 있는 경구(警句)다.

沖止(충지)는 근엄한 선사(禪師)이기보다는 자상한 스승이었고, 국사(國師- 한 나라의 스승. 임금의 스승)에 까지 오른 큰 스님이었지만 중생들에게는 따뜻하고 인정이 많은 한 인간이었다. 그의 詩가 그러한 인간적인 면모를 잘 보여주고 있다.

沖止의 선(禪)은 무심무사(無心無事)를 으뜸으로 하였다. 평범한 언어로 禪機(선기- 선의 기틀)를 보이고, 그러면서도 시선일여(詩禪一如)의 경지를 읊었다.

원래 禪은 말이나 문자로 나타낼 수 없는 것이어서 역대의 선사(禪師)들은 각자 기발한 방법으로 그들의 선지(禪旨)를 표현하였었다.

6. 閑中自慶(한중자경)

日日看山看不足 (일일간산간부족); 날마다 보는 산이지만 볼수록 좋고
時時聽水聽無厭 (시시청수청무염); 물소리 늘 듣지만 들을수록 좋다.
自然耳目皆淸快 (자연이목개청쾌); 저절로 눈과 귀 맑게 트이니
聲色中間好養恬 (성색중간호양염); 소리와 빛 가운데 편안함이 있네.

※ 詩語풀이- ①看山-산을 바라보다. ②無厭-싫증나지 않다. ③淸快-맑고 즐겁다. ④恬-편안하다.

※. 鑑賞- 먼 산을 바라보며 계곡에서 흐르는 물소리를 듣는다. 늘 보는 山에서 날마다 듣는 물소리에서 눈은 밝게 보이고, 귀는 더욱 맑아지

니, 삶의 진리를 자연에서 터득했다는 의미다. 즉 자연에 살면서 그 속의 진리를 시화(詩化)시킨 冲止다.

✎ 7. 閑中偶書(한중우서)

飢來喫飯飯尤美 (기래끽반반우미) ; 배고파 밥을 먹으니 밥맛은 더욱 좋고
睡起啜茶茶更甘 (수기철다다경감) ;
        기상해서 차 마시니 그 맛이 더욱 좋더라.
地僻從無人扣戶 (지벽종무인구호) ; 외딴 곳이라서 문 두드리는 사람 없어
庵空喜有佛同龕 (암공희유불동감) ;
        빈 암자에 부처님과 있음이 매우 기쁘도다.

※. 詩語풀이- ①喫飯-밥을 먹음. ②尤美- 더욱 아름답다. 더욱 좋다. ③啜茶-차를 마시다.　④地僻-외딴 곳. 벽지. ⑤扣戶-문을 두드리다. 문을 당기다. ⑥龕-취하다. 이기다.

※. 鑑賞- 밥을 먹고 차를 마시는 일은 속인들에게는 평범한 일이지만 禪人들에게는 그렇지 않은 것 같다. 보고 듣고 먹고 마시는 일과 묻고 답하는 것들이 모두 불성(佛性)에서 벗어나지 않는다고 했다.
  冲止의 마음은 여기에 이르러 모든 일에 禪悅(선열-선정에 느끼는 기쁨)을 만끽하고 있다.

8. 閑居(한거)

百結霞衣五綴盂 (백결하의오철우) ; 온통 누더기 옷 꿰맨 발우(鉢盂)에
平生睡足復何須 (평생수족복하수) ; 평생을 잠은 넉넉하니 뭣을 바랄까.
雨餘深院無人到 (우여심원무인도) ; 비가 갠 뒤 깊은 절에 오는 이 없어
閑倚風欞只自娛 (한의풍령지자오) ; 한가하게 난간에 기대어 홀로 즐기노라.

※. 詩語풀이- ①百結-여러 곳을 깁다. ②綴盂-꿰맨 바리. ③深院-산 속의 절. ④風欞-난간. 처마. ⑤自娛-홀로 즐기다.

※. 解說- 수선사(修禪社)가 있는 조계산의 풍경을 읊은 작품이다. 수선사는 지눌(知訥) 이래 冲止에 이르기까지 조계선(曹溪禪)의 선맥(禪脈)이 이어진 고려 선종(禪宗)의 근본 도량(道場)이다.

빼어난 자연 풍광을 바라보면서 한가한 山 생활을 노래했다. 불교적 소재가 있기는 하나, 은둔자의 산거시(山居詩)로 보아도 무방할 것 같다. 결구(結句)의 '自娛-자오'의 심적(心的)인 태도는 冲止의 일반적인 시풍(詩風)으로 선미(禪味-세속을 떠난 담담한 맛.)를 보여준 것이다.

冲止의 詩에서 빼놓을 수 없는 것은 그의 현실인식과 人情을 읊은 작품에서 따뜻한 인간성을 엿볼 수 있다. 冲止에게는 문개(文愷)라는 세속의 아우가 과거에 급제하여 兄과는 달리 관계(官界)로 나가 평양 태수(太守)로 부임하는 길에 兄이 있는 山寺에서 밤새는 줄 모르고 나눈 정담(情談)을 읊은 詩作이다.

9. 兄- 冲止의 詩

與君相別十三年 (여군상별십삼년) ; 형제가 헤어진 지 십삼 년 동안
洛北江南兩杳然 (낙북강남양묘연) ; 남북으로 갈리어 소식 없더니
那料雞峰風雨夜 (나료계봉풍우야) ; 계족봉(雞足峰)에 비바람 치는
　　　　　　　　　　　　　　이 밤에
白頭今復對床眠 (백두금복대상면) ; 백발로 서로 만나 함께 자다니.

* 아우- 文愷의 和答詩
世亂今年勝去年 (세란금년승거년) ; 세상 일, 해가 갈수록 어지러운데
四方何處不騷然 (사방하처불소연) ; 소란하지 않은 곳이 없더라.
陟岡謾自勞相望 (척강만자노상망) ; 언덕에 올라 부질없이 바라보지만
蓋被無因得共眠 (개피무인득공면) ; 한 이불 함께 덮고 잔 일 아득하
　　　　　　　　　　　　　　구나.

※. 鑑賞- 출가(出家)한 冲止로서는 혈육을 승방(僧房)에 불러들이는 일이 쉽지 않았으리라. 그러나 이런 경지를 뛰어넘은 승려신분인 冲止의 인간미를 엿볼 수 있는 일이다. 세속을 떠난 그로서 아우를 생각하고 그리워하는 정이 그토록 간절한 것을.

　以上에서 冲止의 시인적인 면모와 시적 경향을 살펴보았다. 그는 선시인적(禪詩人的)인 탁월한 詩的 기교를 지닌 고승(高僧)이었다.

　그는 1292년(고려 25대 충렬왕 17년) 67세가 되던 정월에 冲止는 목욕재계(沐浴齋戒)하고 옷을 갈아입은 뒤 문인(門人)들에게 "生死가 있

는 일은 인간의 일이다. 나는 가노니 너희들은 잘 있거라." 하면서 다음의 詩를 남기고 세상을 떠나갔다.

✎ 10. 臨終偈(임종게)

閱過行年六十七 (열과행년육십칠) ; 돌아 본 세상살이 육십칠 년
乃到今朝萬事畢 (내도금조만사필) ; 오늘 아침에는 모든 일을 마쳤네.
故鄕歸路坦然平 (고향귀로탄연평) ; 고향으로 가는 길 평탄 하여
路頭分明未曾失 (노두분명미증실) ; 길 또한 분명하니 헤매지 않으리라.
手中纔有一枝筇 (수중재유일지공) ; 더구나 손에는 지팡이도 있으니
且喜途中脚不倦 (차희도중각불권) ; 도중에 다리 편해 또한 기쁘도다.

※. 詩語풀이- ①閱-돌아보다. ②過行-걸어 온 길. 살아 온 길. ③乃到-여기에 이르러. ④未曾失- 잃지 않다. 헤매지 않으리. ⑤纔-비로소. 더구나. ⑥筇-지팡이. ⑦且- 또한. 잠깐. ⑧倦-편하다. 쉬다.

※. 鑑賞- 冲止는 '생의 마침'을 고향으로 돌아가는 것으로 표현하였다. 그는 여러 詩作에서 인간 본연의 세계, 곧 眞如(진여)의 세계를 '고향'으로 나타냈다.

그는 生死一如의 선적(禪的)인 경지에서 '죽음'이 별다른 의미가 없는 것은 어쩌면 당연한 순리였기에 기쁜 마음으로 받아 들였던 것이다. '죽음'을 美化시켜 고향으로 간다는 그의 시적 표현에 숙연해지면서도 매우 아름답다.

3. 白雲 景閑(백운 경한) 편

景閑은 1298년(25대 충렬왕 24년) 지금의 전라북도 정읍시 고부에서 태어났다. 號는 백운(白雲), 이름은 경한이었다. 대략 50세까지의 행상(行狀)이나 사적(事蹟)은 증빙(證憑)할만한 자료가 없어 고증이 어렵기에, 50세 이후를 살펴본다.

(※경한의 生涯에 대하여는 「백운화상어록」의 李穡(이색)과 李玖(이구)의 序에 간략하게 서술되었다.)

1351년 53세의 경한은 元나라의 호주 하무산(湖州 霞霧山)에 있는 석성청공(石星淸珙)을 방문하여 문답(問答)을 나누었다. 그 후 귀국하여 1353년(31대 공민왕 2년)에 단좌사념(端坐思念) 끝에 크게 깨달았다고 한다.

1365년 67세 때 나옹화상이 머물던 해주 신광사(海州 神光寺)로 들어갔으며, 이듬해는 정양암(正陽庵)에 1369년에는 김포의 망산(望山)에 은거하면서 「指空讚지공찬」을 지었다. 1375년(32대 우왕-禑王 원년) 77세 때 후학들을 모아 놓고 최후를 말한 후에 臨終偈(임종게)를 남기고 천녕(川寧)의 鷲嵒寺(취엽사)에서 입적(入寂)하였다.

景閑의 저서로는 프랑스 파리에서 발견된 세계 최고(最古)의 금속활자(金屬活字-1377년 간행)로 알려졌던 「佛祖 直指心體 要節-불조 직지심체 요절」 하권과 어록인 「白雲和尙語錄-백운화상어록」이 전하고 있다.

경한은 평생을 선사(禪師)로만 유유자적하였으며, 고려 말기의 삼화상(三和尙)으로도 숭앙 받고 있으며, 한 때 공민왕의 부름을 받았지만 칭병(稱病)을 구실로 나가지 않았다. 같은 시기의 普愚(보우)나 懶翁(나옹)이 국사(國師)나 왕사(王師)가 되어 왕후장상(王侯將相)을 상대로 설법(說法)을 했던 것과는 매우 대조적인 경한의 성향(性向)을 말해주고 있다.

경한의 禪사상과 선풍(禪風)의 특징을 셋으로 분류해보면 무념무심(無念無心)의 수행을 강조하고, 진경(眞境-참다운 경지)을 조사선(祖師禪)으로 정리하는 점, 그리고 선교(禪敎)의 통일을 내세웠던 점, 등을 말할 수 있으며, 그는 보우와도 가까웠으나, 元나라의 석성(石星)의 적사(嫡嗣-적출의 嗣子)로 불러지고 있다.

경한은 禪의 진경을 "조사선"으로 정리한다. 이심전심의 달마적 선법(達磨的 禪法)을 그 바탕으로 하는 祖師禪을 선의 중심 전통이라 파악하였으며, 性이 현실을 떠나지 않고 엄존하는 것이라 하여, 색. 성. 언어(色. 聲. 言語)와 밀착된 상태에서 진경에 이름을 말하고 있다.

그리하여 불이색(不離色). 불리성(不離聲). 불리언어(不離言語)에 바탕을 둔 선기(禪機)의 작용으로서 자연에 계합(契合)하는 오득경(悟得境)이 바로 祖師禪의 경지라는 것이다. 이것들을 문학의 자연성을 통해 선시(禪詩)의 가능성을 시사(示唆)하면서 선시를 조사선의 바탕위에서 지어나갔다. 즉 불교의 묘리(妙理)는 자연 그대로 만물 속에 완연히 드러나 있다고 본 것이다.

그의 많은 자연시와 산거시(山居詩)들은 단순히 자연만을 노래한 것이 아니라, 비록 불교적 어휘(語彙)나 표현이 없다하더라도 그 정신적 바탕에는 祖師禪의 심오(深奧)한 의미가 기층(基層)을 이루고 있다.

(※. 祖師- 한 宗派를 세워서 그 宗旨를 열어 주장한 사람의 존칭. - 즉 선종의 달마대사를 지칭.)

1. 出州廻山(출주회산)   ※ 출전; 白雲和尙語錄(백운화상어록)

去時一溪流水送 (거시일계유수송) ; 떠날 때 시냇물 흘러 전송하더니
來時滿谷白雲迎 (내시만곡백운영) ; 돌아올 땐 흰 구름 가득 맞이해준다.
一身去來本無意 (일신거래본무의) ; 이 한 몸 오고감에 본 뜻 없으니
二物無情却有情 (이물무정각유정) ; 무정한 물과 구름 다정도 하다.
流水出山無戀志 (유수출산무연지) ;
            흐르는 물은 산을 나와도 그리운 뜻이 없고
白雲歸洞亦無心 (백운귀동역무심) ;
            흰 구름 산골로 다시 가지만 무심하구나.
一身去來如雲水 (일신거래여운수) ; 이 한 몸 가고 옴에 운수(雲水)같아서
身是重行眼是初 (신시중행안시초) ;
            몸은 거듭 다니지만 눈에는 처음이어라.

※. 鑑賞- 경한은 이러한 무심무아(無心無我)의 경지를 白雲과 운수(雲水) 같은 자연소재를 통하여 詩化하고 있다. 경한이 元나라에서 호주(湖州)로 나왔다가 다시 산으로 돌아가면서 읊은 작품으로 한 폭의 산수화(山水畵)를 연상시키는 아름다운 詩다.

시냇물과 구름이 묘한 대조를 이루면서 의인화(擬人化)되어 詩 속의 화자(話者)와 일체가 되어 있다. 생사거래(生死去來)가 본래 텅 빈 것이 인생이라면 흘러가는 시냇물이나 떠가는 구름과 다를 바가 없다.

이 詩에서의 白雲은 自性(자성-'自性本佛'의 준말)의 空이요, 無心의 경지다. 경한의 號인 白雲을 무심의 표상(表象)으로 표현하는데서 위의 시는 그 의미가 더욱 깊다.

2. 居山 (거산 -산 속에서의 삶) * 출전-백운화상어록

孤山山下好養身 (고산산하호양신) ; 고산 아래 살기 좋은 곳
米賤柴多足四隣 (미천시다족사린) ; 쌀 흔하고 땔감도 많고 이웃도 많아
無心野老機關少 (무심야노기관소) ; 무심한 늙은 이 욕심이 적어
家火從他乞與人 (가화종타걸여인) ; 집 불내어 남에게 다 내준다.

※. 詩語풀이- ①孤山-외따로 있는 산. ②柴-산야에 있는 왜소한 잡목 ③四隣-사방의 이웃. ④野老-백성. 늙은 이. ⑤與人-남에게 베풀다.

3. 無心 (무심 - 마음을 텅 비움.) * 출전- 백운화상어록

飢食困來眠 (기식곤래면) ; 배고프면 먹고 피곤하면 잠자고
無心萬景閑 (무심만경한) ; 무심하니 온갖 경계 한가로워라.
但依本分事 (단의본분사) ; 오로지 본분에 의지하다 보면
隨處守現成 (수처수현성) ; 어디서나 있는 그대로 지키며 사네.

※. 詩語풀이- ①本分事-본래의 일. '내가 부처라는 본래의 입장' ② 現成-지금 현재이래로 완벽하다

※. 鑑賞- 白雲의 무심의 경계가 잘 드러나 있다. '居山'의 시는 세속에 묻혀 살면서도 처염상정(處染常淨- 어느 곳에 살든 오염되지 않고 언제나 정결하다.)하는 자세로 무심의 수행을 간단(間斷)없이 행하는 그의 삶의 자세를 잘 보여주고 있다. 그러나 그는 청정한 마음으로 살면서 널리 범부(凡夫)들과도 어울리면서 이타행(利他行)을 하고 있다.

'無心'의 작품은 일체의 집착을 떠난 白雲의 정신과 생활의 상태를 말하고 있으며, 지공화상(指空和尙)에게 드리는 詩다. 無心의 상태란 단순하게 아무런 생각도 하지 않는다는 것이 아니라, 일체의 번뇌(煩惱)와 망상(妄想)을 끊어 모든 것이 원만하게 이루어진 상태다. 그러기에 무심한 생활 그 자체라도 본분을 지킬 수 있는 것이다.

景閑은 이 근본을 통달하고자 하면 오직 본래의 마음을 깨쳐야 한다고 했으니, 본래의 '마음'이란 원래 일체의 세간(世間)과 출세간의 모든 법의 근본이다. 즉 마음을 떠나서는 부처도 없고 법도 없다. 마음이 곧 부처요 마음이 곧 법이니, 부처와 법은 둘이 아니요 僧寶(*.三寶- 佛寶. 法寶. 僧寶.) 또한 그러하다. 주객미분(主客未分), 물아일체(物我一體), 진속불이(眞俗不二)의 불교적 오의(奧義)를 마음을 통하여 설명하였다. 白雲의 선시는 자연과의 관계에서 흔히 선적 깨달음의 반영으로 나타난다.

4. 黃花 (황화 –가을 국화)   * 출전– 백운화상어록

黃花翠竹非他物 (황화취죽비타물) ; 국화꽃 푸른 대 남의 것 아니요.
明月淸風不是塵 (명월청풍불시진) ; 밝은 달 맑은 바람 티끌이 아니라네.
頭頭塵是吾家物 (두두진시오가물) ; 세상만물 모든 것 다 내 것이니
信手拈來用得親 (신수염래용득친) ; 손닿는 대로 가져다 마음껏 쓴다네.

※. 詩語풀이– ①翠竹–푸른 대나무. 靑竹. ②塵–티끌. 속세. ③吾家 –내 집. 나. ④信手–손에 잡히는대로. ⑤拈–집어 들다. ⑥得親–가까이서 얻다.

※. 鑑賞– 연작시 '居山'중의 하나이며, 承句의 '塵진'은 주체에 대한 객체, 즉 일체의 대상을 말한다. 그러므로 '黃花翠竹(황화취죽)이나 明月淸風(명월청풍)'이 이미 대상이 아니라는 의미로 主客一如(주객일여)의 경지의 詩的 표현이다.
 '頭頭物物(두두물물)'이 나와 내 것이 아닌 것이 없는 상태에서 마음대로 가져다 쓴 들 어떻겠느냐는 표현은 이미 우주와 일체가 되어 있는 景閑의 무심경을 나타낸 것이다.

5. 呈似 指空 (정사 지공)   * 출전– 백운화상어록

吾心似秋月 (오심사추월) ; 내 마음 가을 하늘 달과 같아서
任運照無方 (임운조무방) ; 온 세상 차별 없이 모두 비추네.
萬相影現中 (만상영현중) ; 삼라만상 제 그림자 절로 나타나

交光獨露成 (교광독로성) ; 눈부신 광명이 온통 드러나네.

※. 鑑賞 - 景閑(경한)의 무심경(無心境)을 달을 통해 표현하고 있다. 달로 비유된 그의 마음은 이미 달처럼 차별 없이 세상 만물에 통해 있고, 어느 것에도 얽매임이 없다. 無心으로 수행하는 景閑에게는 달빛을 한 편의 아담한 詩 속에 용해시키고 있으며, 불교적 용어를 전혀 사용하지 않았는데도 無心의 경지가 그대로 드러나 있는 詩다.

경한은 인도에서 온 선승 지공화상(指空和尙)의 제자였음으로 자신의 경지를 詩의 형식을 빌려 指空에게 내보이고 있다.

6. 春風

釋迦不出世 (석가불출세) ; 석가여래가 세상에 나오지 않고
達磨不西來 (달마불서래) ; 달마대사가 서쪽에서 오지 않았어도
佛法遍天下 (불법편천하) ; 불법은 천지에 두루 퍼져서
春風花滿開 (춘풍화만개) ; 봄바람에 꽃들은 활짝 피고 있네.

※. 鑑賞 - 석가가 세상에 태어나 佛法(불법)을 전하고, 달마가 인도에서 와 禪을 전하기 전에도 봄이 되면 자연스레 꽃이 피었듯이 佛法은 이미 세상에 존재했다는 뜻이다. 여기서의 꽃은 불법의 상징한다. 깨달음을 체험한다는 것은 관념과 구속에서 벗어나서, 그리하여 깨달음 그 자체마저도 홀가분하게 벗어나 버리자는 것이다.

✎ **7. 江山麗(강산려 - 아름다운 강산)**

白日江山麗 (백일강산려) ; 밝은 날 강산은 아름다운데
靑春花草榮 (청춘화초영) ; 푸른 봄 화초들은 무성하게 피었네.
何須重話會 (하수중화회) ; 무엇하러 입을 모아 말을 할 거냐
萬物本圓成 (만물본원성) ; 만물들은 본래대로 이루어지는 것을.

※. 鑑賞 – 景閑은 꽃이 피고 새 우는 모든 자연의 현상이 깨달음을 이루는 해탈의 문이라서 자연을 통해 그곳으로 다시 돌아간다고 말한 것이다. 산과 물과 花草들은 모두 자연의 빛과 소리와 형상들로 일반인들에게는 자연의 경관에 지나지 않는다. 그러나 진리를 깨달은 사람들에게는 모두가 진여(眞如)의 모습으로 법음(法音)을 알리는 존재가 된다.

✎ **8. 吾無隱(오무은 – 나는 숨기는 것이 없다.)**

以我爲隱乎 (이아위은호) ; 나에게 숨긴다고 하는가.
吾無隱乎爾 (오무은호이) ; 나는 숨김이 없다네.
若人欲識西來意 (약인욕식서래의) ; 누가 서쪽에서 온 뜻을 알고 싶은가.
颯颯松風長擧示 (삽삽송풍장거시) ; 솔솔 부는 솔바람이 모두를 알려주네.

石女忽生兒 (석녀홀생아) ; 석녀가 홀연히 아기를 낳으니
木人暗點頭 (목인암점두) ; 목인이 가만히 고개를 끄덕이네.
崑崙騎鐵馬 (곤륜기철마) ; 곤륜산이 철마를 타니
舜若著金鞭 (순약저금편) ; 허공이 금채찍을 친다.

※. 鑑賞- 위의 詩에서는 祖師西來意(조사 서래의), 즉 불법의 진정한 뜻은 솔솔 불어오는 솔바람이 모두를 알려주고 있다는 것이다. 조사선(祖師禪)의 진경(眞境)이 자연의 성색(聲色)에 부합되어 나타남을 詩的으로 표현하였다.

'石女忽生兒'의 行에서는 논리에 이해를 불가능하게 한다. 거의 의미가 통하지 않는 현실적으로 불가능한 사실들을 얘기하고 있다. 이것이 禪의 역설이고 비약이다. 언어로 표현할 수 없는 것이 禪(선)이기에 이러한 극단적인 역설이 불가피하고, 근원적인 의문을 제기하고 굳어져버린 일상적인 사고를 근본적으로 부정하는 데서 이러한 모순된 표현이 불가피하다. 즉 부정(否定)의 극단은 긍정이며, 극과 극은 끝내는 통하게 된다.

白雲은 당시 국사(國師)나 왕사(王師)를 지낸 普愚나 惠勤(혜근)과 함께 고려말기의 우뚝 솟은 고승으로 추앙받았지만, 그는 일생을 山野의 선인(禪人)으로만 일관하였다. 白雲은 당시 스승이었던 指空和尙에게 올리는 많은 詩를 남겼거니와, 「寄 懶翁和尙 入金剛山-기 나옹화상 입금강산」이란 시를 통하여, 그리고 「寄 太古和尙 書-기 태고화상 서」란 글을 통하여 혜근과 보우와도 글을 나누면서 가까이 지냈다한다.

白雲은 청산에 숨어 살면서 수도와 선도(禪道)의 앙양(昂揚)에만 전력하였다. 왕이 사신을 보내어 그를 불렀는데도 가지 않고, 글을 올려 이를 사양하면서 다음의 詩를 전하였다고 한다.

✎ 9. 病木臥(병목와 – 병든 나무는 늘 누웠거늘)

摧殘病木臥多時 (최잔병목와다시) ; 쇠잔하여 병든 나무는 늘 누웠거늘
不被風吹霜雪欺 (불피풍취상설기) ; 부는 바람 눈서리 놀림을 받지 않네.
樵子見之猶不採 (초자견지유불채) ; 나무꾼 아이가 보고도 베지를 않는데
聖朝何以苦招之 (성조하이고초지) ; 성조께서 어찌하여 간절히 부르실까.

※. 詩語풀이- ①摧殘- 늙어서 힘이 없다. ②樵子-나무꾼. ③聖朝-어진 임금이 다스리는 조정.

※. 鑑賞- 자신을 병든 나무에 비유하면서 왕의 부름을 사양하였다. 탈속(脫俗)의 의지를 보인 비유를 통한 詩的 기법(技法)이 매우 훌륭하다. 또 다시 王이 신광사(神光寺)의 주지(住持)로 임명하였는데도 다시 詩를 지어 올리면서 사양했다고 한다.

✎10. 悼亡人(도 망인- 죽은 사람을 애도)

漚生漚滅一何速 (구생구멸일하속) ; 물거품 일었다가 사라지듯 가시다니
法燈已滅法梁傾 (법등이멸법량경) ; 법등은 꺼지고 대들보는 기울었네.
因思扣請當年事 (인사구청당년사) ; 지난날을 생각하니
哭不成兮笑不成 (곡불성혜소불성) ; 울 수도 없고 웃을 수도 없네.

※. 詩語풀이-. ①漚-거품. 선명한 모양. ②法燈-세상의 어둠을 밝히는 등불. 부처님 앞에 올리는 등불. ③法梁-법당의 대들보. ④扣請-

머리 숙여 간청하다.

※. 鑑賞 - 존경하는 스승이나 사랑하는 사람이 이승을 떠나갔다. 울 수도 없고 웃을 수도 없다고 했다. 울자니 당연한 이치이고, 웃자니 경건한 죽음의 앞이라서. 결국은 남의 일이 아닌 것이지만, 그러나 모두가 부질없는 허무한 일이다.

죽음! 이것은 불가사의(不可思議) 한 수수께끼로 우리들 앞에 영원히 의연하게 버티고 있을 것이다.

✎ 11. 臨終偈(임종게)

人生七十歲 (인생칠십세) ; 인생살이 칠십 년은
古來亦希有 (고래역희유) ; 예부터 드문 나이라.
七十七年來 (칠십칠년래) ; 칠십 칠년 그 전에 태어났다가
七十七年去 (칠십칠년거) ; 일흔 일곱 후에 떠나가네.
處處皆歸路 (처처개귀로) ; 여기 저기 모두가 돌아가는 길
頭頭是故鄕 (두두시고향) ; 곳곳이 모두가 옛 고향
何須理舟楫 (하수이주집) ; 그 어찌 배와 노를 마련하리.
特地欲歸鄕 (특지욕귀향) ; 나는 나대로 고향으로 갈 뿐
我身本不有 (아신본불유) ; 이 몸은 본래부터 있지 않았고
心亦無所住 (심역무소주) ; 마음 또한 머물 곳이 본래 없었다.
作灰散四方 (작회산사방) ; 재로 만들어 사방에 흩어버리고
勿占檀那地 (물점단나지) ; 어딘들 조금이라도 차지하지 말라.

※. 鑑賞- 세속에서 몸을 버리고 진여(眞如)의 세계에 돌아감을 귀향(歸鄕)으로 읊었다. 어디인들 고향 아닌 곳이 없기에 곳곳이 모두 귀향 길이란, 열반(涅槃)의 경지에서 본 높은 안목으로 깨달음을 이룬 도인(道人)만이 가질 수 있는 고결한 자세다.

즉 낳음이 없는데, 죽음이 있을 리 없다는 의미다. 사후(死後) 육신을 "재(灰)로 만들어 어디라도 버려 세상의 땅을 조금이라도 차지하지 말라."는 말은 철저하게 空(공)을 체득(體得)한 초연(超然)한 자세라 할 수 있다.

※.경한은 속세의 마지막이 다가옴을 알고 입적(入寂)하기 직전에 위와 같은 「臨終偈」를 남겨 그의 일생을 詩로 마감하였다. 천녕(川寧)의 취엽사(鷲嵒寺)에서 두세 명의 학인(學人)들이 지켜보는 가운데 "옛 사람들은 말하기를 '항상 일체가 공(空)임을 알아서 한 가지 법도 마음에 걸리지 않으면 그것이 모두 부처의 마음 쓰는 곳이다.'라고 하였다. 너희들은 내가 가는 것을 너무 슬퍼하지 말라."면서 77세의 생을 마쳤다고 한다.

4. 太古國師 普愚(태고국사 보우) 편

보우는 1301년(고려 충렬왕 27년) 충남 홍주(지금의 홍성)에서 태어났다. 보우는 그의 휘(諱)였고 처음 이름은 보허(普虛)였으며, 호는 太古, 속성(俗姓)은 洪(홍)씨이다. 보우는 어려서부터 뛰어나게 총명하고 기골이 준수하여 관상을 보는 사람들이 후에 법왕아(法王兒)가 되리라 예언하였다고 한다.

13세 때 회암사(檜巖寺)의 광지선사(廣智禪師)에게 머리를 깎고 중이 되었다. 그리하여 법계(法系-법의 계통)로는 가지산파(迦智山派)에 속한다. 그 후 여러 사찰을 역방(歷訪-여러 곳을 들러서 방문함)하다가 19세 때 "만법귀일 (萬法歸一-천 칠백 가지 공안(公案) 가운데의 한 가지. 모든 것이 필경에는 한군데로 돌아간다는 뜻.)"의 화두(話頭)를 참구(參究-참선하여 진리를 연구함) 하였고, 이어 가지산파 총림선(叢林選) 제 2좌에 올랐는데, 그의 우렁찬 말소리와 장대한 기골 때문에 사람들이 상당히 꺼렸다고 하며, 그 후 보우는 가지산을 떠나 소요자재 하였다.

33세 때 성서(城西)의 감로사(甘露寺)에서 결심하고 단좌(端坐)한 지 7일 만에 깨친 바 있었다고 한다. 그 후 37세 때 불각사(佛脚寺)에서 「원각경 – 圓覺經」을 읽다가 모든 지혜가 없어짐을 경험하였고, 이어 조주(趙州)의 '無'자 화두를 들고 정진하였다. 38세 때 '無'자에 오매불망 정진하다가 크게 깨달아 오도송(悟道頌)을 얻었다.

그 후 보우는 운수(雲水-雲水僧의 준말)를 따라 노닐며 선시를 썼다. 중국으로 건너가 석옥화상(石屋和尙)을 만나려했으나, 다른 사정으로 삼각산 중흥사(重興寺)에서 선원을 개설하였으며, 그 동쪽에 태고암(太古庵)을 짓고 그곳에서 5년을 머무르면서 「太古庵歌 - 태고암가」를 지었다.

1. 太古庵歌 (태고암가)　＊출전; 태고화상어록(太古和尙語錄)
＊1~15행 -
吾住此庵吾莫識 (오주차암오막식) - 내가 사는 이 암자 나도 모르나니
深深密密無壅塞 (심심밀밀무옹새) - 깊고 깊어 치밀하나 비좁지는 않다네.
函蓋乾坤沒向背 (함개건곤몰향배) - 하늘과 땅을 싸고는 있으나 앞뒤가 없어
不住東西與南北 (부주동서여남북) - 사방 어디에도 머물지 않네.
珠樓玉殿未爲對 (주루옥전미위대) - 고대광실 높은 집도 비길 바 아니고
少室風規亦不式 (소실풍규역불식) - 소림의 가풍도 따르지 않네.
爍破八萬四千門 (삭파팔만사천문) - 팔만 사천 법문을 태워서 부수니
那邊雲外靑山碧 (나변운외청산벽) - 저쪽의 구름 밖에는 청산이 푸르네.
山上白雲白又白 (산상백운백우백) - 산위의 흰 구름 희기도 흰데
山中流水滴又滴 (산중유수적우적) - 산속을 흐르는 물 흐르고 흘러
誰人解看白雲容 (수인해간백운용) - 그 누가 흰 구름을 볼 줄 아는가.
晴雨有時如電擊 (청우유시여전격) - 개었다 비가 오다 번개 치는 듯
誰人解聽此泉聲 (수인해청차천성) - 그 누구 물소리를 들을 줄 아는가.
千回萬轉流不息 (천회만전유불식) - 천 굽이 만 굽이 굽이쳐 흐르나니
念未生時早是訛 (염미생시조시와) - 생각이 나기 전에 이미 어긋나고
＊16~30행 -

更擬開口成狼藉 (갱의개구성랑자) -
　　　　　　　　다시 입을 열다가는 어지럽기만 하리라.
經霜經雨幾春秋 (경상경우기춘추) - 가을 서리 봄비에 몇 해나 지났을까.
有甚閑事知今日 (유심한사지금일) -
　　　　　　　　모든 것들이 부질없음을 오늘에야 알았다네.
麤也飱細也飱 (추야손세야손) - 맛이 있든 없든 음식이려니
任爾人人取次喫 (임이인인취차끽) - 누구든 식성대로 취하려무나.
雲門糊餠趙州茶 (운문호병조주차) -
　　　　　　　　'운문스님의 떡'과 '조주스님의 차'라 해도
何似庵中無味食 (하사암중무미식) -
　　　　　　　　이곳 암자의 맛없는 음식과 어이 비기리.
本來如此舊家風 (본래여차구가풍) - 본래 이와 같은 오랜 가풍을
誰敢與君論奇特 (수감여군논기특) - 누가 감히 기특하다 하겠는가.
一毫端上太古庵 (일호단상태고암) - 한 털끝만큼 위의 태고암이여
寬非寬兮搾非搾 (관비관혜착비착) - 넓어도 넓지 않고 좁아도 좁지 않네.
重重刹土箇中藏 (중중찰토개중장) - 수없는 세계가 이 안에 있고
過量機路衝天直 (과량기로충천직) - 넓고도 큰 길이 하늘을 뚫고 뻗어 있네.
三世如來都不會 (삼세여래도불회) - 삼세의 여래들도 알지 못하고
歷代祖師出不得 (역대조사도부득) - 역대 조사들도 나올 수 없네.
* 31~45행 -
愚愚訥訥主人公 (우우눌눌주인공) - 어리석고 말더듬이 주인공들이여
倒行逆施無軌則 (도행역시무궤칙) - 행위들이 법도가 전혀 없네.

着卻靑州破布衫 (착각청주파포삼) – 다 해진 '청주의 배적삼' 입고
藤蘿影裏倚絕壁 (등라영리의절벽) – 칡넝쿨 그늘 속 절벽에 기대었네.
眠前無法亦無人 (면전무법역무인) – 눈앞에는 경계도 사람도 없고
旦暮空對靑山色 (단모공대청산색) – 아침저녁 푸른 산 빛만 마주본다.
兀然無事歌此曲 (올연무사가차곡) – 홀로 앉아 하릴 없이 노래만 부르는데
西來音韻愈端的 (서래음운유단적) – '서래의 가락'은 더욱 밝아져가네.
徧界有誰同唱和 (편계유수동창화) – 세상에서 누가 내 노래에 화답하리.
靈山少室謾相拍 (영산소실만상박) – 신령(부처)과 달마는 손뼉만 치고 있네.
誰將太古沒絃琴 (수장태고몰현금) –
　　　　누가 태고 적 줄도 없는 거문고를 켜면
應此今時無孔笛 (응차금시무공적) –
　　　　지금 구멍 없는 이 피리로 바로 응답하리라.
君不見 (군불견) – 그대여 보지 않았는가.
太古庵中太古事 (태고암중태고사) – 태고암의 옛날 일을
只這如今明歷歷 (지저여금명역력) – 지금도 이곳의 밝고도 밝음이
＊46～60행 –
百千三昧在其中 (백천삼매재기중) – 모든 삼매경은 이 가운데 있어
利物應綠常寂寂 (이물응록상적적) –
　　　　인연 따라 이익을 주나 항상 적적하다네.
此庵非但老僧居 (차암비단노승거) –
　　　　이 암자에는 비단 나만 있는 것이 아니라.
塵沙佛祖同風格 (진사불조동풍격) – 수많은 불조들도 함께 머문다네.

決定說君莫疑 (결정설군막의) -
　　　　　　확실하게 그대에게 말을 하니 의심하지 말라.
智亦難知識莫測 (지역난지식막측) -
　　　　　　지혜로도 모르고 생각으로도 헤아리지 못한다네.
回光返照尙茫茫 (회광반조상망망) - 빛을 돌려 비춰도 아득하고
直下承當猶滯跡 (직하승당유체적) -
　　　　　　당장에 안다 해도 흔적은 남는 것을.
進問如何還大錯 (진문여하환대착) -
　　　　　　무어냐고 다시 물으면 더욱 잘못되고
如如不動如頑石 (여여부동여완석) -
　　　　　　불변하고 꿈적도 않는 것이 돌덩이 같다네.
放下着莫妄想 (방하착막망상) - 헛되지 않게 놓아 버려라.
卽是如來大圓覺 (즉시여래대원각) - 이는 곧 부처의 큰 깨달음이니.
歷劫下僧出門戶 (역겁하승출문호) - 오랜 옛적에 이 문을 나왔으나
暫時落泊今時路 (잠시낙박금시로) -
　　　　　　지금은 잠깐 이 길에 머물고 있단다.
此庵本非太古名 (차암본비태고명) - 이곳 암자 이름은 太古가 아닌데
*61~75행-
乃因今日云太古 (내인금일운태고) - 지금은 太古라고 부르네.
一中一切多中一 (일중일체다중일) -
　　　　　　'하나 가운데 일체'가 '일체 속에 하나'가 있는 것을
一不得中常了了 (일부득중상요요) -
　　　　　　그 하나를 초월하여 항상 분명하다네.

能其方亦其圓 (능기방역기원) - 모(方)도 나고 둥글기도 하는 것을
隨流轉處悉幽玄 (수류전처실유현) - 유전하는 곳마다 모두 그윽하니
君若問我山中境 (군약문아산중경) -
        자네가 나에게 산중의 경계를 물으면
松風蕭瑟月滿天 (송풍소슬월만천) -
        '솔바람 불어오고 달은 하늘에 가득하다.'고 말하리다.
道不修禪不參 (도불수선불참) - 道도 닦지 않고 참선도 하지 않으니
水沈燒盡爐無煙 (수침소진로무연) - 향은 소진하여 연기도 없네.
但伊騰騰恁麼過 (단이등등임마과) - 다만 이런 식으로 살아갈 뿐
何用區區求其然 (하용구구구기연) -
        어찌 억지 부려 이렇게 되길 바라겠는가.
徹骨淸兮徹骨貧 (철골청혜철골빈) -
        뼛속까지 맑고, 뼛속까지 가난함이여
活計自有威音前 (활계자유위음전) -
        생계가 자유롭기 천지창조 이전이라고
閑來浩唱太古歌 (한래호창태고가) -
        한가하게 태고가(太古歌)를 크게 부르며
倒騎鐵牛遊人天 (도기철우유인천) -
        무쇠 소를 거꾸로 타면서 인천(人天)에서 노닌다.

* 76~끝행-

兒童觸目盡伎倆 (아동촉목진기량) -
        애들의 눈에는 모든 것이 요술놀이라.

曳轉不得徒勞眼皮穿 (예전부득도로안피천) -
　　　　　끌고 가지는 못하고 바라다만 볼 뿐
菴中醜拙只如許 (암중추졸지여허) -
　　　　　이곳 암자의 누추하고 졸렬함이 이 같으니
可知何必更重宣 (가지하필갱중선) - 거듭 더 말할 필요가 없다네.
舞破三臺歸去後 (무파삼대귀거후) -
　　　　　노래와 춤이 끝나고 삼대산으로 돌아간 후
靑山依舊對林泉 (청산의구대임천) -
　　　　　청산은 옛 그대로 숲과 냇물을 마주 하네.

※. 詩語풀이- ①少室-소림사 방장실. 달마가 참선하던 방. ②風規-가풍과 규범. ③爍破- 태워 버리다. ④狼藉-어지럽게 흩어지다. ⑤閑事-부질없는 일. ⑥麤-는 맛이 없고, 細는 맛이 있다는 뜻. ⑦取次-차례차례. ⑧倒行逆施-순리에 따르지 않는다는 뜻. ⑨軌則-법도. ⑩兀然-우뚝 솟은 모양. 홀로. ⑪西來音韻- 禪의 뜻. ⑫三臺-사곡(詞曲)의 이름. 옛날 중국 위나라 수도에 삼대 (동작대-금호대-빙정대-銅雀臺. 金虎대. 氷井대)가 있었다. ＊ 형식-가체(歌體)

✎ 2. 息牧叟 (식목수 - 소먹이 노인)　＊출전- 태고화상어록
去年牧牛坡上坐 (거년목우파상좌) - 지난해 소 먹이며 언덕에 앉았을 때
溪邊芳草雨霏霏 (계변방초우비비) - 개울가 녹음방초 실비가 내렸네.
今年放牛坡上臥 (금년방우파상와) - 올해는 소고삐 놓고 언덕에 누웠는데

綠楊陰下暑氣微 (녹양음하서기미) – 버드나무 그늘 아래는 시원하구나.
牛老不知東西牧 (우로부지동서목) –
　　　　　　　　　소 먹이는 노인은 동서도 분간 못하고
放下繩頭閑唱無生歌一曲 (방하승두한창무생가일곡) –
　　　　　　　　　소 풀어놓고 한가하게 노래 부르네.
回首遠山夕陽紅 (회수원산석양홍) –
　　　　　　　　　고개를 돌리니 먼 산에 저녁노을 붉게 오르고
春盡山中處處落花風 (춘진산중처처낙화풍) –
　　　　　　　　　봄이 가는 산중은 꽃잎 떨어지는 소리.

※. 詩語풀이– ①霏霏– 가늘게 비 내리는 모습. ②繩頭–고삐 줄. ③ 歌一曲–노래 부르네. ④春盡– 봄이 다하는.

※. 鑑賞– 보우 자신이 소먹이 노인이 되어 봄의 아름다운 정경에 취하고 있다. 소(牛)의 의미는 우리의 本性을 뜻한다. 스스로 본성을 깨달아 한가로움과 여유를 찾아 살아가고 있는 태고 보우의 모습이 이 시의 주류를 이루고 있다.

3. 雪梅軒 (설매헌)　　* 출전–태고화상어록

臘雪滿空來 (납설만공래) – 섣달의 눈이 허공에 가득한데
寒梅花正開 (한매화정개) – 찬 매화는 활짝 피었네.
片片片片片片 (편편편편편편) – 흰 눈 조각조각의 눈송이들이

散入梅花眞不辨 (산입매화진불변) - 매화에 섞여 분간할 수 없구나.

※. 詩語풀이- ①臘雪-음력 12월. 섣달에 내리는 눈. ②正開-활짝 피다. ③片片-조각. 눈송이들.   * 형식-고체시(古體詩)

※. 鑑賞- 하얀 눈이 내리는 섣달에 하얀 매화가 어우러져 활짝 피어나고 있다. 매화는 四君子 중에서 으뜸으로 부른다. 보우는 소복소복 내리는 흰 눈을 바라보면서 그 모습이 흰 눈인지 흰 매화인지 분간하기 힘들다고 했다. 하얀 매화가 흰 눈송이가 되어 보우의 가슴 속에서 펄펄 날리고 있는 것 같다.

4. 臨終偈(임종게)   * 출전-태고화상어록

人生命若水泡空 (인생명약수포공) ; 사람의 목숨이란 물거품이라
八十餘年春夢中 (팔십여년춘몽중) ; 팔십여 년이 춘몽으로 지나가네.
臨終如今放皮帒 (임종여금방피대) ;
　　　　　육신(가죽 주머니)을 버리고 돌아가니
一輪紅日下西峯 (일륜홍일하서봉) ; 한 덩이 붉은 해는 서산에 지네.

※.詩語풀이- ①泡空-물거품. ②皮帒-짐승의 가죽으로 만든 주머니. 즉 육신을 말한다. ③春夢-봄날에 꾸는 꿈. 인생의 덧없음을 표현 ④一輪- 한 바퀴. 밝은 달에 비유. 한 덩어리. ⑤紅日- 새벽에 떠오르

는 붉은 빛깔의 태양.　＊형식- 칠언절구.

　※. 鑑賞- 남다르게 도량이 넓었던 선승(禪僧) 보우는 西山에 져가는 붉은 빛으로 물든 해처럼 그렇게 조용하게 입적(入寂)을 맞고 있다. 禪僧다운 임종(臨終)의 자세가 아닌가 한다.

　太古 국사의 詩文集「태고화상어록」은 상하 2권으로 되어 있다. 어록은 시자(侍子) 설서(雪栖)가 편찬한 것을 제자인 고저(古樗)가 엮은 것이다.

　그 내용에는 上卷에 이색(李穡)의 서문이 그리고 정몽주의 발문(跋文)이 있다. 하권(下卷)에는 주로 시찬(詩讚)이 있다. 부록으로는 석옥화상서(石屋和尙書). 개당방(開堂榜). 소문(疏文). 등 문인(門人) 유창(維昌)이 정리한 보우의 행상(行狀). 이색의 비명(碑銘)과 그의 문도(門徒) 들이 소개되어 있다.

　그는 항상 선시(禪詩)와 선가(禪歌)를 즐겼으며, 청수(淸秀)한 선풍(禪風)으로 늘 詩를 통해서 진경(眞境)의 표현이 가능하다고 믿고 가는 곳마다 詩를 노래했다. 특히「 太古庵歌-태고암가 」등 여섯 편의 장편시는 보우의 깨달음의 깊이와 시적(詩的)인 역량을 잘 말해주고 있다.

「太古庵歌」는 그의 스승인 중국의 호주 하무산(霞霧山)의 '石屋淸珙-석옥청공'으로부터 크게 인정을 받은 작품이라고 한다. 작품마다 고유의 제목을 지니고 있는 보우의 작품은 대략 200여 首가 넘는 것으로 추정하며, 보우의 선풍(禪風)은 당시에는 크게 발현되지 못했으나, 조선 중기 청허 휴정(淸虛 休靜)과 그의 문도들에 의해 재발견되어 지금까지

우리나라 불교계의 주류를 이루고 있다. 여말 삼사(麗末三師 -보우. 백운 경한. 나옹혜근) 가운데 태고보우와 나옹혜근의 문도(門徒)가 고려 말 이래 조선 초기의 불교계를 주도하였다.

보우의 門徒로는 幻庵 混脩 (환암 혼수 1320~1392-풍양 조씨로 법명은 '혼수'이고 字는 無作. 법호는 환암이다.) 木庵 粲英(목암 찬영 1328~1390-양주 韓氏로 호는 목암, 자는 古樗이다). 龜谷 覺雲(구곡 각운 1318~1383 -스승은 환암 혼수이고, 제자로는 홍혜국사 중긍(弘慧國師 中亘)이다.) 등으로 이어진다.

✎. **悟道詩 鑑賞(오도시 감상)** - 불교는 철저하게 깨달음의 종교이며, 깨달음이야말로 불교 최고의 가치다. 그러므로 승려나 신도들도 최고의 가치 실현을 위해 피나는 수행을 하고, 진지한 신앙생활을 하려 한다.

禪이란 바로 이 깨달음을 위한 지름길이 되는 방법이다. 특히 禪僧의 경우 이 깨달음을 위하여 말로 다 할 수 없는 고행을 한다. 깨달음이란 무엇을 말하는가? 그것은 나와 宇宙와의 관계에서 존재와 본질을 파악하는 것이다. 나와 우주와 자연이 하나로 통일되는 길, 즉 생사를 초월하고 시공(時空)을 넘어서는 최고의 진리를 터득하는 길이다.

오도시는 선승이 깨달음을 이루었을 때 그 경지를 詩로 나타낸 것이다. 그리하여 悟道詩는 선시(禪詩)의 한 갈래로 선가(禪家)에 전해온다.

33세 때 감로사에서 단좌하여 7일 동안의 용맹정진 끝에 깨달은 바 있어 그때 다음의 오도송(悟道頌)을 얻었다.

5. 一亦不得處 (일역부득처 – 하나도 얻는 것 없는 곳에서)

踏破家中石 (답파가중석) ; 집안의 돌을 밟아 깼다.
回看沒破寂 (회간몰파적) ; 돌아보매 깨진 자취는 흔적도 없고
看者亦己寂 (간자역기적) ; 보고 있는 나 자신 또한 없구나.
了了圓陀陀 (요요원타타) ; 분명하게 드러난 둥그런 그것
玄玄光爍爍 (현현광삭삭) ; 그윽한 그 빛이 밝게 빛난다.
佛祖與山河 (불조여산하) ; 부처와 조사와 산하까지도
無口悉吞卻 (무구실탄각) ; 입도 없으면서 모두를 삼켜버렸네.

※. 詩語풀이 – ①了了-밝게. 분명하게. ②陁陁-'陀'와 같은 字. ③悉吞卻-모두(悉)를 삼켰다(吞). 卻(물리치다. 그치다.)은 '却'의 본 글자다.

※. 解說과 鑑賞 – 오도시는 절대경(絕對境)의 오묘한 경지를 詩로 나타내는 것이기에 일상적인 언어에 의한 표현은 거의 불가능하다. 그래서 극히 상징적인 모습으로 나타난다.

위 詩에서의 '돌石'은 불성을 겹겹이 가두고 있는 마음의 장애물이다. 그 돌을 밟아서 깼다는 의미는 그 장벽을 돌파했다는 뜻으로 본다. 즉 돌을 밟아서 깬 순간에 了了(요요)하게 佛性(불성)을 본 것이다. 그리고 그 순간에 '돌과 나'도 없어졌다고 한다.

보우는 위의 오도송을 얻은 5년 후인 1338년 38세 때 송경 (松京;조

선 때 고려의 서울이던 개경을 일컫던 지명.) 채중암(蔡中庵)의 전단원(栴檀園)에서 오매불망(寤寐不忘) 조주(趙州)의 "無"자 화두를 들고 정진하다가 크게 깨달아 다음의 悟道頌을 얻었다.

6. 趙州古佛老 (조주고불로 – 조주의 옛 조사)
坐斷千聖老 (좌단천성로) ; 앉은 체 천성의 길을 끊더니
吹毛覿面提 (취모적면제) ;
　　　　　　취모의 칼(吹毛劍;지극히 가벼운 칼)을 눈앞에 대도
通身無空竅 (통신무공규) ; 온 몸에 한 개의 구멍도 없네.
狐兎絶潛蹤 (호토절잠종) ; 여우나 토끼 자취도 없는데
翻身獅子露 (번신사자로) ; 몸을 뒤치어 나타난 사자
打破牢關後 (타파뢰관후) ; 굳은 그 관문 때려 부수니
淸風吹太古 (청풍취태고) ; 맑은 바람 태고에 불어오누나.

※.詩語풀이– ①古佛–명사고불(名士古佛)의 준말. 고승(高僧). 조사(祖師)를 일컫는 말. ②覿–눈앞에. ③牢關– 굳은 관문. ④太古–오랜 옛날. 신비를 간직한.

※. 解說과 鑑賞 – 보우는 위의 오도시(悟道詩)에서 조주종심(趙州從諗)의 '無'자 화두를 들고 있다. 보우는 평소에도 '無'자 화두를 즐겨 썼고, 學人들에게도 이를 권했다고 한다.
趙州(조주)가 천성(千聖)의 길을 끊었다는 것은 그가 '無'字 화두를 들

때의 막막함이었다. '一切衆生 悉有佛性(일체중생 실유불성)'은 대승불교의 요체(要諦; 핵심. 중요한 깨달음)다. 吹毛劍(취모검-지극히 가벼운 칼.)은 이성을 말하는 것으로 지눌은 이를 진심의 이명(異名)으로 사용했다.

그러나 이 이성의 칼도 소용이 없다. 百尺竿頭(백척간두)의 순간이다. 아무 것도 없는 단계에서 나타난 사자 한 마리. 깨닫고 보니 일체의 가로 막혔던 장벽들이 무너지고 새로운 천지가 눈앞에 펼쳐진다. 이때 태고에 불어오는 시원한 한 줄기 바람. 이것은 깨달은 뒤의 마음 상태다. 太古는 그의 이름이며, 그가 머물던 庵子도 태고암이다.

5. 王師 懶翁和尙 (왕사 나옹화상) 편

1). 출생과 出家 – 나옹화상 혜근(惠勤 1320~1376년)은 태고 보우. 백운 경한(景閑)과 더불어 고려조 말 3대 화상(和尙; 승려의 경칭.)으로 숭앙 받고 있다. 혜근은 충숙왕 7년에 경남 영덕(또는 경북 寧海 說도 있음.)에서 태어났으며, 속성은 牙氏(아씨)다.

20세(충혜왕 1년 1340년)에 문경 공덕산 묘적암(聞慶 功德山 妙寂庵)의 요연선사(了然禪師)에게 가서 머리를 깎고 불문(佛門)에 출가한 후 양주 회암사(楊州 檜巖寺)에서 정진하여 깨달음을 얻었다.

1347년 元나라에서 10년의 유학생활을 했으며, 보우의 스승인 석옥청공(石屋淸珙)의 도반(道伴)인 평산처림(平山處林)에게 법을 인가받았다. 다시 인도의 승(僧) 지공선현(指空禪賢– 석가모니 부처님의 작은 아버지의 자손으로 당시 고려에서 2년 6개 월 여를 머물렀다고 한다.)에게서 법을 인가 받고 그의 상수제자가 되었다.

1358년에 귀국한 혜근은 불교를 흥성시키고자 했으나, 당시의 신돈(辛旽)과 진각국사 천희가 주도한 화엄종 僧들로 인해 그 뜻을 펴지 못했다. 마침 공민왕 19년 즉 1370년에 指空 스님의 영골이 개경에 오는 것을 계기로 혜근은 王師로 보우는 國師로 책봉되었다. 혜근은 천태종의 신조, 화엄종의 천희, 조계종의 환암(幻庵; 고려말 普覺國師의 號) 등 교계 대표들이 모여 불교계를 일신하고자 했다.

혜근은 당시 동방도량인 송광사 주지로 임명받아 지공이 지정한 홍법(興法)의 땅인 회암사를 중창하였다. 그의 홍법의 뜻은 혜근의 상수제자인 무학 자초에게 계승되고 조선 태조 때 양주 회암사에 지공, 혜근, 자초 셋의 부도와 진영(眞影)이 모셔짐으로써 三和尙으로서의 위상이 제고되었다.

혜근은 나이 56세, 법랍(法臘) 37세로 여주 신륵사(神勒寺)에서 1376년에 입적하였다. 저서로는 「懶翁和尙語錄 ; 나옹화상어록」 1권이 전하며, 시호는 선각(禪覺)이다. 그의 사상은 국내에서 닦은 도굴산(闍崛山) 계통의 조계종, 元나라에서 감화 받은 지공(指空)의 영향, 그리고 평산처림으로 대표되는 임제종(臨濟宗) 등 세 갈래였으나, 指空의 감화가 가장 컸다고 한다.

2). 작품감상 - 혜근이 출가한지 3년 후인 23세 때, 양주의 회암사에서 다음과 같은 오도시를 읊는다.

1. 悟道詩(오도시)
選佛場中坐 (선불장중좌) ; 선불장 가운데 조용히 앉아
惺惺着眼看 (성성착안간) ; 정신 차려 눈뜨고 똑바로 보니
見聞非他物 (견문비타물) ; 보이고 들리는 것들이 다른 것이 아니고
元是舊主人 (원시구주인) ; 원래의 옛 주인은 바로 나일세.

※. 鑑賞 - 젊은 나이에 그는 참된 '나'를 발견하였다. 詩에서 불성(佛性)의 자각을 통하여 일체만유가 바로 '나'이며, 내가 곧 나의 주인이라는 자기 실상을 확인한 것이다.

그러나 그는 이에 만족하지 않고 꾸준한 정진을 계속한다. 지공화상.

평산처림 등을 만나 法 공부를 하는 등 10여년의 타국에서의 수도(修道)를 통하여 그의 오도적(悟道的) 내면세계를 끊임없이 확충해가고 있다. 자기 탁마(琢磨)에 게으르지 않았던 그는 자기 성찰의 시를 쓰면서 자신을 더욱 채찍질한다.

✎ 2. 自讚 (자찬)

"咄 這村僧一無可取 細細看來 行無毛分.

         (돌 저촌승 일무가취 세세간래 행무모분).

面似慈悲 心中最毒 謗佛謗法 過犯漫天.

         (면사자비 심중최독 방불방법 과범만천).

其施汝者 不明福田 供養汝者 墮三惡道.

         (기시여자 불명복전 공양여자 타삼악도).

當胸措手像如人 肚裏元無一點眞. (당흉조수상여인 두리원무일점진).

罵佛謗僧心最毒 至今不得露全身." (매불방승심최독 지금부득노전신).

"아아, 이 촌뜨기 중은 하나도 취할 것 없고 자세히 보면 터럭만한 行함도 없구나. /

얼굴은 자비스러운 듯하나, 마음은 아주 독하고, 부처와 불법을 비방하니, 그 허물이 하늘에 가득하다. /

너에게 보시를 베풀면 복전이라 할 수 없고, 너에게 공양하는 사람 三惡道에 떨어지리라. (※三惡道; 惡人이 죽어서 간다는 세 가지의 괴로운 세계. 즉 지옥도(地獄道). 축생도(畜生道). 아귀도(餓鬼道).) /

가슴에 손을 대매 모양은 사람 같으나, 뱃속에는 한 점의 진실도 없고, /
부처와 중을 꾸짖고 비방하니, 마음이 매우 독하여, 지금껏 온 몸을
드러낼 수 없구나."

※. 鑑賞 – 혜근은 出家時부터 그 동기와 목적을 인간존재의 불완전성
을 극복하고, 삶과 죽음의 한계성을 초극하려는데 두고 있었다. 출가의
동기를 묻는 요연선사에게 "三界를 벗어나 중생을 이롭게 하려한다고
또렷하게 말했다.
(※ 三界 – 중생들이 사는 세 세계. –欲界. 色界. 無色界)
〈* 欲界 – 色欲. 食欲. 財欲 등의 욕망이 강한 有情이 머무는 세계.
* 色界 – 여색의 세계.
* 無色界 – 色身. 육체. 물질의 속박을 벗어나서 心神만이 존재하는 정
신적인 思惟의 세계.〉

3. 氷鏡 (빙경)
全氷是氷水成氷 (전빙시빙수성빙) ; 얼음은 물이니 물 얼어 얼음 되고
古鏡不磨元有光 (고경불마원유광) ; 옛 거울 안 닦아도 본래 지닌 그 빛
風自動兮塵自起 (풍자동혜진자기) ; 스스로 바람 일고 먼지가 끼어도
本來面目露堂堂 (본래면목로당당) ; 본래의 그 모습 당당하여라.

※. 鑑賞 – 불교 용어를 사용하지 않았으면서도 물과 얼음, 그리고 거
울에 비유하여 진아(眞我), 즉 본성의 본래 면목을 시화(詩化)했다. 자

아(自我)인 본성은 원래 있는 그대로 맑고 깨끗한 것이다. 물결이 얼어도 물은 물이며, 먼지와 때가 끼어도 거울의 본성은 변함이 없다.

따라서 번뇌망상(煩惱妄想)이 일시 진여본성(眞如本性)을 가린다 해도 원래의 그 밝은 빛은 변함이 없음을 밝혔다.

4. 深谷 (심곡)　　※. 출전; 나옹화상 歌頌

極遠誰能到那邊 (극원수능도나변) ; 깊고 먼 이곳까지 누가 이르리.
片雲橫掛洞門前 (편운횡괘동문전) ;
　　　　조각구름은 한가롭게 고을의 입구에 걸려 있네.
其中勝境無人識 (기중승경무인식) ;
　　　　이곳의 아름다운 경치 아는 사람 없어
明月淸風弄碧川 (명월청풍농벽천) ; 명월과 청풍이 푸른 물에 놀고 있네.

※. 鑑賞 - 산중에 자리한 전인미답(前人未踏)의 그윽하고 아름다운 경치를 그려낸 작품이다. 작품속의 의미는 번뇌의 구름이 풍광 속에 숨어들어 있는 우리들의 본마음(本性)을 노래했다.

5. 送無學 (송무학)　　※. 出典; 나옹화상 가송

已信囊中別有天 (이신낭중별유천) ;
　　　　배낭 속에 별유천지가 있었음을 이미 믿었으니
東西一任用三玄 (동서일임용삼현) ;
　　　　발길 닿는 대로 다니면서 삼현을 써라.

有人問儞參方意 (유인문이참방의) ; 누가 참방의 뜻을 묻거든
打倒面門更莫言 (타도면문갱막언) ;
　　　　　　　뺨이나 한 번 때려주고는 말없이 떠나가거라.

※. 詩語풀이- ①囊-바랑, 배낭. ②別有天- 別有天地의 뜻이다. ③三玄-임제가 제자를 가르치던 세 가지 교육 방법이다. 즉 체중현(體中玄), 구중현(句中玄), 현중현(玄中玄) ④參方意- 스승을 찾아다니며 도를 묻는 뜻. ⑤面門-얼굴

※. 鑑賞- 조선 왕조를 개국한 태조 이성계의 스승이었던(王師) 무학대사(無學大師)는 나옹의 수제자였다. 나옹이 무학을 공부 길로 보내면서 이 詩를주었다고 한다.

6. 無失 (무실)

離形離相體元空 (이형이상체원공) ; 형상을 떠난 본체, 원래는 空이거니
妙觸頭頭用莫窮 (묘촉두두용막궁) ;
　　　　　　　부딪히는 사물마다 妙用이 그지없네.
了了分明蹤跡絕 (요요분명종적절) ; 뚜렷하고 분명하나 자취 없지만
時時歷歷自相通 (시시역력자상통) ; 언제나 역력하여 절로 서로 통한다.

※. 鑑賞- 이 詩는 본체와 현상이 자취 없는 묘용(妙用)으로 서로 통하여 흔적 없이 나타남을 이론적으로 말했다.

깨달음의 경지가 자연미에 조화되어 아름답게 표출되는 것을 볼 수 있다. 평범한 자연의 경치를 노래하는데 있어서도 禪詩는 깨달음의 바탕을 그 내면에 깔고 있기에 그래서 단순한 영물시(咏物詩)로 볼 수 없는 것이다.

7. 山居詩 (산거시)

我自居山不厭山 (아자거산불염산) ; 山에 산 후 山이 싫지 않나니
柴門茅屋異人間 (시문모옥이인간) ; 사립문 초옥이 속세와 달라
淸風和月簷前拂 (청풍화월첨전불) ; 맑은 바람 달과 함께 처마를 스치나니
磵水穿胸洗膽寒 (간수천흉세담한) ; 시냇물 차갑게 가슴 씻어 흐르네.

深山竟日無人到 (심산경일무인도) ; 깊은 산이라 하루 종일 오는 이 없고
獨坐茅菴萬事休 (독좌모암만사휴) ; 초가에 혼자 앉아 만사를 쉬노니
三尺柴扁推半掩 (삼척시편추반엄) ; 석자쯤 사립문 반쯤 닫고서
困眠飢食任逍遙 (곤면기식임소요) ; 자고 먹고 모든 일 절로 맡겨 두노라.

松窓盡日無盡鬧 (송창진일무진뇨) ; 하루 종일 송창에 시끄럽지 않고
石槽常平野水淸 (석조상평야수청) ; 돌구유에 맑은 냇물 언제나 가득
折脚鐺中滋味足 (절각당중자미족) ;
         다리 부러진 노구솥에 맛있는 것 넉넉하니
豈求名利豈求榮 (기구명리기구영) ; 그 어찌 세상 명리 생각이나 하리.

※. 鑑賞- 3편의 山居詩는 연작시(連作詩)로서 8 首로 이루어져 있

다. 모두 眞如(진여; 사물의 있는 그대로의 모습)의 경지에서의 탈속(脫俗)한 아취(雅趣)를 보이고 있다. 아무도 찾아오는 이 없는 깊은 산속, 맑은 바람과 밝은 달을 벗하면서 초라한 암자에서 조용히 지낸다. 모두를 포기한 무위(無爲)의 생활은 속인(俗人)들의 은둔생활과는 그 유(類)가 다르다.

세 편의 詩는 표면상으로는 불교적 향취(香臭)를 조금도 풍기지 않고 있다. 그러기에 선승(禪僧)의 작품이 아니라 해도 믿을 것 같은 평범한 산거시다. 청정한 선경(禪境)의 생활이 시적 상념(詩的 想念)에 무르녹아 흔적도 없다. 여기에 혜근(慧勤)의 詩的 상상력이 두드러짐을 볼 수 있다.

8. 遊山(유산)

秋深投杖到山中 (추심투장도산중) ; 가을 깊어 지팡이로 산에 오르니
岩畔山楓已滿紅 (암반산풍이만홍) ; 바윗가 단풍은 산에 가득 붉었네.
祖道西來端的意 (조도서래단적의) ; 조사(祖師)가 서쪽에서 온 분명한 뜻을
頭頭物物自先通 (두두물물자선통) ; 삼라만상 스스로 먼저 알리네.

※. 鑑賞 – 가을 산의 단풍을 서경적(敍景的)으로 그려내다가 전귀(轉句)에서는 단순한 자연경관이 아님을 보여준다. 절대의 지혜인 반야(般若)를 說하면서 타는 듯 붉은 단풍은 '祖師西來意'인 불교의 진리를 무언으로 보인다. 혜근은 자연의 경치를 감상하는 것이 아니라, 자연의 설법을 경청하고 있으며, 그러한 자연과 일체가 되어 무사선(無事禪)의 경지

에서 노닐고 있다.

　나옹화상의 사상과 詩에서 남달리 두드러진 점 중의 하나는 그가 누구보다도 대중에 대한 구제의식(救濟意識)이 강했다는 사실이다. 불교는 원래 구세주의(救世主義)적인 면이 강하기에 자리(自利)와 함께 이타(利他)를 같은 일로 한다.

　고려시대 선(禪)의 선구였던 지눌도 진심수행(眞心修行)과 함께 보살도(菩薩道)의 실천을 통한 이타행(利他行)을 극력 강조한다. 그래서 그 이후 선승(禪僧)들도 다만 깨달음에만 목적을 두지 않고, 각행(覺行)의 실천에 진력(盡力)하고 있음을 볼 수 있다.

　나옹화상은 고려말기의 왕사(王師)로서 당시의 여러 선사(禪師)들 중에서도 가장 활달하고 실천적이었다. 그의 작시(作詩)는 법풍진작(法風振作)의 일환(一環)으로 실천한 것이지 詩를 쓰겠다는 어떤 의도가 있었던 것은 아니었다고 한다.

　그가 지공화상을 만났을 때 무엇 하러 왔느냐 하니, 후생(後生)을 위하여 왔다고 했던 것은 비단 말로 끝난 것이 아니라, 철저하게 행동으로 옮겨졌던 것이다.

　한 권의 저서로 남겨진 나옹화상 가송(歌頌)은 詩가 아니라, 게송(偈頌)으로 분류된다. '가송(歌頌)'이라는 책명 자체가 詩로 다루어지기를 거부한 것이다.

　'가(歌)'에는 〈완주가翫珠歌〉〈백납가百衲歌〉〈고루가枯髏歌〉 등 세 편이 실려 있고 '송(頌)'에는 편목(篇目)의 의도에 부합되는 전형적인 성격의 게송(偈頌)들이 실려 있다. 이것은 선풍교화(禪風敎化)의 후생을 위한 수선적(修禪的) 자세의 표현으로 파악된다.

그러므로 나옹은 선기시(禪機詩)의 작가로 문학사의 제 1인자로 인정되어야 마땅하다고 본다. '송'이라는 편목의 앞부분에는 산거(山居)를 비롯하여 서경적인 내용을 담은 수십 수(數十 首)의 詩가 실려 있는데 담고 있는 시의(詩意)는 한결 같이 선기(禪機)가 매우 짙다.

9. 山居 (산거 – 산 속에서의 삶)

白雲堆裡屋三間 (백운퇴리옥삼간) ; 흰 구름 첩첩한 속 오두막 세 칸
坐臥經行得自閑 (좌와경행득자한) ; 앉고 눕고 나다니면 그래도 한가로워
磵水泠泠談般若 (간수냉냉담반야) ; 살랑살랑 시냇물 반야경을 외우고
淸風和月遍身寒 (청풍화월편신한) ; 달빛에 섞인 맑은 바람 온몸이 싸늘하다.

※. 鑑賞 – 山에 사는 한가로움을 읊고는 있지만 삼라만상의 자연이 모두 법음(法音)임을 잊지 않고 있다. '백운-白雲' '간수-磵水' '청풍-淸風' '명월-明月'은 각기 다른 공간에 존재하는 사물이면서도 이야기꾼들과 화합을 한다.

그러나 주인공은 청빈(淸貧)으로 일관한다. 전반적으로 선기(禪機)를 담고 있으면서도 그것을 노골적으로 드러내지 않고 있는 詩다.

✍ 10. 諸禪者 求偈(제선자 구게)

立志如山逼拶來 (입지여산핍찰래) ; 산처럼 뜻을 세워 핍진하게 부딪히면
從玆大道自然開 (종자대도자연개) ; 일로부터 큰 길은 저절로 트인다.
飜身一擲威音外 (번신일척위음외) ;
               위엄 있는 법음(法音) 밖으로 몸을 날리면
萬象森羅一笑廻 (만상삼라일소회) ; 삼라의 만상이 미소 속으로 든다.

※. 鑑賞 – 학인(學人)들을 위해 지은 詩로 개오(開悟)의 법열(法悅)을 일관되게 강조하고 있다. 나옹(懶翁)에게서의 게송은 나도 모르게 쇄락(灑落–흩어진 낙엽을 보는 듯한)한 기분에 감싸이게 하고 삽상(颯爽–마음이 맑고 즐거운)한 쾌감을 느끼게 하는 묘미가 있다. 게송만이 가질 수 있는 특질이기도 하다.

✍ 11. 蚊子 (문자 –모기) ※. 출전; 나옹화상 게송(懶翁和尙 偈頌)

不如氣力元來少 (불여기력원래소) ; 제 힘이 원래 약한 줄도 모르고
喫血多多不自飛 (끽혈다다불자비) ; 남의 피를 많이 빨아서 날지 못하네.
勸汝莫貧他重物 (권여막빈타중물) ; 남의 물건 너무 탐하지 마라.
他年必有却還時 (타년필유각환시) ; 이 다음에 반드시 되돌려 줄 날
                                    있으리니.

※. 鑑賞 – 남의 피만을 빨아 먹고사는 모기에 비유해 인과(因果)의 도리를 설파(說破 사물의 내용을 밝혀서 말함.)하고 있다.

✎ 12. 孤舟 (고주 –일엽편주)

永絕群機獨出來 (영절군기독출래); 온갖 무리 속에 홀로 나와서
順風駕起月明歸 (순풍가기월명귀);
　　　　　　순풍에 돛을 달고 달 밝은 밤에 돌아오네.
蘆花深處和煙泊 (노화심처화연박); 갈대 깊은 곳 안개 속에 머무나니.
佛祖堂堂覓不知(불조당당멱부지); 부처와 조사 당당해도 나를 찾지 못하리.

※. 詩語풀이– ①群機– 무리. ②駕起–배를 타고 가다.

※. 鑑賞– 달마대사(達磨大師)는 조각배를 타고 남인도(南印度)에서 중국으로 건너왔다고 한다. 이러한 전설은 선(禪)의 시발점이 되는데, 이 詩에서의 고주(孤舟)는 달마가 타고 온 일엽편주(一葉片舟)다. 그러기에 이 詩는 달마대사를 찬탄(讚歎–칭찬하고 감탄 함.)하는 詩다.

3). 나옹화상의 門徒 (제자)들 – 고려 말 공민왕대를 대표하는 고승(高僧)은 보우와 나옹이다. 나옹은 보우보다 15년 뒤인 공민왕 20년에 왕사로 책봉되었으며, 공부선(功夫選)을 주관하고 지공(指空)의 유지를 받들어 회암사(檜巖寺)를 중창하였다.

　고려 말의 두 고승을 비교해 보면 나옹 쪽이 더 컸으며, 입적 후 그의 문도들이 보여 준 추모불사(追慕佛事)는 보우를 훨씬 능가하였다. 나옹은 지공과 더불어 생불(生佛)이나 석가(釋迦)의 화신(化身)으로 추앙받았다고 한다.

조선 조 불교계는 나옹과 태고(太古)보우의 문도들이 주도하였으며, 나옹의 대표적인 문도들인 무학. 지천. 법장. 진산. 기화 등을 기술 한다.

①. 無學大師 自超(무학대사 자초) - 자초(1327~1405)는 경남 합천이 고향이며, 1344년 18세 송광사에서 출가하고 용문산에서 임제선풍(臨濟禪風)을 체득하였다. 이후 元나라 북경의 법원사에 머물고 있던 지공과 나옹에게 사사(師事)를 받아 삼화상(三和尙)의 인연을 맺었다.

1356년 귀국하여 양산의 원효암(元曉庵)에서 나옹으로부터 불자를 받고 송광사에서 의발(衣鉢)을 받았다. 지공과 나옹의 추모불사를 벌이면서 새로운 시대를 갈망하던 차, 안변 석왕사(釋王寺) 토굴에서 이성계와 조우하여 혁명을 종용한 바도 있다. 조선 건국직후 그는 마지막 국사와 왕사에 책봉된다.

그가 나라의 도읍지와 왕실의 능침을 잡아줌으로써 국가와 왕실의 터전을 마련해 준 것은 중생을 제도하기 위한 방편이었을 뿐 승려의 본업은 아니라고 했다. 자초가 입적한 3개월이 지나자, 우리나라 역사상 가장 격심한 억불시책(抑佛施策)이 이루어졌다.

그는 고려말기와 조선초기의 선사로서 그 위상이 높아 선각의 적통이요, 태조의 스승이었다. 조선 초 이래 지금까지 사찰의식에서 지공. 나옹. 무학 이 세 분을 가장 존경하여 받들고 있는 우리나라의 최고의 三和尙이다.

그는 조선 초 불교계를 이끈 王師였으므로 그의 제자들도 많았다. 그러나 그의 문도에 대해 잘 기록되어있을 그의 행상(行狀)이나 비문 음기(碑文陰記), 기문(記文) 등이 온전하게 전하는 내용이 없다고 한다. 지금까지 자초의 문도들에 대해 가장 포괄적으로 전하고 있는 것은 『해동 불조원류-海東佛祖源流』라고 한다.

②. 正智國師 智泉(정지국사 지천) - 지천은 (1324~1395년 - 충숙왕 11년)에 태어났으며 속성은 金氏고, 본관은 재령이다. 그는 19세에 장수산 현암사(懸菴寺)에서 출가하였다. 『능엄경-楞嚴經』을 보다가 도를 깨치고 자초와 함께 원나라에 가서 지공과 혜근에게 인가를 받고 돌아와 명산을 다니면서 수행하였다. 사후(死後)에 국사로 추존되었다.

③. 高峯 法藏(고봉 법장-1351~1428) - 법장은 愼州 金氏(신주 김씨)로 이름은 지숭(志崇)이며, 호는 고봉이다. 20세에 출가하였으며, 선선(禪選)과정을 마친 다음 여러 곳을 유력(遊歷)하다가 나옹화상을 만나 법을 사사 받았다.

고봉의 특징은 긴 머리카락에 풀피리를 손에 들고, 표(瓢)주박 한 개가 전부였다고 한다. 안동의 청량암(淸凉庵)을 짓고 30여 년간 山水를 즐겼다. 경남 울산 대원암(大源庵)에 주로 주거한 나옹의 문도(門徒)인 그는 자초의 도반(道伴)이었다.

④. 虛融 珍山(허융 진산) - 진산(?~1427)은 자초의 대표적인 계승자로 기화(己和)가 대사형(大師兄)으로 부르며 존경한 승려다. 나옹에게서 직접 인가를 받고 자초에게 사사를 받아 덕이 날로 높아져가는 소

리는 산중에 떨쳤고, 이름은 궁중(宮中)에 까지 들어갔으며, 여말선초 (麗末鮮初)의 삼화상의 법을 가장 잘 계승한 대표적인 승려라고 한다.

⑤. 涵虛 己和(함허 기화-1376~ 1433) - 기화는 충주 유씨(劉氏), 호는 득통(得通), 당호는 함허(涵虛)다. 기화는 성균관에 들어가 공부하다가 21세인 1397년(태조 6년)에 출가하였다. 왕사 무학에게서 가르침을 받은 후 여러 山寺에서 수행하다가 다시 회암사(檜巖寺)로 와서 정진하였다 한다. 선풍을 크게 일으킨 후 45세 되던 1420년 가을에 오대산 영감암에서 나옹의 진영을 참배하였다.

기화의 행적상 특징은 무학의 가르침을 받고서 나옹을 크게 숭앙하였다. 조선 초 불교계는 조선 중기 이래 조계종에서 법통을 삼는 것과는 달리 나옹, 무학, 기화로 이어지는 문도들이 주도하였다. 기화는 선종(禪宗)을 전통으로 하면서도 교학(教學)을 홀시(忽視)하지 않았고 선교(禪敎;선종과 교종) 융합에 앞장섰다.

기화의 저서인 『금강반야경(金剛般若經) 오가 해설의』는 승려 교육의 필수 교과목이라고 한다. 나옹의 문도는 헤아릴 수 없을 만큼 많았으나, 대표 승려라 할 수 있는 다섯 선사를 살폈다. 선종 외의 다른 종파의 승려들도 나옹을 스승으로 섬겼다고 한다.

6. 西山大師 (서산대사) 편

1). 승장(僧將) 서산대사 – 속성(俗姓)은 완산(完山)최씨요, 名은 여신(汝信), 아명(兒名)은 운학(雲鶴)이다. 중종 15년 경신(庚辰 –1520~1604년) 3월 26일 평안도 안주(安州)에서 태어난 그는 도승(道僧)이었으며 서산대사는 한국 선시의 백미(白眉)로 추앙받는 선승(禪僧)이었다. 서산의 법명(法名)은 휴정(休靜), 호는 청허자(淸虛子)로 부용(芙蓉)영관대사(靈觀大師 1485~1571)에게 불법을 듣고 중이 되었다한다. 오랫동안 묘향산에 살아 묘향 큰스님이라 불러, 이때부터 서산대사라는 별명으로 통속화되었다.

서산의 생애와 행적을 사명당 유정(惟政 1544~1610), 허백명조(虛白明照1593~1661), 편양언기(鞭羊 1581~1644), 쌍걸(雙乞) 등 제자들이 쓴 〈 淸虛堂大禪師 寶藏錄 – 청허당대선사 보장록 〉 편양의 〈淸虛堂行狀 – 청허당행장〉 자서전 격인 〈 淸虛堂集 – 청허당집 〉권3, 〈上完山盧府尹書 – 상완산노부윤서〉 안에 있는 〈三夢錄 – 삼몽록〉에 60세 이전의 행적이 나타나 있다.

서산은 9세에 어머니를 10세 때에 아버지를 여의었다. 그는 10세 때부터 시를 짓는 신동이었으며, 12세 때 서울로 가서 반궁(泮宮 – 성균관과 문묘의 통칭)에 입학하고 15세 때 과거에 응시했다가 낙방했다.

西山은 임진왜란을 맞아 의승(義僧)을 일으켜 도탄에 빠진 국가와 민족을 구출한 호국 승장(僧將)이며, 유불선(儒彿仙) 三敎에 통달하여 유가, 선가, 도가의 三家가 형상에 있어서는 서로 다르지만 一心을 밝혀서 전미개오(轉迷開悟)하는 일도(一道)에 이를 때는 일치하다는 '三敎 合一論-삼교 합일론'을 주장한 三家龜鑑(삼가귀감)을 비롯하여 禪敎釋(선가석) 운수당 심법요초(雲水墖 心法要抄) 설선의(說禪儀) 등의 저술을 남긴 걸출한 사상가였다. 아울러 격조 높고 고매한 그의 시가(詩歌)와 기소(記疏) 등을 집성한 청허당집(淸虛堂集)을 남긴 시인이기도 했다.

한국문학에 있어서 불교문학이 차지하는 비중은 매우 크며, 불교에서 추구하고 있는 깨달음의 세계나 자연과 인간을 따로 보지 않는 '物我一體-물아일체' 사상이 문학이라는 창작행위를 통해 차원 높은 문학세계를 보여주고 있다.

서산사대는 숭유배불(崇儒排佛)정책이 극에 달했던 조선 11대 중종 때 태어났으며, 그의 출생을 전후해서 사대사화(四大士禍)가 연달아 일어난 불행한 시대를 살다간 고승이다. 서산(西山)은 찬란한 신라불교문화와 고려불교가 조선조에 이르러 배척되어 쇠망해 가는 안타까운 모습을 다음의 시에 다음과 같이 읊고 있다.

1. 過法光寺 (과 법광사) ※.出典 - 淸虛堂集 권1.

風雨千間屋 (풍우천간옥) ; 천간의 절간에 비바람 불어 닥치니
苔塵萬佛金 (태진만불금) ; 만불상에 이끼와 먼지가 끼었네.
定知禪客淚 (정지선객루) ; 선객의 눈물은 짐작한 듯이
到此不應禁 (도차불응금) ; 여기에 이르니 금할 수 없네.

※. 解說 – 억불(抑佛)정책에 의하여 퇴락한 法光寺를 지나며 불교사랑의 정서가 흐르는 西山의 눈물을 읽을 수 있으며, 당시 불교의 시대적 상황이 잘 나타나 있다. '千間屋천간옥'과 '萬佛像만불상'은 찬란했던 신라와 고려불교를 상징하고, 풍우와 태진(苔塵)은 조선조의 억불정책을 상징한다.

19세 때 출가 후 어느 날 용성(龍城-지금의 전라북도 남원)의 친구를 만나고 돌아가는 길에 한낮에 닭이 우는 소리를 닫고 깨달은 바 있어 다음의 (悟道頌-오도송)을 읊었다한다.

2. 悟道頌(오도송)   ※ 出典 淸虛堂集 권1

髮白非心白 (발백비심백) ; 머리는 희었어도 마음은 희지 않았다고
古人曾漏洩 (고인증누설) ; 옛사람이 일찍이 말했네.
今廳一聲鷄 (금청일성계) ; 이제 닭 울음 한 곡조에
丈夫能事畢 (장부능사필) ; 장부의 해야 할 일이 끝났네.

忽得自家底 (홀득자가저) ; 자가의 도를 홀연히 마음에서 얻으니
頭頭只此爾 (두두지차이) ; 모든 도 또한 이러하다.
萬千金寶藏 (만천금보장) ; 천만의 대장경도
元是一空紙 (원시이공지) ; 원래는 하나의 비어있는 종이려니.

※. 鑑賞 – 서산은 새벽에 울어야 할 닭이 난데없이 한낮에 우는 소리에 응어리졌던 '無무'자 화두(話頭)를 개오(開悟)케 했으며, 한낮 닭울음

소리가 無門關(무문관)을 깨는 천지개벽의 소리였다. (*無門關-古人의 公案 48칙을 해석한 한 권의 책- 禪宗에서 가장 귀중하게 여김.)

　서산대사의 오도송(悟道頌)의 첫 연은 인도의 4祖(조) 우파국다(優婆國多) 존자가 제 3祖인 상나화수(商那和修) 존자에게 "머리결의 하얀 것과 마음을 비교해 질문한 화두다.

　두 번째 연 첫 행의 의미는 유불선 3家의 道가 하나임을 깨우쳤다는 뜻이다.

2). 서산대사의 詩 세계 - 서산은 어려서부터 시와 학문에 뛰어났으며, 출가 이전에 성균관에서 과거 공부를 하였기에 시의 형식을 배웠고 두시(杜詩)와 당시(唐詩)를 익혔다. 이러한 터전으로 출가수행에서 오묘한 내면의 시계가 시작품으로 창작되어 훌륭한 선가시(禪家詩)의 一家를 이뤘다.

　이가원은 〈한국한문학사〉에서 "서산은 당시 선림(禪林)에서 가장 큰 大家였으며, 특히 그의 시는 이채를 띤 禪家詩다."라고 평가했다.
　서산의 '선가시'는 자신의 깨달음의 심경이나 선가에서 인구(人口)에 회자(膾炙)되는 화두를 이용하여 진리의 세계를 읊은 시가 많이 있다. 다음은 초당영백의 시를 살펴보고자 한다.

3. 草堂詠柏 (초당영백)

月圓不逾望 (월원불유망) ; 달이 둥글어도 보름을 넘지 못하고

日中爲之傾 (일중위지경) ; 해도 낮이 지나면 기울어간다
庭前柏樹子 (정전백수자) ; 뜰 앞의 잣나무는
獨也四時靑 (독야사시청) ; 홀로 사철에 푸르구나.

※. 鑑賞- 조주화상(趙州和尙)은 '조사사래의(祖師四來意)' 즉 불법의 대의를 묻는 질문에 마침 눈앞에서 있는 뜰 앞의 잣나무라고 답하였는데 그것은 논리와 상식을 초월한 대답이다.

이러한 화두는 보통의 상식으로 무슨 뜻이라고 풀어서 사족을 붙이면 사구(死句)가 되고 만다. '조사사래의'의 뜻은 눈앞에 보이는 잣나무다. 즉 우리 주위 가장 가까운 곳에 진리가 있다는 뜻이다.

첫 행과 둘째 행은 현상계의 무상한 도리를 달과 해를 들어 얘기한 것이고, 사시청(四時靑)의 잣나무는 불구부정(不垢不淨)하는 진리의 세계인 자성(自性)을 상징적으로 비유한 말이다.

우리나라 선가시(禪家詩)에 큰 영향을 준 서산대사의 시를 고찰해 보면, 서산이 생존했던 조선조의 문학은 士大夫들이 주류를 이루었고, 문학의 바탕은 유교적인 한문이 벼슬길로 진출하는 수단이 되었으며, 숭문주의(崇文主義)의 사고(思考)는 강력한 숭유배불정책(崇儒排佛政策)을 내세웠다.

유교의 불교 배척론에 대응한 호법론(護法論)의 전개는 유불선 삼교합일론(三敎合一論)으로 나타났고, 서산대사는 유학자들과의 시를 통한 교류로 불교문학의 발전과 불교사상을 널리 펴는 계기를 만들었으

며, 이러한 노력은 그의 많은 제자들에게 불교사상 및 불교문학에 크나큰 영향을 끼쳤다. 서산의 직계 제자는 사명당(四溟堂)유정. 편양(鞭羊), 소요(逍遙) 등 이며, 그리고 조선조 말(末) 초의(草衣)와 같은 선가시인(禪家詩人)들이 그들이다.

〈사명대사집〉에 나타난 선가시는 卷五 "禪偈선게"에 27首가 보인다. 사명의 시는 거의가 애국충정을 노래했고 〈정난시-靖難詩〉는 두보의 풍(風)이다.

'편양'은 유년시에 서산의 문하에 들었는데, 23세의 젊은 나이에 서산대사가 임종하였을 때, 서산의 행장을 찬(撰)하였으며, 그의 문도(門徒)가 가장 많았다한다.

소요는 어려서 백양사(白羊寺)에 출가하여 부휴(浮休)에게서 장경(藏經)을 배우고, 서산에게서 선지(禪旨)를 깨우쳐 심인(心印)을 받았다.

초의는 "나와 같은 어리석은 사람의 글은 서산의 말을 주어 모은데 불과하다"고 했으며, 그는 스스로 서산의 영향을 받은 것을 밝힌 것이다. '草衣초의'의 시는 전형적인 선가시풍은 아니라고 할 수 있지만, 그가 선의 경지가 깊은 대선사였던 점을 감안한다면 그의 시가 자연과 법신불(法身佛)과 화엄세계(華嚴世界)를 노래했던 한산시풍(寒山詩風)이라 할 수 있다.

4. 過古寺 (과 고사)　　※출전- 청허집
花落僧長閉 (화락승장폐) - 꽃 지는 곳 옛 절문 깊이 닫혔고

春尋客不歸 (춘심객불귀) – 봄을 따라온 나그네 돌아갈 줄을 모른다.
風搖巢鶴影 (풍요소학영) – 바람은 둥우리의 학 그림자 흔들고
雲濕坐禪衣 (운습좌선의) – 구름은 앉아 있는 중의 옷깃을 적시네.

※. 詩語 풀이– ①僧長閉–절문이 오랫동안 닫혀 있다.   ②春尋客–봄을 찾는 나그네

※. 解說– 서산대사의 시는 지극히 고요로움과 유리알처럼 어리는 선기(禪氣)와 신비로움에 이르는 발상이 곁들여 있다. 3구의 '搖'와 4구의 '濕'은 오랜 시간 좌선에서 닦여진 서산대사의 직관이 아니가 한다.

5. 送願禪子之 關東 (송 원선자지 관동)   ※출전– 청허집

飄飄如隻雁 (표표여척안)– 표표히 날아가는 외기러기는
寒影落秋空 (한영낙추공)– 그대 찬 그림자 가을하늘을 흐른다.
促笻暮山雨 (촉공모산우)– 저문 산비에 지팡이 쫓기우고
倚笠遠江風 (의립원강풍)– 먼 강바람에 삿갓이 기우네.

※. 詩語 풀이– ①飄飄–바람에 가볍게 나부끼는 모습 ②隻雁–외기러기 ③笻(죽) –대나무 지팡이

※. 解說– 衲子(납의를 입고 돌아다닌 승려.) 들의 오고감은 자연스런 일이다. 어젯밤에 도란도란 얘기를 나누던 사람이 자고 일어나보니 먼 길을 떠나간 일은 다반사다. 오랜 시간 잊고 살았던 道伴이 갑작스레 나타난 것에 굳이 세속처럼 안부를 물으면서 호들갑을 떨지 않는다. 우

리들이 죽을 때 '나 이제 죽으렵니다.'라고 하면서 가는 삶 없지 않은가?

6. 次蘇仙韻待友 (차소선운대우) ※出典-淸虛堂集
夜深君不來 (야심군불래)- 밤은 깊어가고 그대는 오지 않는데
鳥宿千山靜 (조숙천산정)- 새들도 잠이 들어 온 산들은 고요하고.
松月照花林 (송월조화림)- 송월은 꽃밭을 비추고 있어
滿身紅綠影 (만신홍록영)- 온몸에 붉고 푸른 그림자들로 얼룩지네.

※. 詩語 풀이- ①蘇仙- 중국의 송나라 때 시인 소동파의 다른 이름 ②松月-소나무 사이로 비치는 달빛   ③滿身- 온 몸에

※. 鑑賞- 벗을 기다리고 있는 모습이 너무나도 맑고 향기롭다. 기다리는 벗은 오지 않고 벗 대신 송림사이로 교교한 달빛만 흘러가고 있다. 그러고 보니 진정한 내 벗은 저 달빛이 아니런가?

7. 人境俱奪(인경구탈)   ※出典-淸虛堂集
梨花千萬片 (이화천만편)- 배꽃들이 천만 조각 되어
飛入淸虛院 (비입청허원)- 빈집으로 날아드는데
牧笛過前山 (목적과전산)- 목동의 피리소리 앞산을 지나건만
人牛俱不見 (인우구불견)- 사람과 소들은 보이지 않네.

※. 詩語 풀이- ①人境俱奪- 주관과 객관을 모두 초월한 경지 ②淸虛院-청허가 머물던 집.

※. 鑑賞— 배꽃들이 휘날려 빈집 마당으로 내려앉는 자연의 섭리를 눈여겨 보면서 어쩌면 인생이나 자연의 무상을 느꼈으리라. 피리소리는 들리건만 사람도 소들도 보이지 않는다는 표현은 봄날인데도 고요하고 한적하고 쓸쓸한 풍경이 아니었을까.

8. 踏雪野中去(답설야중거)

踏雪野中去 (답설야중거) ; 눈 덮인 들판을 걸어갈 때
不須胡亂行 (불수호란행) ; 어지럽게 함부로 걷지 말라.
今日我行跡 (금일아행적) ; 오늘 내가 걷는 이 발자취가
遂作後人程 (수작후인정) ; 뒤에 오는 사람의 이정표가 될 것이니.

※. 鑑賞— 이 작품은 후세들에게 귀감이 되는 詩로 어떤 말이나 행동도 신중하고 올바르게 하라는 교훈으로 정치가들 또는 어느 단체의 리더들은 눈여겨 애송할만하다.

※. '踏雪野中去'의 시는 작가의 異說이 분분하다. 백범 김구선생이 애송했던 시로 1948년 남북협상을 위해 평양으로 가는 길에 38선을 넘어가는 길에서도 이 시를 읊었다고 한다.
  김구선생의 필체로 쓴 이 시는 대통령이 집무하는 청와대 여민 1관에 걸려있으며, 선생의 유족들이 기증했다고 한다.
  지금까지는 서산대사의 작품으로 알려져 있으나, 그의 작품집「청허집」에는 실려 있지 않다고 한다. 이조후기 臨淵堂 李亮淵 (임연당 이양

연-1771~1853년)의 시집인 「臨淵堂別集-임연당별집」과 「大東詩選-대동시선」에 '野雪-야설'이란 제목으로 실려 있다.

　'踏雪野中去'와 '野雪'이 다른 점은 起句(기구)의 '踏雪(답설)'이 → 穿雪(천설)로 轉句(전구)의 '今日(금일)이 →今朝(금조)'로 다르게 기재되어 있으나, 그 의미는 같이 해석된다.

　以上으로 西山의 사상과 작품을 간략하게 고찰해봤다. 西山대사의 詩 세계를 내용상으로 수증시(酬贈詩) 선가시(禪家詩-雲水詩) 우국시(憂國詩)로 크게 나눈다. 달리 보면 불교의 교리를 나타낸 목적시가 많으며, 自然合一 속에서의 구름과 물의 自然을 노래한 운수시(雲水詩)는 순수시(純粹詩)로도 볼 수 있다. 선(禪)의 세계를 詩로써 승화 용해시킨 시선일여(詩禪一如)의 시를 구사했던 서산대사의 시는 漢詩문학에 선적(禪的) 사유(思惟)의 깊이를 더 하여 한시의 품격을 한결 높였다고 평가할 수 있다.

※ 참고문헌

* 韓國文學思想史. - 啓明문화사
* 禪詩-玄岩新書
* 朝鮮時代 漢詩 作家論. - 以會문화사
* 漢文學史. - 새문사
* 韓國歷代 漢詩 詩話. - 연세대학교 출판부

Ⅳ. 中國 漢詩 작가들

가. 중국의 大文豪 屈原

나. 田園詩人, 歸去來辭의 陶淵明

다. 人生과 自然을 노래한 詩佛 왕유

라. 천재 작가 詩仙 李白

마. 민중시인 詩聖 杜甫

바. 平民들의 벗, 長恨歌의 白樂天

가. 중국의 大文豪 屈原

1. 굴원의 生涯와 思想

굴원에 대한 사료(史料)는 사마천의 「史記」에 기록된 굴원가생열전(屈原賈生列傳)과 초세가(楚世家), 유향(劉向)의 「新序 節士篇」 정도밖에 없다고 한다. 굴원에 대한 사적(事蹟) 연구는 사료의 부족으로 인해 이설(異說)이 분분(紛紛)하여 굴원을 연구하는 학자들 중, 특히 요계평(廖季平)과 호적(胡適)은 그의 실재 여부까지 부정하거나, 혹은 회의를 갖고 있다.

굴원은 이름이 平이며, 字는 原이다. 「離騷」에『名余曰正則兮 字余曰靈均 -명여왈 정직혜 자여왈 영균- 내 이름은 정직이라 하고, 내 자는 영균이다.』라고 하여 자신의 이름을 정직, 字를 영균이라 했다.

그의 고향은 초나라 수도였던 영(郢;지금의 湖北省 江陵縣)으로, 낭만이 깃든 아름다운 남국이다. 출몰 연대는 기원전이라서 정확성이 떨어지기는 하나, BC 343~289년경으로 보며, 춘추전국시대 초나라 왕족으로 알려져 있다. 회왕의 신임으로 20대에 좌도(左徒)라는 벼슬에 오른 총명한 굴원은 이웃나라 제(齊)와 진(秦)나라에까지 유명해졌다. 그의 대표작「漁父辭」다.

✍1. 漁父辭(어부의 이야기)
屈原旣放 游於江潭 行吟澤畔 -굴원기방 유어강담 행음택반

顔色憔悴 形容枯槁 －안색초췌 형용고고

漁父見而問之曰 子非三閭大夫與 何故至於斯

　　　　　　－어부견이문지왈 자비삼여대부여 하고지어사

屈原曰 擧世皆濁我獨淸衆人 皆醉我獨醒是以見放

　　　　　　－굴원왈 거세개탁아독청중인 개취아독성 시이견방

漁父曰 聖人 不凝滯於物 而能與世推移

　　　　　　－어부왈 성인 불응체어물 이능여세추이

世人皆濁 何不淈其泥而楊其波 －세인개탁 하불굴기니이양기파

衆人皆醉 何不飽其糟而歠其醨 －중인개취 하불포기조이철기리

何故로 深思高擧 自令放爲 －하고로 심사고거 자령방위

屈原曰 吾聞之 新沐者 必彈冠 新浴者 必振衣

　　　　　　－굴원왈 오문지 신목자 필탄관 신욕자 필진의

安能以身之察察 受物之汶汶者乎 －안능이신지찰찰 수물지문문자호

寧赴湘流 葬於江魚之腹中 安能而晧晧之白 而蒙世俗之塵埃乎

　　－영부상류 장어강어지복중 안능이호호지백 이몽세속지진애호

漁父 莞爾而笑 鼓枻而去 －어부 완이이소 고설이거

乃歌曰 滄浪之水淸兮 可以濯吾纓 滄浪之水濁兮 可以濯吾足 遂去不復與言

　　　　　　－내가왈 창랑지수청혜 가이탁오영 창랑지수탁혜

　　　　　　　　　　가이탁오족 수거불부여언

; 굴원이 죄인으로 몰려 쫓겨난 후 강가를 방황하면서 시를 읊조리는데,
; 얼굴색은 초췌하고, 모습은 생기가 없었다.
; 어부가 굴원에게 (그대는) 삼여대부가 (아니십니까?) 어떤 연고로 여기까지 왔느냐고. 물으니,

; 굴원이 말하기를 모든 세상이 혼탁한데, 나 혼자 맑고 깨끗할 뿐, 모두들 욕심에 취해 (惡에 물들어) 있는데, 나 혼자 청렴하므로 이것을 죄로 몰아 추방되어 이곳에 왔노라고 하였다.
; 어부가 말하기를 성인은 세상의 사물에 얽매이지 않고, 세상과 더불어 살아가야 합니다.
; 세상 사람들 모두가 흐려(惡에 물들여) 있으면, 그들과 동조하면서 같이 어울려야지, 어찌하여 자기만 결백하다고 주장하며,
; 많은 사람들이 (사리사욕에 눈이 어두워) 즐거움에 취해 있으면, 술찌꺼기라도 먹고, 박주(薄酒)라도 마시면서 세인들과 더불어 살지 않으시고,
; 무엇 때문에 깊이 생각하고 고결하게 행동을 하여, 자신을 遠地(원지-먼 곳까지)까지 추방을 당하십니까?

; 굴원이 '나는 이런 말을 들었다오.' 머리를 감은 사람은 반드시 관을 털어서 쓰고, 새로 목욕을 한 사람은 반드시 옷을 털어서 입는다고,
; 어찌 맑고 깨끗한 몸으로 더러운 수치(羞恥)를 받게 할 수 있겠소?
; 차라리 상류에 몸을 던져 물고기 배 속에 장사를 지낼지언정 어찌

결백한 몸으로 세속의 티끌과 먼지를 뒤집어 쓸 수 있겠소?

  ; 어부는 빙그레 웃고, 노를 저어 떠나가면서

  ; (어부는) 이렇게 노래했다. 창랑의 물이 맑아지는 좋은 세상이라면, 이에 갓끈을 씻고, 창랑의 물이 흐려지는 어지러운 세상이라면, 발이나 씻고 물러가 숨어 살아가리. 하고는 (마침내) 떠나가더니, 다시는 주고받는 말이 없었다.

※. 詩語 풀이 -

①漁父-은사(隱士)의 뜻. ②游- 놀이. 거닐다. ③吟-읊다. 노래. 시 ④枯槁-야위어서 파리 함. ⑤三閭大夫- 벼슬 이름. ⑥何故- 무슨 까닭. 무슨 연유. ⑦醉- 취하다. ⑧醒-깨다. 도리에 밝고 성실하다. ⑨放-좇아내다. 추방하다. ⑩凝滯(응체)-내려가지 않고 막히거나 걸림. ⑪推移(추이)-시간이 지나면 변해가는. ⑫泥(니)- 흐리다. 더럽혀짐. ⑬糟(조)-지게미. 거르지 않은 술. ⑭歠(철)-마시다. 핥아 먹다. ⑮醨(리)-삼삼한 술. ⑯高擧-고결한. 고상한 ⑰察察(찰찰)-꼼꼼하고 자세함. ⑱汶汶(문문)-수치. 치욕. ⑲湘-강 이름. 光西省 興安縣 동정호에 흘러드는 강. ⑳皓皓-깨끗하다. 밝다.

  * 塵埃(진애)-티끌과 먼지. 세상의 속된 것들에 비유. * 莞爾(완이)-빙그레 웃는 모양. * 鼓枻(고설)-노(상앗대)를 두드림. *滄浪-강 이름.

※. 鑑賞-「어부사」는 굴원의 대표작으로 어부의 달관한 삶의 자세와 굴원의 강직한 인품이 대조되어, 그 맛을 더하는 작품이다. "모두가 취

해 있으니, 홀로 깨어 있다."라는 衆醉獨醒(중취독성)의 故事成語는 어부사에서 연유되었으며, 굴원의 작품들은 고대 중국의 名詩選集인 楚辭(초사)에 실려 있다.

「어부사」는 굴원이 유배를 당하여 초조한 마음으로 울분을 삭혀가며, 세월을 보내던 어느 날, 강가를 거닐던 그를 알아보고, 말을 붙인 漁父(굴원이 설정한 은둔의 선비로 추정)와의 대화를 나눈 글이다.

굴원은 전국시대의 인물로 莊子(장자)와 같은 시대를 살다 간 사람으로 추정하는데, 생존 당시는 法家, 道家, 儒家, 管子 등의 사상들이 등장한 이후였다. 춘추전국시대는 약육강식의 지배구조가 사상의 주류를 이룬 사회 구성의 주축이 되었다. '어부사'에는 실천적이고, 현실적(莊子의 논리) 예시를 통한 道와 德(굴원의 성격)을 즉 자연(흐름에 순응하는 논리)과 道(굴원의 사상)의 상대성을 그려냈다.

현실 사상을 기준으로 하여 그 흐름에 맞게 살아가야 한다고 어부는 주장하였으며 (漁父曰 聖人 不凝滯於物 而能與世推移 ~ 何不飽其糟而歠其醨), 굴원은 청렴과 고결을(新沐者 必彈冠 新浴者 必振衣)을 주장하는 대화체의 서정시다.

「어부사」는 막내아들 자란(子蘭)이 회왕(懷王)을 객사케 한 이후, 장남 경양왕(頃襄王)이 즉위하고, 자란이 영윤(令尹-재상)이 되어 악정을 하는데 대한 백성들의 비난이 높아져 갈 때, 굴원도 이에 동조하여 잘못을 주장하다가, 경양왕에 의해 양자강 이남의 소택지(沼澤地)로 추방을 당했던 시절에 쓴 작품이다.

　굴원의 성격은 매우 강직하고 극단적이었다. 냉철한 두뇌로 철리(哲理)를 분석하고, 열렬한 감정으로 사악한 사회에 동화되기를 거부하였으나, 사회를 변화시킬만한 능력은 없었다고 한다. 그는 가장 맹렬하고 가장 순결한 표현과 특이한 개성으로 문학을 만들어 갔으며, 끝내는 죽음을 택함으로써 우국충정의 詩人으로 추앙받았고, 그의 문학을 영원불멸의 작품으로 승격시켰다. ※굴원의 姓氏인 '屈'은 楚나라 왕족의 3대 성씨 屈. 景. 昭.(굴. 경. 소) 중의 하나였다.

🐉.용주경기(龍舟賽)와 쫑즈(粽子)의 유래

– 40대 후반에 추방을 당하여 10여 년이란 긴 세월을 울분으로 살면서 시인으로서는 걸작을 남겼으나, 정치인으로서는 매우 불우했던 굴원이다. 楚나라가 秦나라에 의해 멸망되자, 굴원은 온 몸에 돌을 매달아 멱라강(汨羅江)에 몸을 던져 자결한다.

　백성들은 굴원의 시체를 찾고자, 뱃머리에 용의 머리를 장식한 용선(龍船)을 타고, 물고기들이 시신(屍身)을 훼손하지 않도록 북을 치면서 물속을 휘젓던 놀이가 기원이 되어, 용선뱃놀이 즉 용선경도(龍船競渡)란 뱃놀이다.

　용선경도는 중국과 홍콩, 마카오 등에서 굴원이 자결한 음력 5월 5일 端午節을 제삿날로 기념하는 2,300여년의 유래를 지닌 축제행사다. '쫑즈'는 백성들이 물고기들에게 찹쌀로 지은 밥을 대나무 잎에 쌓아 던져 주는(굴원의 시신을 뜯어 먹지 말라고) 일종의 주먹밥이다.

2. 초사문학(楚辭文學)과 굴원

「楚辭」란 楚나라의 문학을 지칭하는 말 (*文體의 명칭으로 전 16권으로 되어 있으며, 漢나라의 劉向이 편집하였다.)로 북방문학을 대표하는 「詩經」과 비교해서 주대(周代)의 남방문학을 대표하며,「시경」과 「초사」를 중국 고대문학의 양대 산맥으로 본다.

시경은 황하유역을 중심으로 편집한 여러 나라의 작품이며,「楚辭」는 양자강 유역을 근거지로 한 楚나라 때의 작품으로 그 작품에 나타난 언어와 사물이 楚나라에 국한되어서 붙여진 명칭이다.

「史記」의 屈原列傳에 굴원이 죽고 나서, 楚나라에는 송옥. 당륵. 경차 같은 이들이 모두 辭를 좋아했고, 賦(부)로 이름을 날렸다. 宋나라 때의 황백사가 그의 「翼騷序-익소서」에서 "굴원과 송옥의 여러 소(騷)는 모두 楚나라 말과 곡조와 그 땅의 이름을 기록했으며, 楚나라 물건들의 이름을 붙였으므로 楚辭라 했다."라고 기록되었다.

중국문학사상 최초의 大詩人 굴원을 중심으로 하여 楚辭라는 특수한 詩形이 발생하였고, 대표적인 「離騷-이소」를 비롯하여 굴원의 작품 내용은 대부분이 왕의 부름을 고백하던 당시의 비애와 우수를 호소한 글이었다.

「楚辭」중에서 굴원의 작품이 「史記」에서는 '離騷(이소). 天問(천문). 招魂(초혼). 哀郢(애영). 懷沙.(회사)의 다섯 편이 수록되어 있다.「漢書」 예문지에서는 굴원의 작품 25편이 있으며, 초사 연구의 가장 오래된 책으로 인정받는 王逸(왕일)의 「楚辭章句」에서도 離騷. 九歌 (구가-초사 문학의 효시로 보며, 초나라의 종교무가를 민요로 개작하였다.) -

11편. 천문. 九章-9편. 遠遊(원유). 卜居(복거). 漁父(어부)의 25편을 굴원의 작품이라고 기록하였다. 그러나 학자들은 이 모두를 굴원의 작품으로 보기는 어렵다고 주장한다.

※. 九章은- 懷沙(회사). 涉江(섭강). 哀郢(애영). 抽思(). 思美人(사미인). 惜往日(석왕일). 橘頌(귤송.). 悲回風(비회풍)이다.

「楚辭」는 사실적인 문학의 詩經에 비교해 상징적인 수법과 개성이 뚜렷한 강렬하고도 낭만적인 문학이다. 그러한 영향은 楚나라의 자연환경과 종교, 음악 등을 배제할 수는 없으며, 남방지역의 사람들은 비교적 활발하고 환상적인 기질이 있어 호기심과 상상력에서 나온 전설과 신화가 많은 신비의 세계를 더듬어 간다.

무풍(巫風)이 성하여 축도(祝禱), 가무(歌舞)가 발달하였으며, 문학과 음악이 접목되면서 풍속으로 이어져갔고, 작자들은 漢族이 아닌 형만족(荊蠻族)들이 주가 된 귀족들이었기에 작자의 이름이 분명하게 드러나 있다.

굴원은 유배지에서 그의 최대 걸작인 장편 서정시 「離騷-이소」를 써서 자신의 결백을 주장하였다. 「離騷」란 '근심을 만나다.'라는 뜻으로 중국 사부(辭賦)의 원조로 본다. 문학성이 뛰어난 중국의 詩歌 중에서 가장 긴 서정시로 시름과 연군(戀君)의 정을 노래했으며, 후세사람들은 「離騷經;이소경」이라 높여서 부른다. ('經'은 높여서 부르는 명칭)

'離騷'는 굴원의 대표작으로 374행 2,490자에 달하는 방대한 걸작으로 굴원의 사상, 감정, 상상, 인격을 융합시켜 찬란하고 아름다운 문채와 고도의 예술 수법으로 자신의 역사와 정치이념과 부패한 귀족들에 대한 분노를 읊은 회왕(懷王)에게 쫓겨났을 때, 쓴 작품으로 내용을 요약해보면 아래와 같다.

＊. 자신의 출생과 혈통, 그리고 자신의 의로운 품행의 고결성(高潔性)과 인생관을 피력하였으며, 자신의 정치적 관점과 혼탁한 시대에서의 임금의 처신에 대한 불만과 그로 인해 군왕(群王)을 모시지 못하는 이유를 써내려갔다.

＊. 자신의 정치 경력 중 사건의 원인과 임금에게 자신의 변함없는 충정을 피력하였고.

＊. 환상 세계(신화. 역사 등)에서의 열렬한 이상추구와 좌절감에서 온 극도의 고통과 복잡한 심리 상태를 그려냈으며. 환상을 통한 해결책 등을 읊어낸 장편의 서정시다.

3. 굴원의 대표작「離騷-이소」

✎ 2. 1 ~ 8行까지
帝高陽之苗裔兮 (제고양지묘예혜) ; 고양 임금의 후예인
朕皇考曰伯庸　 (짐황고왈백용) ;　내 아버지는 백용이라 하시고
攝提貞于孟陬兮 (섭제정우맹추혜) ; 인년(寅年)의 바로 정월
惟庚寅吾以降　 (유경인오이강) ;　경인 날에 나는 태어났다.
皇覽揆余初度兮 (황람규여초도혜) ; 아버님은 나를 낳은 때를 헤아려
肇錫余以嘉名　 (조석여이가명);　 나에게 고운 이름을 주시니

名余曰正則兮　（명여왈정칙혜）；　이름은 정직(正則)이라 하시고
字余曰靈均　　（자여왈영균）；　자는 영균(靈均)이라 하셨다.

※. 詩語풀이 － ①離騷－憂愁 즉 근심과 걱정. ②高陽－중국 전설의 고대의 제왕. 五帝의 하나인 전욱(顓頊)의 별호. 그 후손이 屈邑에 봉해져 자손들이 성씨를 屈氏로 삼았다.　③苗裔－ 먼 후손. 후예. ④朕－ 나. 고대에는 귀천(貴賤)에 상관없이 자칭으로 쓰였으나, 진(秦) 이후부터 전제정치(專制政治) 시절 제왕들이 자칭하는 代名詞로 변했다.　⑤皇考－先親의 높임 말. 아버님.　⑥伯庸－ 굴원의 아버지. ⑦攝提－ 호랑이 해(寅年). ⑧貞－ 바로(正)의 뜻. ⑨孟陬－ 정월. 陬(추)가 고대에는 정월의 別名이었다. ⑩庚寅－ 六十甲子의 스물일곱 번째. 한 대(漢代)이후 年月을 표시하였다. ⑪降－ 강탄(降誕)의 뜻. 즉 태어나다. ⑫皇－ 황고(皇考)의 약칭. ⑬覽揆－ 생일을 비유. ⑭初度－ 첫 번. 初度日의 준말. 즉 태어난 때.

⇐ 9행에서 78행까지 생략. 79행에서 ～ 84행까지⇒
余雖好修姱以鞿羈兮（여수호수과이기기혜）；
　　　　　　　　　　　　　나는 고운 것을 좋아하다 속박을 받아
謇朝誶而夕替（건조수이석체）；
　　　　　　　　　　아! 아침에 간(諫)하고 저녁에 쫓겨났도다.
旣替余以蕙纕兮（기체여이혜양혜）；내 쫓김은 혜초 띠 때문이며
又申之以攬茞（우신지이람채）；게다가 백지를 갖고 있어서다.

亦余心之所善兮 (역여심지소선혜) ; 하지만 내 마음의 착함은
雖九死其猶未悔 (수구사기유미회) ; 비록 아홉 번 죽더라도 변함없으리라.

※. 詩語풀이- ①覊羈- 말 재갈과 고삐. 굴원 스스로를 지칭한 의미. 즉 자유의 속박과 뜻이 관철되지 않음을 표현. ②諲-간언(諫言)하다. ③替-폐하다. 버리다. ④蕙纕- 혜초로 만든 띠. ⑤申-겹치다. 게다가. ⑥攬茝 구리 때의 뿌리(白芷-백지) ⑦其- 그(감탄조사). ⑧九死-아홉 번 죽어도. 즉 여러 차례 죽더라도.

☞.**줄거리** → 내가 쫓겨난 이유는 혜초로 만든 띠를 두르고, 그 위에 백지를 캐가지고 있어 나 홀로 미덕을 지닌 때문이다. 그러나 내가 착하다는 생각은 아무리 여러 번 죽음을 당하더라도 변함이 없다.

← 85행에서 304행까지 생략. 305행에서 ~ 316 행까지 →
時繽紛以變易兮 (시빈분이변역혜) ; 시속(時俗)은 어지럽게 변해 가는데,
又何可以淹留　(우하가이엄류) ; 어찌 오래 머물 수 있을까.
蘭芷變而不芳兮 (난지변이불방혜) ; 난과 지초는 변해서 향기가 없고
筌蕙化而爲茅　(전혜화이위모) ; 전풀과 혜초는 변하여 띠가 되었다.
何昔日之芳草兮 (하석일지방초혜) ; 어이하여 지난날엔 향기롭던 풀이
今直爲此蕭艾也 (금직위차소애야) ; 지금은 한낱 쑥밭이 되어버렸네.
豈其有他故兮　 (기기유타고혜) ; 그 어찌 다른 까닭이 있으랴.

莫好修之害也　(막호수지해야) ;
　　　　　　　착함을 좋아하지 않아서 입은 해로움이리라.
余以蘭爲可恃兮 (여이난위가시혜) ; 난초를 믿을만하다 여겼는데
羌無實而容長　(강무실이용장) ; 아아 속은 비어있고 모양만 좋더라.
委厥美以從俗兮 (위궐미이종속혜) ; 그 아름다움을 버리고 세속을 좇아
苟得列乎衆芳　(구득열호중방) ; 구차하게 흔한 꽃들 속에 끼었구나.

※. 詩語풀이- ①繽紛- 많고 어지러워진 모양. ②淹留- 오래 마물다. 오래 지체하다. ③筌-전풀. 향초. 회왕을 가리킴. ④直- 곧. 다만. ⑤蕭艾- 쑥. 잡초. 일반인들에 비유. ⑥ 313 行의 以蘭爲(이란위)에서 蘭은 고매함. 또는 회왕의 아들 경양왕의 아우인 슈尹 子蘭(자란)을 가리키는 뜻으로도 해석할 수 있음. ⑦容長- 모양이 장대하고 훌륭함. ⑧ 委厥美- 난초가 아름다운 향기를 버림. ⑨衆芳- 세상의 많은 꽃들.

☞. 줄거리 → 세상의 빠른 변화에 오래 동안 머물 수가 없구나. 난(蘭)은 시들어 향기가 없어져 가고, 전풀이나 향초도 잡초가 되어, 세상의 변화에 의해 좋은 사람도 惡人이 되어간다. 어찌하여 향기롭던 방초가 오늘날에는 쑥 같은 잡초에 지나지 않게 되었던가? 그러하듯 善人이 惡人이 되는데, 무슨 이유가 있었을까? 그것은 善을 좋아하지 않은 데서 나온 피해일 것이다. 나는 난초는 믿어도 좋다고 생각해왔는데, 아! 속은 비어 향기는 없고, 겉모습만 빛날 줄이야. 난초의 아름다움인 자신의 향기를 버리고, 세속을 좇아서 구차스럽게 세상에 흔한 꽃들 속에 끼

어가다니, 선인이 속세의 사람들과 어울렸구나.

⟵ 317행에서 360행까지 생략⟶ 361행 ~ 374 행
抑志而弭節兮 (억지이미절혜) ; 생각을 누르고 걸음을 늦춰 가는데
神高馳之邈邈 (신고치지막막) ; 넋은 높이 아득하게 달려간다.
奏九歌而舞韶兮 (주구가이무소혜) ; 구가를 타고 구소에 맞춰서 춤을 추며
聊假日以婾樂　(요가일이유락) ; 잠시 틈을 내어 즐기노라.
陟陞皇之赫戲兮 (척승황지혁희혜) ; 햇빛이 찬란한 하늘에 올라
忽臨睨夫舊鄕　(홀임예부구향) ; 문득 고향을 내려다보니
僕夫悲余馬懷兮 (복부비여마회혜) ; 하인도 슬퍼하고 내 말(馬)도 그리워서
蜷局顧而不行　(권국고이불행) ; 돌아보며 가지를 못하누나.
亂曰已矣哉　 (난왈이의재) ; 난사(亂辭)에 이르기를 모든 것은 끝났구나.
國無人莫我知兮 (국무인막아지혜) ;
　　　　　　　나라에 사람 없어 나를 알아주는 이 없는데
又何懷乎故鄕　(우하회호고향) ;　어이 고향을 그리워하랴.
旣莫足與爲美政兮 (기막족여위미정혜) ;
　　　　　　　좋은 정치 함께할 사람 없을 바엔
吾將從彭咸之所居 (오장종팽함지소거) ;
　　　　　　　나는 팽함(彭咸)이 계신 곳을 찾아가리.

※.詩語풀이- ①弭節- 속도를 늦추다. ②邈邈- 아득하게 먼. ③韶-
풍류 이름. 순(舜)임금의 음악(九韶).　④假日- 日月을 빌어 시간을 늘

리다. ⑤媮樂- 유쾌하게 즐기다. ⑥陟陞- 오르다. ⑦赫戱- 빛나는. 밝은 빛. (戱는 曦와 같은 의미로 쓰임.) ⑧睨- 흘겨보다. 해가 기울어지다. ⑨蜷局- 돌아다보며 나아가지 못하는 모양. ⑩亂曰- 亂은 악가의 종장. 결어(結語). ⑪已矣哉- 이미 모두 끝났구나.

☞. **줄거리** → * (361-364행); 마음을 누르며 가는 속도를 늦추려 해도, 넋은 이미 높이 떠서 멀리 아득한 곳까지 달려가고 있다. 하(夏)나라 계(啓)가 하늘에서 얻어 온 九歌를 연주하고, 舜 임금 때의 음악인 九韶에 맞춰 춤을 추며, 잠시 틈을 내어 시간을 즐긴다.

* (365-368행); 햇빛이 찬란한 하늘에 올라 문득 고향땅을 내려다보니, 종복들도 슬퍼하고, 내 말(馬)도 고향을 그리워하고 있다. 돌아보는 발길이 떨어지질 않는구나.

* (369-373행); 모든 것은 다 끝났다. 나라에는 사람이 없고, 더군다나 나를 이해 해주는 사람도 없으니, 어찌 나 혼자서만 고국을 생각해야 한단 말인가? 함께 理想 정치를 할 사람들이 없을 바에는 나는 죽어서 殷나라의 賢人 팽함이 계신 곳을 찾아가리라.

※. 鑑賞-「離騷」는 굴원의 대표작인 동시에 고대 중국의 남방문학의 최고의 작품으로 북방의 '詩經'과 함께 중국문학사상 쌍벽을 이루면서 존중받고 있다.
 '이소'는 374행의 장편 서정시로 屈原을 중국 최대의 시인으로 추앙

받게 만든 걸작이다. 작품 속에는 굴원의 위대한 인격과 감정, 우국의 혼과 혼탁한 세속을 걱정하는 정의감이 내재되어 있는 연유로 한유(漢儒)들은 원작의 의미를 왜곡도 시켰지만 작품의 가치를 높이 평가해서 제목을 「離騷經이소경 또는 離騷傳이소전」이라 하여, '詩經'과 함께 '이소'를 경전(經典)처럼 존중했다.

제작 연대는 여러 異說(이설)이 있으나, 굴원이 漢北(한북)으로 쫓겨났을 무렵(기원전 299 ~ 296년)인 굴원의 나이 45~48세경으로 추정하고 있다. 한북으로 밀려난 굴원은 이소에서 자신의 세계(世系)와 출생부터 시작하여 비애와 절망으로 우수에 찬 영혼의 외로움을 호소할 곳을 찾아 헤매다가, 서정과 서사(敍事)를 교합시켜 노래하면서 왕이 자신을 다시 불러 줄 것을 간절하게 기원한다.

☞. 「離騷」를 3段으로 크게 나눠 내용을 간략하게 정리해본다.

* 제 1단 (1 ~ 140行); 수양을 쌓아 절개와 지조를 지키며, 이를 위해서는 죽음도 불사하는 각오가 그려져 있다.

* 제 2단 (141~256行); 가슴에 맺혀 있는 울분을 호소하고자, 공상(空想)의 날개를 펴 광대한 우주와 신화와 전설의 세계를 편력한다.

* 제 3단 (257~374行); 회의(懷疑)에 빠져 神巫(신무)의 吉占(길점-좋은 점괘)을 따라, 고국을 떠나려다가 그만두고 끝내는 죽음을 택하는 내용이 그려지고 있다.

4. 굴원 문학의 文學史的 가치

굴원의 정치관이나 나라를 사랑하는 마음으로 보아 유가(儒家)의 기질이 상당히 짙다고 할 수도 있다. 그의 대표작 '이소'에서 묻어 나오는 신 사군이충(事君以忠)으로 일관한 뿌리는 유가의 사상으로 보아야 한다. 그래서 유가들은 「離騷」를 그들의 경전처럼 여겼으며, 충신들이 살아가는 정도(正道)로 삼았던 것이다.

그러나 현실정치에 실망하고 세상을 싫어하는 매너리즘이 작품 속에 깊이 잠겨 있는 것으로 보아 도가적(道家的) 경향을 배제할 수는 없다. 유가는 북방계의 사상이었고, 도가의 조종(祖宗)인 노자와 장자는 모두 남방 사람들이었기에 굴원도 남방 사람으로 그 영향을 받지 않을 수 없었던 것으로 본다. 굴원의 사상은 성왕. 현군. 충신들의 전철을 밟아가는 길을 설정하여 작품이나 현실에서 강하게 주장하였다.

문학이란 사상을 담는 그릇은 아니라고는 말 할 수 있으나, 사상을 담아내지 않은 문학은 그 가치를 판단할 때, 부족함을 지적할 수밖에 없다. 문학에서의 사상은 정치성향을 떠난 작가의 정신과 성격이 작품 속에 생리화 하여 은은하게 젖어 있어야 하는데, 굴원의 작품은 이런 맥락으로 이어졌다.

중국 문학이 처음으로 일어난 곳은 黃河유역이었으며, 장르는 운문이었고, 운문은 북방문학을 대표하는 「詩經」으로 집대성되었다. 기원전 400년 무렵에 나타난 초사(楚辭) 즉 남방문학이 중국문학에 큰 변화를 가져다주었다. 4언으로 엮어지는 5~6백년 여 동안의 오랜 전통을 가진 詩의 형식(詩體)을 벗어나는 혁신이 마침내 초사문학으로 이루어졌으며, 그 대표적인 작가가 바로 굴원이며, 초사문학은 이렇게 중국문학사에 새로운 분기점을 그었던 것이다.

굴원이 이뤄낸 문학은 李白과 杜甫에 버금 갈 만큼 중국문학사에 큰 영향을 주었다. 특히 우국(憂國)시인이었던 그는 굴절의 생애로 이어진 시혼(詩魂)과 절개(節槪)는 중국문인들의 정서에 생활 속 깊은 곳까지 깃들어졌다.

삼국시대부터 우리나라에 유입되어 온 굴원의 문학은 학자들에게 널리 읽혀져 고려말엽에 이르러서는 삼은(三隱－ 圃隱, 牧隱, 冶隱)을 비롯하여 선비들에게는 정신적 지주가 되었으며, 많은 문인들은 그의 작품을 모방해갔다. 조선의 명문장가인 송강 정철의「思美人曲」은 굴원의「思美人」및「離騷」와 비슷하여, 김만중(金萬重)은 松江의「思美人曲」을「諺騷－언소」곧 조선의 한글로 쓰여 진「離騷」라고까지 칭찬했다고 한다. 굴원의 문학은 이처럼 우리문학에도 큰 영향을 끼쳤다.

굴원 문학은 중국의 문학사에서 형식이나 사상이 후세의 모든 문학 장르에 지대한 영향을 주었으며, 그의 작품에 나타난 사상은 儒家나 道家를 초월했고, 특히 도가사상의 경향은 작품「이소」에서는 환상의 세계를 그려가는 촉매가 되었다.

굴원의 죽음을 애도하기 위해 단오절의 풍습이 유래된 것들만 보더라도 이를 충분히 증명해주고 있다. 이런 단오절의 풍습은 우리나라에까지도 전해 올 뿐만 아니라, 대만에서는 단오 날을 시인절(詩人節)로 정하여 문인들의 행사가 다양하게 이뤄지고 있다.

 중국의 대문호(大文豪) 굴원의 시작(詩作) 정신을 높이 평가하는 반면, 그의 사상과 작품 역시 많은 문인들의 지표(指標)가 되어왔다.

나. 田園詩人 歸去來辭의 도연명

1. 출생과 出仕의 배경

　도연명(365~427년)은 이름은 潛(잠), 자는 淵明(연명) 또는 元亮(원량)이며, 號는 五柳先生(오류선생)으로 동진 말기부터 남조(南朝)의 송(宋)의 초기에 걸쳐 생존했다. 그의 증조부는 晉의 명장 도간(陶侃)이었고, 외조부는 당시에 풍류시인으로 이름이 높았던 맹가(孟嘉)며, 약 12세경에 서모(庶母)를 잃고 가난한 살림에 외롭게 살았다.

　도연명이 태어난 곳은 현재의 강서성 구강시 일대에 있는 심양 채상(砦桑)이라는 마을이다. 채상은 양자강의 중간쯤에 있으며, 북으로는 名山인 여산(廬山)을 등에 업고 남쪽으로는 파양호(鄱陽湖)를 바라보는 명승지다.

　한편 진나라도 도연명의 출생 50여 년 전에 북방민족에게 쫓겨 낙양을 잃고, 남쪽 건강(建康-지금의 南京)으로 천도했다. 진(晉)나라의 쇠퇴는 막을 길이 없었으며, 거듭되는 전쟁으로 나라가 피폐해지면서 농민들의 봉기도 잇달았다. 그의 나이 20세경에는 혹심한 기근으로 인민들의 삶은 극에 달았으나, 이러한 가난에서도 도연명은 글을 배울 수 있었는데, 주로 유가(儒家)의 교육을 받았다.

　본래 산을 좋아하는 인자(仁者)의 성품을 지녔다.「일찍부터 속세의 기풍에 맞지 않았고, 본성이 산을 사랑했노라. -少無適俗韻 性本愛丘

山.소무적속운 성본애구산」〈歸園田居 其 一〉

어진 성품에 자연을 좋아한 그는 글공부와 음악으로 성정을 더욱 고상하게 닦았으며, 속세의 이득이나 가난에 구속받지 않았다한다. 저속한 무리들과 떨어져 높은 경지를 찾던 도연명은 "고난을 무릅쓰고 공부를 하는 것도 결국은 쓰러져가는 나라를 구하고 백성들을 잘 살게 해줌으로써 공을 세우고 이름을 내자는 것이다"라고 했다.

그의 삶에서 29세부터 41세까지는 모순과 악순환의 연속이었다. 출사와 은퇴를 다섯 번이나 되풀이했던 개인 사정과 정치적인 혼란이 거듭되는 난세를 겪어가는 과정에서 그의 사상과 신념은 더욱 굳게 다져졌다.

그의 첫 번째 벼슬은 29세 때 동진 효무제(東晉 孝武帝) 19년에 얻은 강주(江州)의 제주(祭酒-지금의 교육감 격의 직위)였다. 강주의 도읍 심양은 바로 그의 고향이다.

〈※宋書 隱逸傳에-「집안 어른이 늙고 형편이 가난하여 州의 祭酒가 되었으나, 벼슬 일을 감당할 수가 없어 며칠 후에 스스로 물러났다.」고 했다.〉 도연명은 본래가 벼슬살이에 맞는 성품은 아니었다. 가난 때문에 할 수 없이 출사의 길에 오르기는 했어도 적성에는 맞지 않았다.

✍1. 「歸園田居 其 一」 5행에서 8행까지를 보면
羈鳥戀舊林 (기조연구림) ; 새장에 갇힌 새는 옛 숲을 그리고
池魚思故淵 (지어사고연) ; 연못의 물고기는 옛 늪을 생각하듯

開荒南野際 (개황남야제) ; 나도 황폐한 남쪽 들을 개간하여
守拙歸園田 (수졸귀원전) ; 전원에 돌아가 자연에 묻혀 살리라.

그의 두 번째의 벼슬은 35세 경, 진군장군 유로지(鎭軍將軍 劉牢之)의 참모가 되었으며, 세 번째의 출사는 37세 경, 형주자사(荊州刺史) 환현桓玄)의 막하(幕下)가 되었다. 아비규환(阿鼻叫喚)의 난세(亂世)이자 음모와 흉계가 판을 치던 말세라서 도연명은 2년여의 벼슬살이에 종지부를 찍고, 다시 고향으로 돌아왔는데, 그때 마침 모친 상(喪)을 당했다.

☞. **도화원(桃花源)의 詩人** – 도연명의 네 번째의 출사는 건위장군 유경선의 참군(參軍- 40세 경)이 된 것이었다. 유경선이 유의(劉毅)라는 장군과 의견충돌로 사직하는 사직서를 수도인 건강(建康)으로 가서 전달하고 내려온 후 자신도 2년여의 벼슬자리에서 물러났던 것이다.

그의 다섯 번째의 벼슬은 팽택현 령(彭澤縣 令)의 자리였다. 약 12년 간의 출사와 전원생활의 악순환을 되풀이하던 모순의 마지막이 될 팽택현 령의 벼슬에서도 80여 일 만에 그만 두었다. 송서 은일전(宋書 隱逸傳)에「생계를 위해 팽택령이 되었고, 공전(公田)에 술을 빚을 차조(조-糯粟나속)를 심게 하였다.

그러자 중앙에서 내려오는 독우(督郵-감독관)를 의관속대(衣冠束帶)하고 맞이하라고 하자, 도연명은 '내 어찌 다섯 말의 쌀 때문에 촌뜨기 아이놈에게 허리를 굽힐 수 있겠느냐.'라고 하면서 그날로 자리에서

물러났다.」고 한다.

　3개여 월의 짧은 기간의 벼슬에서 물러난 도연명에게는 말 못할 보다 큰 이유가 있었다. 그것은 천하가 성정이 그릇된 유유(劉裕)의 손에 놀아나면서 악덕이 횡행했던 폭정으로 세상은 절망으로 빠져들어 도연명은 다시는 출사하지 않으리라 다짐했던 것이다. 파탄과 모순으로 점철되었던 그의 인생도 40을 넘어서면서 속세를 떠나 은일한 전원으로 돌아갔다.

✍ 2. 桃花源(도화원)

嬴氏亂天紀 (영씨난천기) ; 진나라 임금이 천도(天道)를 흩트리자.
賢者避其世 (현자피기세) ; 현자(賢者)들이 세상에서 몸을 숨겼다.
黃綺之商山 (황기지상산) ; 네 사람의 은자(隱者)들이 상산으로 갔던
伊人亦云逝 (이인역운서) ; 그들 역시 이곳으로 피해왔노라.
往迹浸復湮 (왕적침복인) ; 은신해갔던 발자국도 묻혀 지워졌고
來逕遂蕪廢 (내경수무폐) ; 도화원으로 오던 길도 황폐해 버렸노라.
相命肆農耕 (상명사농경) ; 서로 도와 농사에 힘들이고
日入從所憩 (일입종소게) ; 해가 지면 편하게 쉬더라.
桑竹垂餘蔭 (상죽수여음) ; 뽕과 대나무가 무성하여 그늘이 짙고
菽稷隨時藝 (숙직수시예) ; 콩과 기장을 때 따라 심는다.
春蠶收長絲 (춘잠수장사) ; 봄누에 쳐서 비단실 거두고
秋熟靡王稅 (추숙미왕세) ; 가을 추수 세금 안 바치더라.

← 13行 ~ 24行까지는 中略. →

奇蹤隱五百 (기종은오백) ; 흔적 없이 가려진지 오백 년 만에
一朝敞神界 (일조창신계) ; 홀연히 신비의 세계가 나타났으나.
淳薄旣異源 (순박기이원) ; 순박한 도원경과 야박한 속세 서로 달라
旋復還幽蔽 (선부환유폐) ; 이내 다시 신비 속에 깊이 숨었노라.
借問游方士 (차운유방사) ; 잠시 속세에서 노는 사람에게 묻겠노라
焉測塵囂外 (언측진효외) ; 먼지와 소음 없는 신비경을 알겠는가?
願言躡輕風 (원언섭경풍) ; 바라건 데 사뿐히 바람을 타고
高擧尋吾契 (고거심오계) ; 높이 올라 나의 이상을 찾으리.

※. 詩語풀이- ①嬴氏-秦나라 황제의 姓. ②黃綺-진의 폭정을 피해 商山으로 몸을 숨긴 네 사람. (夏黃公. 綺里季. 東園公. 角里先生 이들을 상산의 四皓라고 한다.) ③商山-陝西省에 있는 산. ④伊人- 이 사람들. 즉 도화원에 사는 사람들. ⑤浸-점차로, 차차. ⑥來逕-도화원으로 왔던 길. ⑦肆-힘들여 일하다. 애쓰다. ⑧菽稷-菽은 콩, 稷은 메기장. 藝는 심다. ⑨五百年- 秦에서 東晉 太元 年代까지 약 육백년을 말함. ⑩敞-열리다. 높이 나타나다. ⑪神界-도화원의 뜻. ⑫游方士-속세에 살고 있는 사람. 方은 구속이나 격식. ⑬躡-밟는다. ⑭吾契-나와 짝이 맞다. 즉 이상에 맞는 桃源境을 찾고 싶다는 뜻.

※. 鑑賞- 진나라 황제 嬴(영)씨가 포악한 정치로 하늘의 질서를 문란하게 하므로 賢者들은 세상에서 몸을 숨기었다. 상산의 사호(四皓)들이나 도화원에 사는 그들 역시 그때에 이곳으로 온 것이다. 때 묻지 않은

자연에서 순수한 마음으로 구속받지 않고 살아가는 유토피아에 대한 그리움을 읊었다.

※. 解說 – 도화원의 시는 귀거래사(歸去來辭)와 같이 잘 알려진 詩다. 인간들의 꾀나 농간은 물론 모든 인간적 지혜의 산물과 동떨어져 사는 소박한 도원경의 사람들을 흠모하는 일종의 픽션이다. 그곳에서는 오직 자연과 더불어 살고 순박한 일정 속에서 서로가 기쁜 마음으로 안락을 누리고 있다.

도화원은 도연명이 가공적으로 그린 이상향이다. 老子의 사상인 무위자연(無爲自然)의 소박한 생활 속에서 인위적인 정치의 구속이나, 인간들이 만든 역사나 권력을 느끼지 못하는 꿈같은 마음을 도화원이라 했다. 이 글과 詩는 현대인들에게도 암시해주는 바 매우 크다고 본다. 엄청난 힘을 가진 과학의 발달은 생활에서 편리와 부(富)를 가져왔으나, 인간들은 자연을 그리워하는 회귀본능(回歸本能)의 순수한 정(情)이 그리워 발길을 고향으로 돌리고 있다.

☞. **오류선생(五柳先生)의 3기 人生과 자연생활** – 오류선생 도연명은 41세가 되던 해에 누이의 상(喪)을 구실삼아 관직에서 사임한 뒤 다시는 벼슬길에 나가지 않았으며, 관직을 떠나 귀향길에 오르면서 남긴 詩가 그 유명한「歸去來辭-귀거래사」다. 철인이자, 詩人으로서 유유자적한 생활에 젖은 그의 은퇴는 무위도식(無爲徒食)하는 것이 아니라, 자연에 몸을 의탁하면서도 삶의 현실도피가 아닌 자기의 가치관을

관철하였던 것이다. 도연명이 벼슬에서 물러나 전원생활로 돌아간 뒤의 진나라는 더욱 혼란에 빠져, 계속되는 농민들의 봉기와 군벌들의 암투 속에서도 냉혈한이자 흉계에 뛰어난 능력을 가진 劉裕(유유)는 권력을 움켜잡는데 성공하여, 마침내 서기 420년에 진나라의 마지막 황제 공제(恭帝)를 유폐하고, 왕위에 올라 국호를 宋이라 개칭했다.

이때 도연명은 56세가 되던 해로 그가「歸去來辭」를 짓고 은퇴한 지 어느덧 15년의 세월이 흘렀다. 인생을 마무리 짓는 도연명은 3기 인생에서 누차 벼슬에 초청된 바 있었으나, 어려운 생활을 하면서도 모두 거절하였다.

이 시절의 詩가 가장 알차고 깊이가 있었으나, 귀중한 문학유산이 그의 불우한 삶을 제물로 하여 승화된 결정체로 이루어진 사실들이 아쉬움을 남긴다. 은일의 시인 도원명의 대표작이라 할 수 있는「歸園田居 귀원전거」는 총 다섯 수로 되어있으며, 그의 참모습을 보여주는 대표적 걸작인 歸園田居는 42세 때의 작품이다.

3. 歸園田居 其一 〈전원의 집으로 돌아와서 제 1 수〉

少無適俗韻 (소무적속운) ; 어려서부터 세속에 어울리지 못하고
性本愛邱山 (성본애구산) ; 성품은 본시 산을 사랑했거늘
誤落塵網中 (오락진망중) ; 잘못하여 먼지 속 그물에 빠져들어
一去十三年 (일거십삼년) ; 어느덧 벼슬살이 십삼 년을 지냈노라.
羈鳥戀舊林 (기조연구림) ; 떠도는 새들은 옛 숲을 그리워하고
池魚思故淵 (지어사고연) ; 연못의 물고기는 옛 물을 생각하되

開荒南野際 (개황남야제) ; 나도 황폐한 남쪽 들판을 개간하고자
守拙歸園田 (수졸귀원전) ; 전원으로 돌아가 자연에 묻혀 살리라.
方宅十餘畝 (방택십여무) ; 반듯한 삼백여 평 대지에
草屋八九間 (초옥팔구간) ; 조촐한 팔 구간의 초가집에서
楡柳蔭後簷 (유류음후첨) ; 뒤뜰에는 느릅과 버들이 그늘져 처마를 덮고
桃李羅堂前 (도이나당전) ; 앞뜰에는 복숭아 오얏꽃이 줄지어 피었노라.
曖曖遠人村 (애애원인촌) ; 멀리 있는 마을의 밤이 깊어져 가는데
依依墟里煙 (의의허리연) ; 허전한 인가(人家)의 연기 길게 피어오르네.
狗吠深巷中 (구폐심항중) ; 골목 깊은 곳에서 개짖는 소리 들리고
鷄鳴桑樹巓 (계명상수전) ; 뽕나무 가지위에서는 닭들이 울고
戶庭無塵雜 (호정무진잡) ; 뜰 안에는 흙먼지도 날리지 않으며,
虛室有餘閒 (허실유여한) ; 텅 빈 방은 한가롭기만 하구나.
久在樊籠裏 (구재번롱리) ; 너무나 오래 새장 속에 갇히었다가
復得返自然 (부득반자연) ; 이제야 다시 자연으로 돌아왔노라.

※. 詩語풀이- ①俗韻-세속적인 기풍이나 분위기. 俗風. ②誤落-잘못하여 떨어짐. ③塵網中-추악하게 엉키고 구속이 많았던 벼슬살이란 뜻. ④十三年-13년 동안의 벼슬살이 기간. ⑤羈鳥-나그네로 떠도는 새. 羈는 나그네. 또는 客寓의 뜻. ⑥畝-무는 약 30평. ⑦曖曖-아득하다. 어둡다. ⑧依依-부드럽고 길게 늘어지다. ⑨復得-다시 ~ 할 수 있게 되었다.

※. 鑑賞 - 도연명 즉 五柳先生은 어려서부터 세속적인 기풍에 어울리지 못했으며, 자연을 좋아하는 고고한 인자의 성품을 지녔다한다. 가난했기에 어쩔 수 없이 벼슬길에 나간 일들을 19행에서 "너무 오랫동안 새장에 갇힌 세월"이었노라고 비교해서 표현했듯이 사람은 누구나 타고난 본성은 숨길 수 없다. 라는 의미로 "새들도 자연의 숲을 그리워하고, 물고기들도 넓은 물속에서 자유를 누리려한다."라고 5행과 6행에서 그려냈다.

도연명이「守拙-수졸」하고「開荒- 개황」하겠다는 뜻은 바로 '만물을 끝없이 살게 하고, 번영하게 하는(生生不已)」「천지의 大德」즉 자연의 道를 따르기 위한 것이다. 자연은 생명이 있는 만물을 공생, 공존, 공진화하고자 하는데, 이 길이 곧 자연의 道며, 하늘과 통하는 '天道'인 것이다.

※. 解說 - 도연명은 18행에서 '텅 빈 방은 한가롭기만 하다.'(虛室有餘閒)이라고 읊었다. 즉 '비었다(虛)'는 것은 '아무것도 없다'는 뜻이 아니고, '욕심이 없다'는 의미다. 동양사상에서의 '虛'의 의미는 공중 즉 하늘이 비어있는 것 같지만 그것은 인간들의 착각에서 온다고 했다. '자연'과 '虛靜'의 깊이를 바로 알고서야 도연명의 詩를 이해하는데 도움이 될 것이다.

2. 도연명에 대한 文豪들의 사랑이야기

도연명이 살아 있을 때 그를 이해해주면서 가까이 지낸 顔延之(안연지;384~456년)는「陶徵士誄-도징사뢰」라는 글에서 도연명을 평하기를 "은둔자. 고고한 정신의 소유자. 학문이나 생활을 자유롭게 한 사람. 가난하여 손수 경작을 한 사람. 부모에게 효도하고 가족들에게는 인자하였으며, 술을 즐긴 사람이라고 했다."

도연명 사후 60년이 지나 沈約(심약)이 지은 「宋書 隱逸傳-송서 은일전」을 바탕으로 양(梁)나라 蕭統(소통)의 「陶淵明 傳」에 "연명의 문장은 일반의 수준을 뛰어나 정채(精彩)로웠으며, 적절하게 그리는 듯, 현실을 비판하고, 넓고 참된 경지에서 회포를 풀고, 아울러 굳은 정절로 道에 안주하고 절개를 지켰으며, 스스로 농사짓는 일을 부끄럽게 여기지 않았으며, 재산이 없음을 걱정하지 않았다.」

"淵明 文章不群 辭采精拔 - 연명 문장불군 사채정발
語時事則指而可想 -어시사즉지이가상
論懷抱則曠而且眞 加以貞志不休 安道守節 -
　　　　　　　　논회포즉광이차진 가이정지불휴 안도수절
不以躬耕爲恥 不以無財爲病; - 불이궁경위치 불이무재위병"이라고
　　　　　　　　도연명의 문학과 인격을 칭찬하였다.

당(唐)대의 많은 시인들은 도연명을 잘 이해했으며, 그중에서도 백낙천(白樂天)은 도연명의 시풍을 본 따라 16首나 지었으며, 가장 열렬하게 찬미했다. 많은 시인들이 그를 칭찬한 가운데에도 특히 宋대의 대문호인 소식(蘇軾-東坡) 만큼 도연명을 높인 사람도 없으며, 그는 109편의 화작시를 지어냈다.

이외에도 구양수와 宋代의 위대한 성리학자인 朱子, 그리고 도연명을 진정으로 이해하며 벗으로 생각한 조선의 성리학자 퇴계 이황(退溪 李滉), 宋代의 유학자들과 대문호들의 극찬과 사랑을 많이 받은 도연명을 정신과 물질적 오염으로 흐려진 삶을 영위하는 후학들은 새로운 생각으로 그의 詩를 이해하면서 정결한 자세로 접해야 할 것 같다.

도연명과 술은 불가분의 관계였다고 한다. 맨 정신으로는 미친 세상, 헝클어진 속세를 대할 수가 없었다고 생각한 그는 오직 술만이 무위자연의 경지로 이끌어주었던 것이다. 도연명은 본시 술을 즐겼으나, 가난했기에 절제하면서 살았다한다. 그러나 권하는 술잔을 사양하지 않고 즐겼으며, 취하면 홀연히 사라졌다. 그가 음미(吟味)하던 술에 취한 경지(耕地)를 다음의 詩「그의 飮酒 20首 중 그 첫 편을 감상해보자.

4. 飮酒(음주)

衰榮無定在 (쇠영무정재) ; 영고성쇠는 고정 되어있는 것이 아니며
彼此更共之 (피차갱공지) ; 피차 바뀌면서 돌게 마련이라.
邵生瓜田中 (소생과전중) ; 오이 밭을 가는 소평이가
寧似東陵時 (영사동능시) ; 동릉후였다고 누가 알리오.
寒暑有代謝 (한서유대사) ; 여름 겨울 뒤바뀌는 자연같이
人道每如玆 (인도매여자) ; 인간의 원리도 그와 같거늘
達人解其會 (달인해기회) ; 심오한 근원을 터득하여 달통한 사람
逝將不復疑 (서장불부의) ; 앞으로 다시는 미혹되지 않으리라.
忽與一樽酒 (홀여일준주) ; 홀연히 한 동이의 술이 생기니

日夕歡相持(일석환상지) ; 날 저물자 술 마시면서 즐기리라.

※. 詩語풀이- ①彼此更共之-그것 '衰'와 이것 '榮'이 서로 돌려가며 함께 겪기 마련이다. 老子는 「禍兮福所倚 福兮禍所伏 (老子 五十八章)-화혜복소의 복혜화소복 -禍가 있으면 자연히 福이 따르기 마련이고, 福이 있으면 그 속에 禍가 깃들기 마련이다.」
②邵生 -소생은 邵平이다. 秦나라 사람으로 東陵侯였다. 秦이 漢나라에 패망하자 모든 것을 버리고, 長安省 밖 동쪽에서 오이 농사를 하며 살았다. ③寧似-어찌 닮았겠느냐? ④每如玆-노상 그와 같다. ⑤解其會-解는 이해의 뜻. 會는 법칙이나 도리가 모인 곳. 즉 근원의 뜻. ⑥逝-發語 조사로 뜻이 없음. ⑦歡相持-술과 더불어 즐기노라.

※. 鑑賞- 벼슬에서 물러나 별로 하는 일 없이 살고 있으니, 특별한 즐거움도 없고, 게다가 요즘에는 밤이 길어졌는데, 마침 좋은 술이 생겨 매일 밤 홀로 내 그림자를 마주하며 흠씬 마시고 나니, 술과 더불어 흥겹기 그지없구나!

※. 解說- 부귀와 빈천, 그리고 영고와 성쇠는 서로 돌아 자리를 바꾸게 마련이다. 대자연의 이치와 춘하추동도 마찬가지 돌아가게 되어 있다. 인생도 그러한 것이리라. 이러한 자연의 이치를 바탕으로 인간 세상의 깊은 도리를 터득한 나는 앞으로 다시는 망설이거나 미혹되는 일이 없을 것이다. 오직 술과 더불어 취하면서 흥겨움에 젖으리라.

이 작품은 도연명의 대표작 중의 하나다. 도연명이 술에 취해 주변의 경치에서 느낀 심정을 그려냈으며, 자연과 조화를 이뤄가며, 헛된 공명을 멀리하고 전원에서 살아가는 맛을 터득한 것이다. 그는 현실에서 도피한 것이 아니고, 스스로 논밭을 경작하면서 즐거움을 찾아 노래했다.

3. 不朽의 名詩 歸去來辭

「仁」과 「義」는 무엇일까? 「仁」은 肉親愛(육친애)를 바탕으로 한 인류를 사랑하는 협동이며, 인간의 본성에 뿌리를 둔 휴머니즘이다. 「義」는 하늘이 준 올바른 道이며, 「義」를 지킨다고 하는 것은 天道를 지킨다는 뜻이다.

「仁」은 孝를 바탕으로 한 시간의 흐름에서 본 「사랑의 協同」이고, 「義」는 공간적 차원에서 본 「正義의 協同」이다. 空間은 「宇」이고 時間은 「宙」로 보며, 「仁義」는 곧 공생, 공존, 공진화(共進化)의 원리라고 한다.

동양의 지식인들은 天道를 가장 받들고 따랐으며, 그들은 道가 있으면 출사하여 충성을 다했고, 道가 없으면 물러나 은퇴를 하였다. 속세에서 은퇴를 하면 풍물이 아름다운 자연으로 돌아가 인간사회의 굴레를 벗어나 자연 속에서 天道를 따라 살아간다. 동양의 전통적 사상으로 뿌리 내린 「은일과 탈속」의 특징은 노장의 사상에서 비롯되었으며, 자연의 天道는 「有와 無, 生과 死를 초월하고 무극無極」에 귀일한다고 한다.

자연으로 돌아간 도연명은 모범적인 애정관을 가진 따뜻한 사람으로 큰 이상을 갖고 학처럼 고고하게 살아가는 금욕주의자도 아니면서 정신적인 아름다움을 찾아 절제하는 삶을 살다간 인생의 멋과 향을 즐긴 전원시의 효시를 이룬 시인이다.

　자유로운 삶과 자연에 대한 사랑이 짙게 녹아있는 그의 대표작이라 할 60行으로 된「歸去來辭」를 감상해보자.

✎ 5. 歸去來辭(귀거래사)

* 1행-10행까지

歸去來兮 (귀거래혜) ; 자! (내 집의 논밭으로) 돌아가자.

田園將蕪胡不歸 (전원장무호불귀) ;

　　　　전원이 황폐하고 있거늘 어찌 돌아가지 않으리.

旣自以心爲形役 (기자이심위형역) ;

　　　　이미 지낸 벼슬살이로 정신을 괴롭혔거늘

奚惆悵而獨悲 (해추창이독비) ;

　　　　어찌 혼자서 한탄하고 서러워만 할 것인가?

悟已往之不諫 (오이왕지불간) ; 지나간 일 탓한들 무슨 소용 있으리.

知來者之可追 (지래자지가추) ; 바른 길을 좇는 일이 옳다는 것을 알았노라.

實迷塗其未遠 (실미도기미원) ;

　　　　길을 잃고 헤매였지만 아직은 멀리 가지는 않았고

覺今是而昨非 (각금시이작비) ;

　　　　각성하여 바른 길을 찾았으니, 지난날의 벼슬살이가

　　　　그릇되었음도 알았노라.

舟搖搖以輕颺 (주요요이경양) ;

　　　　집으로 가는 배는 출렁출렁 가볍게 흔들리고

風飄飄而吹衣 (풍표표이취의) ; 바람은 한들한들 옷자락을 날리네.

* 11행에서 ↔ 22행 생략 → 23행부터 ↔ 40행까지

倚南牕以寄傲 (의남창이기오) ; 남쪽 창가에 기댄 기분 의기양양해 하고
審容膝之易安 (심용슬지이안) ;
    무릎을 드릴만한 좁은 집이지만 편안함을 실감한다.
園日涉以成趣 (원일섭이성취) ; 날마다 전원을 즐거운 마음으로 거닌다.
門雖設而常關 (문수설이상관) ;
    대문은 있으나, 찾아오는 사람 없어 항상 닫혀있네
策扶老以流憩 (책부로이류게) ;
    지팡이에 의지해서 소요하다 발길 멎는 곳에서 쉬어가며
時矯首而遐觀 (시교수이하관) ; 때로는 머리 들어 먼 곳을 바라본다.
雲無心以出岫 (운무심이출수) ; 구름은 무심하게 산골짝에서 솟아오르고
鳥倦飛而知還 (조권비이지환) ;
    날기에 지친 새들은 둥지로 돌아올 줄 알더라.
影翳翳以將入 (영예예이장입) ; 해도 저물어 들어가려 할 무렵
撫孤松而盤桓 (무고송이반환) ;
    나는 외로운 소나무 붙잡고 서성이며 맴돌고 있노라.
歸去來兮 (귀거래혜) ; 돌아왔노라.
請息交以絶游 (청식교이절유) ;
    이제 세속의 교제도 그만두고 속세와도 단절하리.
世與我而相違 (세여아이상위) ; 속세와 나는 서로가 어긋나 맞지 않거늘
復駕言兮焉求 (부가언혜언구) ; 다시 수레를 타고 무얼 구할 게 있으리.

悅親戚之情話 (열친척지정화) ;
　　　　　　　일가친지들과 정 나누면서 마음을 주고받으며,
樂琴書以消憂 (낙금서이소우) ;
　　　　　　　거문고 타고 책을 읽으면서 시름을 달래련다.
農人告余以春及 (농인고여이춘급) ; 농부가 찾아와 봄을 알리니
將有事於西疇 (장유사어서주) ; 내일은 서쪽에 있는 밭이나 갈련다.
＊41행에서 ↔ 46행까지 생략 → 47행부터 ↔ 60행까지
善萬物之得時 (선만물지득시) ; 만물은 때를 만나 무럭무럭 자라고
感吾生之行休 (감오생지행휴) ; 내 인생은 멀지않았음을 느껴간다.
已矣乎 (이의호) ; 이제 모든 것이 끝나가는 구나!
寓形宇內復幾時 (우형우내부기시) ;
　　　　　　　내 몸을 세상에 맡길 날 얼마나 될지?
曷不委心任去留 (갈불위심임거류) ;
　　　　　　　어찌 내 마음을 자연의 섭리에 맡기지 않으리.
胡爲乎遑遑欲何之 (호위호황황욕하지); 이제와 세삼 초조하고 황망한
　　　　　　　마음 욕심내고 바랄 것이 무엇이 있겠는가?
富貴非吾願 (부귀비오원) ; 부귀도 바라지 않고
帝鄕不可期 (제향불가기) ; 죽은 후에 천국에서 사는 기대도 않으련다.
懷良辰以孤征 (회량신이고정) ; 때가 좋다 생각되면 혼자서 거닐고
或植杖而耘耔 (혹식장이운자) ; 때로는 지팡이 세워놓고 김매기도 한다.
登東皐以舒嘯 (등동고이서소) ; 동쪽 언덕에 올라가 조용히 읊조리고
臨淸流而賦詩 (임청류이부시) ; 맑은 물 흐르는 시냇가에서 시를 짓노라.

聊乘化以歸盡 (요승화이귀진) ;
　　　　　천지조화의 원칙을 따라 생명이 다하는 날 돌아가자.
樂夫天命復奚疑 (낙부천명부해의) ;
　　　　　천명을 즐긴다면 그 무엇을 의심하고 망설일까?

※. 詩語풀이- ①影翳翳(영예예)-햇살이 어둑어둑하다. ② 36행의 '言'은 어조사(뜻이 없음). ③西疇-서쪽의 밭. ④巾車-포장을 친 수레. ⑤窈窕-꾸불꾸불 깊이 들어간다. ⑥欣欣-싱싱하고 즐거운 듯. ⑦向榮-나무가 뻗어나고 자란다. ⑧涓涓-졸졸 물이 흐르다. ⑨寓形宇內-'寓'는 드리우다. 맡기다. '形'은 형태. 육신. '宇內'는 세계. ⑩任去留-이 세상에 남아 더 살거나, 또는 죽어 떠나거나. ⑪欲何之-무엇을 욕심내겠느냐? ⑫孤征-혼자 간다. ⑬植杖-지팡이. ⑭復奚疑-또 무엇을 의심할 것인가?

※. 鑑賞-「歸去來辭」는 名文 중의 名文이다. 楚나라 屈原의 초사체를 따랐지만, 굴원처럼 정면으로 詰難(힐난)하는 문장이 아니라, 도연명은 자연스럽고 평범하게 자기가 경험한 벼슬 세계와 자연을 사랑하는 인생관을 그려냈다. 그가 전원으로 돌아간 이유로는 부패하고 어지러운 세상의 벼슬보다는 경제적으로는 궁핍하지만 비장한 은퇴의 결심을 하게 된 것이다.

즉 인간의 본성과 현실세계에서 겪어내는 갈등과 선택의 지로에 서 있었던 그는 끝내 본성을 선택한 것이다. 무위자연의 조화로 실상을 터득한 그는 살아있다는 것은 형체와 육신을 현상세계에 잠깐 의탁한 것이라 여겼으며, 영원한 실재(實在)는 '有'를 초월한 '無'의 세계에 있다고 믿었다.

　도연명은 宋代의 대표적인 詩人이었으며, 그의 유작으로는 四言體 9首, 五言體 115首, 散文 11편이 전하며, 年代가 분명하게 밝혀지지 않은 80여 首의 작품이 전해온다. 200여 首를 조금 넘는 그리 많지 않은 작품이지만, 그의 詩가 후세에 오래도록 주목을 받고, 널리 애송되는 까닭을 소동파는 "고요하고 자연스러운 읊조림과 세속의 티끌을 넘어 선 맑고 깊은 운치(韻致)를 칭송하는 선경(仙境)의 경지 때문이다."라고 칭찬하였다.

다. 人生과 自然을 노래한 詩佛 王維

1. 南宗畵의 元祖로 불리는 화가 詩人

왕유(699~762년)는 唐나라 때의 시인으로 字는 마힐(摩詰)이며, 산서성 시현(山西省 邿縣)에서 관리의 아들로 태어났다. 19세 때 과거에 급제하여 40여년을 관직에 있으면서 비교적 평온한 생활을 했다.

안녹산의 난 때, 장안에 머물다가 포로가 되어 본인의 뜻과는 달리 안녹산을 섬기다가 후일 난처한 입장에 선다. 그러나 적중(敵中)에 있을 때, 玄宗에게 충성을 읊은 詩로 여러 관리들의 도움을 받아 죽음을 면하고, 벼슬이 강등(降等)되지만 말년에는 상서우승(尙書右丞-우리나라의 長官격인 部長에 해당)의 지위에 있었다.

왕유는 장안의 종남산(終南山) 밑에 별장을 마련하고, 자연을 탐닉하면서 수도를 했다. 그는 열렬한 불교 신자였으나, 불교의 일종일파(一種一派)에 치우치지 않고, 자기의 삶을 지탱해주는 밑바탕으로 삼았기에 염세적(厭世的)이거나 사색적인 성향이 아니라, 명랑한 성품으로 자연과 인생을 마음껏 즐긴 시인이다.

다양한 재능으로 음악에 정통(精通)했으며, 화가로서는 남종화의 원조(南宗畵의 元祖)로 존경을 받는다. 왕유의 작품 두 편을 감상해보자.

1. 가을 〈 原題 – 산거추명(山居秋暝) –山家의 가을 저녁 때 〉

空山新雨後(공산신우후) ; 비가 개인 산중에
天氣晚來秋(천기만래추) ; 가을빛은 나날이 짙어 가고
明月松間照(명월송간조) ; 소나무 사이로 달빛은 비추이는데
淸泉石上流(청천석상류) ; 맑은 샘물은 돌 위를 흐른다.
竹喧歸浣女(죽훤귀완녀) ; 대숲이 버석거리더니 빨래꾼들이 돌아오고
蓮動下漁舟(연동하어주) ; 고깃배들이 지날 적마다 흔들리는 연잎들
隨意春芳歇(수의춘방헐) ; 꽃은 질 테면 저라
王孫自可留(왕손자가류) ; 임은 나와 함께 계시려니.

※. 詩語풀이– ①.空山–인기척 없는 산. ②.晚來–저녁 때. ③.喧–시끄러움. ④.浣女–빨래하는 여자. ⑤.隨意–뜻대로 하여라. ⑥.春芳–봄꽃. ⑦.歇– 떨어져 없어짐. ⑧.王孫自可留–「봄은 해마다 푸르러도 王孫은 돌아오지 않는다.」는 옛 시를 이름. '王孫'은 왕의 자손이라는 뜻 이외, 단순히 상대를 높이는 의미다. '自可留'는 스스로 머물러 있다. 즉 가지 않는다는 뜻이다.

*鑑賞– 李白의 자유분방한 정열이나, 杜甫가 갖고 있는 雄渾(웅혼)한 기력 같은 것은 보이지 않지만 자연을 바라보는 視野도 이쯤이면 너무나 아름답지 않은가?
　5句와 6句에 펼쳐진 감각에는 禪적인 첨세함과 날카로움이 느껴진다. 思考의 迂路(사고의 우로)를 거치지 않고, 실제를 구체적으로 파악

하는 구실을 하는 선(禪)의 직관은 大照禪師에게서 師事한 결과일 것이다. 죽리관은 왕유의 대표작으로 볼 수 있다.

✍ 2. 달 (原題; 竹李館-죽리관)

獨坐幽篁裏(독좌유황리) ; 그윽한 죽림(竹林)에 홀로 앉아
彈琴復長嘯(탄금부장소) ; 거문고를 타다가 다시 휘파람을 분다.
深林人不知(심림인부지) ; 대숲에 홀로 있음을 그 누구도 모르는데
明月來相照(명월래상조) ; 달이 빛을 안고 찾아와 주는구나.

※. 鑑賞-「죽리관」은 호수 북쪽에 있는 竹林으로 에워싸인 조그마한 집 이름이다. 이 詩를 그림으로 그려낸다면 달빛 울창한 한 폭의 죽림도(竹林圖)를 연상할 수 있으며, 그림 속에서 홀로 거문고를 뜯고 있는 사나이의 모습은 너무나도 感傷的이다.

달빛아래 휘파람 소리가 대나무 숲속에서 불어오는 바람소리에 어우러지는 인적 없는 자연에 묻혀가고 있다. 풍류생활은 동양인들이 즐기는 자연 귀화 현상으로 인간들만 관심의 대상으로 삼았던 서양 예술과는 매우 대조적이다.

왕유는 자연인으로 돌아가 자연에 몰입하여 심취하려했으며, 자연의 소리인 바람소리와 물소리를 인간세계의 거문고와 휘파람으로 부응한 것이다.

2. 자연을 즐긴 風流 詩人

왕유 詩의 가장 두드러진 특징은 자연에 묻혀 생활하면서 자연을 바라보는 시선과 깊은 思考에서 그 의미를 찾아내야 한다. 선천적인 재능도 있었겠지만 불교신자로서 禪을 통해서 얻은 직관력 또한 예리했다고 본다. 자연의 미묘한 움직임 속에서 그처럼 美를 포착한 詩人도 드물 것이다.

도연명의 자연에 대한 觀照(관조)가 약간은 침울한 것이었음에 비해 왕유의 詩는 명랑한 감정으로 자연을 즐겼던 것이다. 자연을 신뢰하고, 그에 순응하는 태도와 취향을 풍류라고 한다면 왕유는 그 대표적인 풍류 시인이다.

3. 절 (原題; 登辨覺寺-등변각사)

竹逕從初地(죽경종초지); 대숲 사이 길을 얼마나 올랐던가.
蓮峰出化城(연봉출화성); 연꽃 같은 봉우리, 몇 간의 절을 떠받들어라.
窓中三楚盡(창중삼초진); 뉘, 삼초를 넓다더냐. 창 하나로 만 리에 비추다.
林外九江平(림외구강평); 구강이야 아득한 발아래 경지
嫩草承趺坐(눈초승부좌); 봄풀 깔고 정(靜)에 들면
長松響梵聲(장송향범성); 그 소리는 그대로 범패로다.
空居法雲外(공거법운외); 티끌하나 날아들지 못하는 이곳
觀世得無生(관세득무생); 죽음도 삶도 나 몰라라.

※. 詩語풀이- ①.竹逕- 대나무가 있는 작은 길. ②.初地- 菩薩(보

살)의 수행 단계가 열 가지가 있어 이것을 十地라고 하는데 그 첫 단계. 여기서는 山의 初入을 말함. ③.出- 나타낸다. ④化城- 신통력으로 나타낸 寶城(보성). 여기서의 뜻은 절(寺)이다. ⑤.三楚- 楚(초)를 東楚. 西楚. 南楚로 나눔. ⑥.九江- 洞庭湖(동정호)를 말함. 아홉 개의 강이 모여들어 이루는 강. ⑦.趺坐- 부처님처럼 책상다리를 하고 앉는 것. 여기서는 좌선하는 것. ⑧.梵聲- 독경소리. ⑨.法雲- 보살 수행의 마지막 단계. 여기서는 山의 정상을 말한다. ⑩.觀世- 세상의 실상을 보는 것. ⑪無生- 寂滅(적멸)의 이치. 生死와 輪回(생사와 윤회)를 초월한 경지.

※. 鑑賞-보살의 수행에 열 단계가 있는데 初地, 二地, ‥ 十地라 하며, 初地의 이름은 歡喜天(환희천), 十地는 法雲地(법운지)라고 부른다. 이 詩에서는 이것을 교묘하게 이용하여 산의 初入을 初地, 정상을 법운이라 하고, 그 외에도 화성(化城), 부좌(趺坐), 범성(梵聲), 관세(觀世), 무생(無生) 등의 불교 용어를 적당하게 써가면서 자기의 신앙을 노래했다.
　典故(전고-典據가 되는 고사.)를 많이 썼음에도 티가 되지 않은 것은 그의 표현 기술이 뛰어났기 때문으로 본다.

4. 친구를 보내며 (原題; 送沈子福歸江東- 송 심자복 귀강동)
楊柳渡頭行客稀(양류도두행객희); 나그네 드문 나루터에서
罟師盪槳向臨圻(고사탕장향임기); 사공은 노를 저어, 님을 싣고 떠나는데

惟有相思似春色(유유상사사춘색); 봄빛 같은 나의 정은 아무도 끊지 못해
江南江北送君歸(강남강북송군귀);

　　　　　　　어디라도 가시는 그곳에 뒤 따를 줄 아소서.

※. 詩語풀이- ①.楊柳- 버드나무. 중국에서는 이별을 할 때 버들을 꺾어 정표를 하였다. ②.渡頭- 나루터. ③.罟師- 사공. ④.盪槳- 노(槳)를 저음. ⑤.臨圻- 남경 근처에 있는 臨沂

※. 鑑賞- 친구인 沈子福(심자복)이 강동으로 돌아가는 길을 전송하는 이별의 詩다. 앞의 두 句는 이별의 광경이고, 후반의 두 句는 떠나보내는 사람의 情緖(정서)다. 보내는 사람을 봄빛에 비유하여 가는 곳 어디라도 따라 가겠다는 진실 되고, 애절한 표현기교의 아름다움은 끝없는 여운(餘韻)의 묘미(妙味)가 향기롭다.

3. 당나라 3대 거장으로 추앙받는 詩佛

　왕유는 말년(末年)에 속세에 환멸을 느꼈던 데다가, 30세 전후에 아내와 어머니의 죽음으로 더욱 슬픔을 못 이겨내고, 자연의 품으로 돌아간 자연 시인이다. 그의 작품들은 대부분 시골 풍경에서 영감을 받아 감정을 표현했으며, 화가로서는 山水畵(산수화)를 발달시킨 최초의 화가로도 유명하다.

　특히 雪景(설경)을 그려낸 산수화는 너무나 유명했으며, 기록상 그의 작품에서 발묵(潑墨)의 기법이 최초로 발견되었다고 한다. 왕유는 詩仙

李白(시선 이백), 詩聖 杜甫(시성 두보) 등 唐代(당대)의 시인들과 함께 서정시의 형식을 완성한 시인으로 손꼽히고 있으며, 시불(詩佛)의 호칭으로 3대(이백, 두보, 왕유) 거장(巨匠)으로 불린다.

그의 詩는 친교가 있던 맹호연(孟浩然)과 닮은 데가 많으나, 맹호연의 詩보다는 더 날카로웠다고 한다. 宋代의 蘇軾(소식-소동파)은 "왕유의 詩는 詩 속에 그림이 있고, 그림 속에 詩가 있다." 라고 평을 했다. (※.맹호연- 당나라 시대의 自然詩 전통을 대표하는 시인으로 왕맹위유(王維, 孟浩然, 韋應物, 柳宗元)를 일컫는다.)

✐ 5. 閑居(한거)

晩年惟好靜 (만년유호정); 늙어 가면서 고요를 즐겨
萬事不關心 (만사불관심); 세상일에 관심을 두지 않지만
自顧無長策 (자고무장책); 스스로 별 수가 없을 것 같아
空知返舊林 (공지반구림); 고향의 산중으로 돌아 왔다.
松風吹解帶 (송풍취해대); 솔바람 속에 띠를 풀고
山月照彈琴 (산월조탄금); 달빛 아래서 거문고를 뜯는다.
君問窮通理 (군문궁통리); 묻노니, 삶이란 무엇이던가.
漁歌入浦深 (어가입포심); 어부의 노래 소리에 귀를 기울여 보자.

※. 詩語풀이- ①長策- 좋은 방법. ②舊林- 옛날에 살던 숲. 고향. ③解帶- 띠를 풀고 난 유연한 기분. ④窮通- 궁한 것과 통달한 것. 貧窮과 榮達(빈궁과 영달). ⑤漁歌- 초사「漁父辭-어부사」에 나오는 滄

浪歌(창랑가).- 창랑의 물이 맑으면 冠(관)의 끈을 씻고, 흐리면 발을 씻을 것이라는 어부의 노래. 세상 변화의 흐름에 따른다는 處世(처세)를 일컬음.

　※.鑑賞- 소부(少府) 즉 현위(縣尉)인 장씨(張氏)가 보내 온 詩에 왕유가 화답(和答)한 詩로, 고요하고 평화로운 심경을 자연에 비유하여 노래했다. 특히「松風吹解帶-송풍취해대」의 의미는 날카로우면서도 아름다운 표현이 아닌가 한다. 왕유는 솔바람이 불어오는 숲 속에서 허리띠를 풀고 자연에 파묻혀 유유자적(悠悠自適)한 풍류를 즐기면서 거문고를 탄다고 했다. 그의 감각적인 터치가 세련되고 감미롭다.

6. 鹿柴(녹시)

空山不見人 (공산불견인); 빈산에 사람들은 보이지 않고
但聞人語響 (단문인어향); 말소리만 울려오네.
返景入深林 (반경입심림); 노을빛이 우거진 숲 속에 들어
復照靑苔上 (부조청태상); 다시 푸른 이끼 위로 비추이네.

　※. 詩語풀이- ①鹿柴- 사슴 울짱이라는 뜻으로 왕유의 별장. 즉 輞川莊(망천장). ②返景- 빛이 되비치다. ③深林- 깊은 숲 속. ④復照- 다시 비추다. ⑤靑苔- 푸른 이끼.

　※. 鑑賞 - 鹿柴는 사슴들의 울타리라는 뜻이 담겨 있다. 사람들의 발길이 뜸한 산 속인데도 어디서인가, 사람들의 말소리가 두런두런 들리

는 것 같은 느낌을 자연스럽게 나타냈다. 빽빽하게 우거진 산림에 맑은 빛줄기가 바위의 푸른 이끼를 더욱 푸르게 하는 자연의 한가로움이 돋보이는 詩다.

　李白과 杜甫가 낭만시와 사회시에 재능을 발휘했다면, 왕유가 당나라 시단(詩壇)에서 독보적인 면모를 보인 것은 自然詩의 창작이라 할 수 있다. 왕유는 동진(東晉)의 陶淵明 이후 최고의 자연 시인으로 평가된다.

라. 천재 작가 詩仙 李白

1. 출생과 思想

이백(李白 701~ 762년)은 성당(盛唐)시대의 대시인으로 촉(蜀)나라에서 태어난 것으로 추정되며, 字는 太白이다. 太白은 어머니의 태몽에서 태백성(太白星)을 보고 그를 출산한데서 기인하였다고 한다. 號를 청련거사(靑蓮居士)라고 한 것은 다섯 살 때부터 정착하여 성장했던 촉나라의 창명현(彰明縣)의 청년향(靑蓮鄕)에 대한 깊은 향수에서 붙여진 것이다.

학문과 기예(技藝)를 습득하였고, 천성의 자질과 호탕한 성품으로 백가(百家)의 시서(詩書)를 독파하여 시와 부(賦)를 잘 하는 것은 물론 검술과 무예도 뛰어났다고 한다.

고향인 촉을 떠나 오(吳)나라와 월(越)나라를 넘어 산동지방의 공소부(孔巢父) 등 다섯 명의 은사들과 조래산(徂萊山)에서 어울려 술과 시가(詩歌)로 세월을 보내는 동안에 〈죽계육일-竹溪六逸〉의 한 사람으로 불리기도 했다.

천재와 광인(狂人)을 가름하여 선을 명백하게 긋는다는 것은 상당히 힘들다. 이백은 비범했던 사람이라서 그의 참 모습을 파악하기란 쉬운 일이 아니었으며, 그는 자유분방한 낭만주의와 격렬한 현실주의를 동시에 지녔으며, 속세를 초월한 도가사상(道家思想)과 아울러 경세제민(經

世濟民)의 유가사상(儒家思想)에 투철하였다.

　그가 살던 시대가 온통 모순과 광기에 휩싸였던 분위기였으므로, 미치광이 노릇을 하며, 살 수 밖에 없었을 것이다.

　李白은 어지러운 세상을 살아가면서도 구속이나 억압에서 벗어나, 자유와 생명의 낭만정신이 높이 퍼지기를 바랐으나, 현실에 격노하며 가득한 불만을 술로 달래가며 서러워했던 것이다. 그 마음을 엿보기 위해 詩 한 수를 감상해 본다.

抽刀斷水更流 (추도단수갱류) –
　　　　　　　　　칼을 뽑아 물을 배어도 물은 그대로 흘러가고,
擧杯銷愁愁更愁(거배소수수갱수) – 잔을 들어 시름을 지우려 해도
　　　　　　　　　시름은 더욱 쌓이기만 하는구나!

　아무리 어지러운 세상이라 할지라도 끝까지 생명을 아껴가며, 현실적인 외물(外物)의 본성을 잃지 않았으니, 이것이 곧 도가사상이기도 했으며, 그러한 시름들을 詩로 승화시켜 극복해가는 모습에서 후세들이 그를 위대한 천재 시인으로 찬양했던 것이다.

1.「秋浦歌-추포가」
白髮三千丈 (백발삼천장) – 백발 삼천 장의 길이는
緣愁似箇長 (연수사개장) – 슬픔을 따라서 자라났지만,
不知明鏡裏 (부지명경리) – 명경 속의 노쇠한 몰골은

何處得秋霜 (하처득추상) - 어디서 얻어진 흰 서리인가.

※. 詩語풀이- ①.秋浦- 안휘성(安徽省)의 귀지현(貴池縣)으로 李白이 만년(晩年)에 방랑하던 지방. ②.三千丈-「丈」은 길이를 의미하며,「三千」은 수천(數千)과 같이 많은 수량을 말한다. (삼천 궁녀의 三千은 정확한 三千여 명을 의미하는 것이 아니고, 그 숫자가 매우 많다는 뜻으로 해석해야 한다.) ③.緣愁-「緣」은 좇아서, ~ 때문에, 「緣愁」는 걱정, 슬픔, 수심(愁心)이다. ④.似箇- 이렇듯이, 이와 같이,의 뜻으로, 여차(如此)와 같은 의미다. ⑤.秋霜- 백발(白髮)을 비유해서 '가을의 흰 서리'라고 했다.

※. 鑑賞 - 백발이 삼천 장의 길이로 자랐거늘, 이는 오직 슬픔 때문에 이렇듯 길게 자랐으리라. 하지만 그렇다 치더라도 명경 속에 비춰진 나의 노쇠한 모습의 처참한 흰 머리털들은 도대체 어떤 까닭으로 나타난 것일까? -

※. 解說 - 李白은 노쇠한 몰골과 마구 자라버린 백발을 보고, 두 번이나 사람을 놀라게 하는 표현을 했다. 첫째는 백발삼천장이다. 호방불기(豪放不羈)한 李白은 득의(得意) 했을 때 큰 소리 치는 詩를 썼듯이, 실의의 詩를 쓸 때도 기발(奇拔)한 표현으로 남을 놀라게 했다.

즉 엄청나게 자랐다는 흰 머리가 삼천장이라고 한 것은 중국 사람들 특유의 과장법(誇張法)이다. 더군다나 그 백발은 인생의 서러움과 걱정과 실의로 인해 자랐다고 했으며, 거울 속에 비춰진 노쇠한 몰골을 무엇으로 어떻게 설명해야 하느냐고 은근하게 역정(逆情)까지 내는 표현은 역시 李白다웠다.

李白의「추포가」는 17 首로 된 연작(連作)이며, 그가 만년에 영왕 인(永王 璘)의 거병에 가담한 죄로 유배되었다가 사면(赦免)되면서 지어진 詩로 이 무렵 지어진 모든 詩들의 내용은 애수에 젖어 있었다.

 * 李白의 思想 – 당나라의 문화는 복합적인 문화라고 할 수 있다. 李白의 사상 역시 단순하지 않은 詩와 서예에 통달했고, 유교의 기본적인 시경(詩經). 상서(尙書)같은 경서(經書)는 물론 제자백가(諸子百家)의 모든 철학서적을 섭렵하였다. 그 외에도 불교를 위시하여 여러 갈래의 종교, 철학, 예술 등에도 영향을 받았으나, 그의 작품이나 행적을 극적 사고(思考)와 정치참여의 열정적인 사상은 유가사상에서 비롯되었다.

봉황의 꿈으로 창공을 날고 싶어 하는 낭만주의적인 李白은 암흑과 절망의 현실을 바라보며, 간악과 부패를 일삼는 역겨운 귀족통치자들과 관료들을 매도(罵倒)하기 위하여 유학자나 유학의 道를 공박하였다.

李白은 절강(浙江) 지역에서 오균(吳筠)을 알게 되었고, 그와 함께 선술(仙術)을 닦는 도중에 오균이 당나라 현종의 부름을 받아 벼슬길에 오르자, 李白은 그의 천거로 한림학사가 되어 현종을 측근에서 모시게 되었다. 42세의 젊은 나이와 탁월한 자질, 해박한 학식, 고매한 이상과 대범한 성품을 지닌 그는 업적을 빛내고자 서둘렀으나, 그 당시 황실의 간악한 절대 권력자인 고력사(高力士)에게 수모를 당한 후에 자의 반, 타의 반으로 뜻을 펴지 못한 채, 3년여의 궁중생활에서 물러나야했다. 정치에 환멸을 느끼며, 방탕에 가까운 생활을 하던 44세의 李白과 33세의 두보는 낙양에서 처음으로 만나게 되었다.

중국 문학사상 불세출의 두 시인은 비록 6개월 정도의 짧은 만남이었으나, 시선(詩仙) 이백이요, 시성(詩聖) 두보로 불리는 중국 최고의 로맨티시즘과 리얼리즘의 문학적인 업적은 훗날 찬란하게 꽃피워졌다.

✐ 2. 白鷺(백로) -원제목은 白鷺鶿(백로자)다.
白鷺下秋水 (백로하추수) - 해오리 가을 물에 날아 내려
孤飛如墜霜 (고비여추상) - 한 마리 서리같이 사뿐하게 앉는다.
心閒且未去 (심한차미거) - 마음이 한가로워 잠시 동안 머물며
獨立沙洲傍 (독립사주방) - 외로이 우두커니 물가에 서있네.

※. 詩語풀이- ①.白鷺鶿- 백로. 해오리. ②.下- 내려오다. ③.孤飛 - 한 마리가 날아 내린다. ④.墜霜- 떨어지는 서리. ⑤.如墜霜- 마치 서리가 내리는 듯하다. ⑥.且- 잠시. ⑦.沙洲- 물가.

※. 鑑賞 - 해오라기가 가을철에 강물 위로 내려오는 모습을 보고, 李白은 외로운 詩心을 느낀다. 한 마리의 백로가 가볍게 날아 내리는 품은 마치 서리가 내리는 것처럼 보이고, 혼자서 한적한 가을 강물 가에 우두커니 서 있으니, 마음이 한가로워서 찾아 갈 곳을 잊은 체, 오래 동안 머무는 것일까? 이 정경을 바라보며 자신의 처지와 고독을 그려내고 있다.

※. 解說- 이 작품은 어느 한 순간을 백로에 집약하여 포착한, 한 폭의 담아(淡雅)한 가을 정경을 그린 묵화(墨畵)를 연상하게 한다. 강물 위에 사뿐하게 내려앉는 해오라기의 풍경도 한적하고, 언제까지라도 그대로 머물고 싶은 쓸쓸하고 고요한 마음이다.

떠나고 싶지 않은 것은 해오라기뿐만이 아니라, 작가와 같은 감정이 아닐까 한다. 이 작품의 전개는 전반부에서 서리같이 날아 내리는 백로를 동적(動的)으로 묘사했으며, 후반부에서는 정지(靜止)와 한적(閑寂)이 두드러져 있다. 李白이 아니고서는 이렇게 평범하면서도 자연스럽게 그려낼 수 있을까? 혼잡한 환경에 시달리며 살아가는 현대인들이 정적(靜的)인 사색으로 음미(吟味)해보고, 한적 속에 묻혀 봐도 좋을 듯하다.

2. 詩仙 李太白의 예술성

유가(儒家)에서는「자기를 써주면 나서서 일을 하지만 버리면 물러난다. 용행사장(用行舍藏)」을 귀중하게 여겼다. 李白이 살았던 당나라의 현실은 부패하고, 간악한 정치인들이 득실댔던 시대였다. 이런 어지러운 세상을 보면서 李白은「나는 본래 초나라의 미치광이, 노래로 공자를 비웃겠노라. 我本楚狂人 狂歌笑孔丘-아본초광인 ,광가소공구)」하고 외치고 다녔다.

자신이 손해를 보면서까지 정의의 편에 서서 약자들을 돕고, 포악한 강자들을 꺾겠다는 의협은 당시에 넘쳐흐르던 기풍이기도 했다. 남들보다 강했던 李白의 정의감과 박애정신, 악에 대한 반항정신, 자연존중과 자연귀일(自然歸一)의 도가사상 및 행동으로 보이는 정열적인 성격을 잠시나마 엿 볼 수 있다.

　李白을 일반적으로 두보와 대조하여 낭만주의자라고 한다. 그러나 정치에 참여했다가 실패한 후에 장안(長安)을 떠나면서 그의 시풍(詩風)은 현실 비판적으로 선회하였다. 한 평생을 쉴 새 없이 전국을 떠돌던 李白은 중국의 어느 詩人이나 文人들도 뒤따를 수 없을 만큼 조국의 산천과 자연의 미를 힘차고 거창한 필치로서 묘사하여 모든 사람들을 감동시켰다.

　李白의 문학에서 나타난 도가적(道家的) 낭만사상의 발로는 인간의 자유와 구속으로부터의 해방을 강력하게 주장하고 나선 증거이다. 삶을 귀중하게 여기는 그의 사상은 현실초탈(現實超脫)로 때로는 고통을 잊기 위해 술과 향락으로 이어지는 李白을 이해하면서 그의 작품 속에 담겨진 술·사랑·향락생활을 하려했던 저변 의식을 독자들은 숙고해야 되지 않을까 한다.

　두보가「음중팔선가(飮中八仙歌)」에서 읊었듯이「天子가 불러도 배를 타고 올 생각을 안 하는 나는 술(酒)속의 신선이라.(天子呼來不上船 自稱臣是酒中仙-천자호래불상선. 자칭신시주중선)」고 외친 현실 경멸의 철학적인 바탕도 이해될 수 있을 것이다.

　李白은 우정을 높이 샀던 詩人이었다. 뜻을 같이 했던 악의 무리에 물들지 않은 지기(知己)들과 통음고가(痛飮高歌)하면서도 인정에 약한 大

詩人이었다. 李白의 작품이 지닌 뛰어난 예술성과 사상의 위대함을 엿보면서 그의 복잡다단한 사상과 작품들을 후세들은 융화시켜 보아왔을 것이다.

3. 流夜郎題葵葉 (유야랑제규엽-해바라기)

慙君能衛足 (참군능위족) - 그대가 발목(뿌리목) 지킴에 부끄러워
嘆我遠移根 (탄아원이근) - 내가 멀리 뿌리를 옮기는 것이 한탄스럽구나.
白日如分照 (백일여분조) - 낮(녘) 빛이 만일에 고르게 비추이면
還歸守故園 (환귀수고원) - 고향에 돌아가 논밭을 지키리라.

※. 詩語풀이 - ①.流夜郎 - 李白은 말년에 영왕 이린(永王 李璘)과 뜻을 같이했다가, 죄를 얻어 야랑으로 유배되었다. 야랑은 현 귀주성(貴州省)의 옛 지명(地名)이다. ②.葵 - 해바라기. ③.衛足 - 발을 지킴. 해바라기는 햇빛을 따라 방향을 바꾸어 그 잎으로 뿌리를 가려 지킨다고 하는 李白의 생각이다 ④.遠移根 - 뿌리를 멀리 옮김. 李白이 유배 가는 것을 비유한 것이다. ⑤.分照 - 고르게 나눠 비추는 것. 햇빛과 같은 왕의 은총이 자기에도 미쳐 유배에서 풀려나게 되면 좋으련만. 의 뜻.

※. 鑑賞 - 해를 따라 방향을 바꿔, 잎으로 뿌리를 가려가면서 지켜주는 해바라기야! 나는 너를 보면서 부끄러움을 느낀다. 나를 지키지 못해 뿌리째 뽑히어서 먼 곳(야랑)으로 유배를 가는 신세가 되니, 무척이나 한스럽구나. 햇빛은 언제나 고르게 비추이듯, 왕의 은총이 나에게도 미

치어 사면(赦免)이 된다면 고향으로 돌아가 논밭을 지키면서 살아가겠노라.

※.解說 - 늙은 李白이 역적의 죄를 지어 오지(奧地)로 가면서 지은 詩다. 해바라기는 자신을 잘 보호하고 지킬 줄 아는데, 자기는 자신을 지키지 못하고, 멀리 타향으로 유배되어지는 신세를 한탄(恨歎)한 것이다. 그런 가운데서도 은근한 심정은 임금의 은총이 자신에게도 내려져서 죄를 사면 받기를 바라는 작품이다.

* 예술성- 모든 예술은 내용과 형식이 조화를 잘 이뤄냄으로서 완성품이 되는 것이다. 詩도 예외일 수는 없다. 내용이 되는 사상만 강하고, 형식인 표현이 빈약하거나, 그와는 반대로 표현의 형식이 사상의 내용을 포장해버리면, 그 작품은 조화를 이뤄내지 못한 것이다.

건안(建安-중국 後漢 獻帝의 年號-196~220년까지 사용)이후 중국의 詩文學은 대체로 형식미에만 치중하는 경향으로 흘러갔다. 겉만 화려하고, 사상이 빠져버린 잔재주로 꾸며가는 조탁(雕琢)된 詩들이 판을 쳤으나, 당대(唐代)에 들어 점차 기골(奇骨)이 있는 문장정신과 작가의 사상을 담은 글을 쓰는 풍조가 되살아나, 고문(古文)운동이 시작되었다.

산문에서는 한유(韓愈)와 유종원(柳宗元)이 그리고 詩 문단에서도 당나라 초기 이후 점차 속 빈 형식주의에 반대하는 기풍이 짙어졌으며, 그 중에서도 진자앙(陳子昂)은 이론과 작품성에서 詩를 뜬 구름에서 끌어

내려 대도위에 올려놓으려고, 최선을 다했다. 李白의 생각도 이와 같아서 「건안이래의 기미염려(綺美艶麗)한 詩는 진중하지 못하다고 표출했다.

「詩經의 大雅- (大雅久不作 吾衰竟誰陳-대아구부작 오쇠경수진).- 같은 정도의 詩가 자취를 감춘 지 오래거늘 , 나(李白)마저 시들면 누가 정도의 시를 지어낼 것인가?」

"내 뜻도 孔子가 시 삼백 편을 산술하였듯이 大雅(대아) 같은 정도의 시를 지어 천 년을 넘게 빛을 남기고자 한다. (我忘在刪述 垂輝映千春- 아망재산술 수휘영천춘)" 李白이 말하는 대아 같은 詩란 사상과 기골이 있고, 현실적으로 국가와 민족에 이바지할 수 있는 시를 말한다.

4. 山中問答 (산중의 문답)

問余何意棲碧山 (문여하의서벽산) ; 왜 푸른 산중에 사느냐기에
笑而不答心自閑 (소이부답심자한) ; 그저 빙그레, 웃을 수밖에.
桃花流水杳然去 (도화유수묘연거) ; 복사꽃잎은 물 따라 아득히 흐르고
別有天地非人間 (별유천지비인간) ; 이곳은 인간세상이 아닌 별천지인 것을.

※. 詩語풀이- ①.余- 나. 자칭. ②.棲- 살다. ③.碧山-푸른 산중. ④.桃花流水-얼음이 녹은 봄날의 강물에 복숭아 꽃잎이 떨어져 강물 따라 아득히 흘러간다는 뜻. ⑤.杳然- 먼 모양. ⑥.人間- 사람 사는 세상. 속세.

※. 鑑賞 −그대는 무슨 뜻으로 산중에서 사느냐고 묻네만, 나는 대답할 적당한 구실이 없어서 그저 웃기만 한다네. 그러나 마음은 무척이나 한가로운 것을. 복숭아 꽃잎들이 흐르는 물에 떨어져 묘연하게 흘러가 버리는 이곳은 사람들이 사는 속세와는 분명 다른 별천지라네.

※. 解說− 혼자서 山에 사는 마음을 속된 사람에게 설명해봐야 헛수고일 것 같아 웃음으로 대답을 하였다. 7언 절귀의「山中問答」은 후세의 평자(評者)들이 입을 모아 칭찬한 작품이다.「笑而不答」이라 하면서 3句와 4句에서 답을 던지고 있다.

그러나 어디까지나「心自閑」스런 경지는 스스로 체득할 것이지, 말로는 다 할 수 없는 느낌인 것을! 이것을 李白은 어떤 기교도 쓰지 않은 듯한 기법으로 교묘하게 표출해냈다.

5. 月下獨酌 (월하독작 − 달빛 아래서 홀로 술을 들면서)

花間一壺酒 (화간일호주) − 꽃밭에서 술병 마주 놓고
獨酌無相親 (독작무상친) ; 짝도 없이 홀로 술을 마시네.
擧杯邀明月 (거배요명월) ; 달님을 잔속에서 마주하니
對影成三人 (대영성삼인) ; 그림자까지 셋이구나.
月旣不解飮 (월기불해음) ; 달님은 본래 술을 못하고
影徒隨我身 (영도수아신) ; 그림자는 건성으로 떠돌지만
暫伴月將影 (잠반월장영) ; 그들과 더불어
行樂須及春 (행락수급춘) ; 봄철 한 때나 즐기리.

我歌月徘徊 (아가월배회) ; 내가 노래하면 달님도 하늘을 서성거리고
我舞影零亂 (아무영영난) ; 내가 춤을 추면 그림자도
醒時同交歡 (성시동교환) ; 함께 어울려 놀다가
醉後各分散 (취후각분산) ; 취하면 서로 헤어져 간다.
永結無情遊 (영결무정유) ; 답답한 우리의 우정
相期邈雲漢 (상기막운한) ; 다음에는 은하 저 쪽에서나 만날까.

※. 鑑賞 - 李白은 술과 달을 무척이나 사랑한 시인이다. 그것은 아마도 천성적으로 낭만주의자였기 때문이리라. 李白은 시선(詩仙)이자 주선(酒仙)이다. 슬플 때나 즐거울 때나 항상 곁에 있는 술잔은 교교(皎皎)한 달빛아래서의 李白을 선경仙境)으로 몰아가면서, 가슴을 들뜨게 했을 것이다. 푸른 밤하늘에 가슴속까지 후련하게 비춰줄 것 같은 청명한 둥근달은 시인에게는 희망을 주는 美의 여신과도 같으리라.

「我歌月徘徊 我舞影零亂-아가월배회 /아무영영난」에 이르러서는 낭만의 극치를 이뤄 낸 표현이다. - 달과 그림자와 자기가 마시는 술의 정경(情景)을 그리면서 ! -

3. 文學觀과 작품성향

李白은 사내대장부가 즐기는 문학 활동은 쓸개 빠진 허튼소리나 자질구레한 말재주나 부리는 소지(小枝)의 문학은 하지 말아야한다고 했다. 그렇기 때문에 李白의 詩는 위대한 사상이나 정치적인 포부나, 고매한 이상이나 끊는 듯한 정열을 담고 나타내기 위하여 대자연의 원시림을

파헤쳐나가는 작품성향을 띠는 문학관을 보여주었다.

　李白은 詩. 書. 제자백가(諸子百家)는 물론 전통적 학문을 깊이 배웠으며, 시문학에 있어서도 漢. 魏. 六朝의 詩, 특히 사조(謝朓)를 비롯한 도연명. 사영운. 강엄. 포조 등의 선배로부터 많은 것들을 섭취하여, 활용함으로써 이들을 뛰어넘었던 것이다. 李白의 적극적인 낭만주의에 가장 많이 영향을 준 선배는 바로 굴원이다.

　李白은 굴원의 낭만적인 조국애와 부패한 통치자들에 대한 반항정신과 불만에 공감을 하면서 그의 표현상의 수법을 배우고 계승하였다. 특히 도가적(道家的) 상상력을 살려내는 작법이나 현실과 이상을 자유자재로 내왕하는 수법은 굴원의 「楚辭」와 같은 낭만주의의 특성을 배웠던 것이다. 李白은 자연을 인격화(人格化)하고, 그 속에서 감정과 영기(靈氣)를 느꼈던 것이다.

　「논어」에 휴머니스트는 산을 좋아하고 즐긴다.(仁者樂山)고 했다. 李白하면 떠오르는 단어가 술과 달이다. 그는 술과 달을 벗 삼은 낭만주의 작가로 자연을 무척이나 사랑한 시인이다.

6. 自遣 (자견-스스로 우울한 기분을 풀다.)

對酒不覺暝 (대주불각명) ; 술을 마시다보니 어느덧 날이 저물어
花落盈我衣 (화락영아의) ; 옷자락에 수북이 쌓인 낙화여!
醉起步溪月 (취기보계월) ; 취한 걸음, 시냇물의 달 밟고 돌아갈 제
鳥還人亦稀 (조환인역희) ; 새도 사람도 없이 나 혼자로구나.

※. 詩語풀이- ①. 暝- 저녁이 되다. 날이 저물다. ②. 醉起- 취한 채 일어나다. 취했다가 깨어나다.

※. 鑑賞- 날이 어두워가는 줄도 모르고 낙화가 오지랖에 수북하게 쌓이는 것도 잊고 술을 마시는 풍류(風流). 시간은 흘러 새소리도 끊어지고, 인적(人迹)도 드문 시냇물 따라 난 길을 비틀대는 걸음으로 달빛을 밟고 돌아가는 사람! 주선다운 李白의 모습을 눈앞에서 보고 있는 듯, 하지 않은가?

李白은 형식적인 구속을 매우 싫어하면서도 작품에 나타나는 과장된 표현은 자유분방한 성격에서 오는 낭만정신의 소산이기도 하다. 암흑으로 뒤덮인 인간 세상에 자연의 이치에 따라 뜨고 지는 '달'이라도 있으니, 자신의 정신세계를 구원 받는다고 생각했다.

자연을 정관(靜觀)하면서 섬세한 감정으로 느껴가며, 그들과 대화를 나누는 듯한 작품들은 그를 대시인으로 만들어 냈으며, 과장된 표현을 자주 쓰는 재치 있는 작가로 만든 것이다.

특히나 선과 악을 얼버무려가면서 옳은 것들과 나쁜 것들을 가리지 않는 썩은 무리들에 대한 반항과 훌륭한 사람들의 정신을 일깨워 세상을 일깨우려는 기발한 착상은 역시 李白다운 생각이다.

李白의 작품은 형식이 까다로운 율시는 80여 수에 불과하다. 반면에 형식의 구속이 적은 고체시와 가행(歌行), 그리고 악부들이 많이 전하고 있다.

李白은 전통을 계승하여 민간풍조(民間風調)를 따르는 시가(詩歌)를 멋지게 흡수하여, 평이한 詩를 많이 지었다고 한다.

150여 수에 달하는 악부시는 평이하고 영묘(靈妙)하게 시어를 구사하여 참신한 시의(詩意)와 시정(詩情)을 담아내어 사람들의 심금(心琴)을 울렸다. 현실과 이상, 전통과 독창을 고매한 낭만주의 예술로 승화시킨 李白의 작품들은 만고에 빛날 것이며, 앞으로도 끊임없이 사람들의 사랑을 받을 것이다.

7. 子夜吳歌(자야오가)

長安一片月 (장안일편월) ; 조각달이 장안을 희미하게 비치고
萬戶擣衣聲 (만호도의성) ; 집집마다 다듬이 소리 섧게 들리는구나.
秋風吹不盡 (추풍취부진) ; 소슬한 가을바람 멈추지 않으니
總是玉關情 (총시옥관정) ; 모두가 옥문관 넘나드는 애타는 정인 것을.
何日平胡虜 (하일평호로) ; 어느 날에나 오랑캐들 무찌르고
良人罷遠征 (양인파원정) ; 임은 싸움터에서 돌아오리.

※. 詩語풀이- ①.長安- 현재의 협서성에 있는 도시로 당나라 때의 수도. ②.一片月-조각 달. ③.萬戶- 모든 집. ④.擣衣聲- 옷을 다듬는 다듬이 소리. ⑤.總是- 모두.(是는 별 뜻 없이 어조를 돕는 글자.) ⑥.玉關情- 전쟁터에 나간 남편을 그리워하는 情.(玉門關은 감수성(甘肅省)에서 신강성(新疆省)으로 나가는 관문으로 중국인들에게는 곧 전쟁터를 상징한다.) ⑦.胡虜- 서북의 오랑캐.(흉노) ⑧.良人-아내가

남편을 부르는 말. 당신.　⑨.罷遠征- 원정을 끝내다.

　※. 鑑賞- 당나라의 수도 장안을 쓸쓸하게 비치는 조각 달 아래 빽빽하게 들어선 집집마다 밤을 지새우며, 두드리는 다듬이 소리가 요란하다. 소슬한 가을바람은 옥문관을 넘나드는 애타는 바람이리라. 어느 날에야 오랑캐들을 평정하고, 그리운 내 님은 전쟁터에서 언제나 돌아오실까?

　※. 解說- 서기 4세기 경, 동진(東晋)의 '자야 子夜'라는 여인이 지은 애절한 연애시를 '子夜歌'라 했고, 또 그 진나라가 오(현 강소성 일대 지역)에 있으므로 '자야오가(子夜吳歌)'라고도 했다. 훗날 子夜吳歌의 곡에 맞추어 가사를 지어 가곡으로 불렸으므로, 子夜吳歌는 악부네(樂府題), 즉 가곡의 제목이기도 하다. 李太白도 이 가곡에 맞추어 춘하추동의 자야사시(四時)의 노래를 지었으며, 여기에 실린 작품은 그중의 하나인 가을 노래다.

　☞. 整理 - 李白은 사천출신으로 단순하게 천재만은 아니다. 자신의 이상을 실현하려고 집요하게 노력하는 사람이었다고 한다. 그가 청년시절 쇠절구 공이를 갈아 바늘을 만들려고 하는 노파(老婆)를 보고 깨달음을 느꼈다는 것은 그의 의지와 노력의 가치를 말해준다. 위대한 천재시인 李白도 우리들과 크게 다르지 않은 삶을 살다 갔다.
　李白의 生涯에 대해서는 자세한 기록물이 없다. 1,300여 년 전의 사람이니, 당연히 그러하리라. 기록들이 손상되지 않고 보존되어 전해내려 오는 것도 무리였을 것이며, 그렇다고 李白이 높은 벼슬을 해서 역사에 길이 남은 사람도 아니었다.

　李白은 詩人이다. 詩를 인품의 소산으로 여기는 중국문학의 전통에서 시인의 삶은 詩가 되는 원천이 된다. 李白의 작품은 약 1,000여 首가 전해온다고 하며, 당대(唐代)의 詩人으로서는 엄청난 숫자의 작품이다. 시품(詩品)은 곧 인품(人品)이며, 그의 사상적인 모든 것들은 이백의 작품 속에 녹아 있다고 보면 될 것 같다.

마. 민중시인 詩聖 杜甫

1. 두보의 出生배경

　두보(712~770년. 하남성 공현(河南省 鞏縣)에서 출생)는 중국 당나라 때의 시인이며, 字는 자미(子美), 號는 소릉야로(少陵野老)이며, 중국의 고대시에 지대한 영향을 미쳐 시성(詩聖)이라 부른다. 李白과 함께 이두(李杜)라고도 일컬으며, 어렵게 살아가는 민중들의 고달픈 삶을 詩로 그려낸 민중시인(民衆詩人)으로 중국 최고의 위대한 詩人이다.

　두보는 냉철한 리얼리스트(사실주의자)이자, 위대한 휴머니스트(인도주의자)이며, 또 다른 면으로는 애국자인 동시에 인자하고 성실한 가장이기도 했다.

　두보는 철저한 유가사상(儒家思想)을 바탕으로 한 인애(仁愛)의 詩人이었으며, 뛰어난 유학자인 두예(杜預; 222~284. 儒學者.)의 13대 손으로 가계를 이어 받았고, 동시에 탁월한 시재(詩才)를 발휘한 두심언(杜審言; 648?~708? 唐나라 때의 시인.)의 손자임을 자부했다. 따라서 그는 思想面에서나 詩의 기교면에서나 우수한 유산을 물려받은 천품(天稟)의 詩人이었다.

　두보는 본래 유가(儒家)로서 정치에 뜻을 두었으나, 여러 요인으로 인하여 끝내는 詩人의 길을 걷게 되었다. 그가 살던 젊은 시절은 당나라가 찬란한 번영을 구가(謳歌)하다가 안녹산의 난(亂; 755년)으로 붕괴위기를 맞이하였다. 두보의 生은 안녹산의 난을 전후로 양분되며, 난이 일어나기 이전에는 독서와 유람으로 견문을 쌓아 벼슬길에 나아갈 준비를 하였으나, 실패하고 35세 이후에 장안(長安)으로 거처를 옮겼다.

이후 10여 년간 벼슬길에 오르고자 열악한 생활을 경험하면서, 귀족들의 호화로운 생활과 민중들의 궁색한 삶을 절감(切感)한 그때부터 민중들의 애환을 그려내는 시를 쓰기 시작했다.

유가의 인애사상과 수기치인(修己治人)으로 군자의 도를 성실하게 지켜낸 두보는 시의 표현이나 기교에 있어서도 진지하고 기발하고 참신했다. 그는 글자 하나 글귀의 한 구절을 신중하게 다뤘으며, 형식적인 표현에서도 최고의 일품으로 새로운 경지의 창작을 이뤄냈다.

두보의 작품은 위대한 내용과 사상, 탁월한 표현과 기교가 조화로운 동시에 전통이란 뿌리에서 돋아난 참신하고 화사(華辭)한 창조의 미를 자유롭게 피어낸 자연스럽고 신묘한 걸작들을 남긴 대 詩人이다.

1. 貧交行 (빈교행 - 가난 속의 友情)
翻手作雲覆手雨 (번수작운복수우) - 손바닥 앞뒤 따라 구름일고 비가 오듯
紛紛輕薄何須數 (분분경박하수수) -
　　　　　가볍고 어지러워 마음 헤아릴 길 없어라.
君不見管鮑貧時交 (군불견관포빈시교) -
　　　　　그대는 보았는가? 관중과 포숙의 가난 시절의 우정을
此道今人棄如土 (차도금인기여토) -
　　　　　그 아름다움을 사람들은 먼지 털듯 내버리다니!

※. 詩語풀이- ①貧交行-行은 노래(歌)라는 뜻. 貧交는 가난할 때의 交友, 즉 友情이란 뜻.
②.翻手-손바닥을 뒤집다. ③覆手(雨)-손바닥을 아래로 덮는다. 얄팍하게 변한다는 뜻. ④何須數 -어떻게 마음을 헤아릴 수 있으랴!
⑤.此道-아름다운 우정, 교우의 도리.

※. 鑑賞- 손바닥을 뒤집듯이 구름이 일고 비가 오듯, 그 나라의 형세 따라 걷잡을 수 없이 어지럽고 얄팍하게 변하는 사람들의 마음을 어떻게 헤아릴 수 있겠는가? 그대는 보았는가? 가난했던 시절에도 서로 믿고 사귀었던 관중과 포숙의 돈독하고 아름다운 우정을! 지금의 사람들은 흙이나 먼지를 털어내 듯 아무렇지 않게 신뢰를 버리더라.

※. 解說 - 이 詩는 천보 11년, 두보의 나이 40세 때, 長安에서 지은 작품으로 세상 人心의 변덕스럽고 경박한 풍조를 한탄하였다. 두보는 그 당시의 사람들에게「아름다운 우정을 먼지같이 버렸다.」고 한탄했으나, 이 뜻은 바로 인간 소외와 불신이 극에 달한 오늘날에도 절실한 외침이다.

2. 杜甫 詩의 시대적 배경과 生涯

두보는 원래 악을 보면 오장(五臟)이 뒤틀린다는 강직한 성품으로 울분을 참아내지 못하는 편이다. 그러나 정의감과 유교윤리에 깊이 뿌리 박고 있어서 단순히 즉흥적이고 돌발적인 울분과는 그 성향이 다르다.

40대에 들어서 당시의 당나라 수도이던 장안에서 방랑하는 유랑시인으로 실의와 가난을 쓰라리게 맛보면서 분한 마음과 울적함을 작품 속에 담아냈다. 시대적 정치상황을 비판하고, 권력자들에게는 날카로운 비판의 화살을 날려 보냈으며, 사회의 모순과 악정(惡政)에 허덕이는 민중들에게는 따뜻한 연민의 정을 보냈다.

창조된 작품들은 작가의 사상과 혼, 공간적배경과 시대적 상황, 그리고 민족성의 영향을 지대하리만큼 받기 마련이다. 더군다나 두보의 사실주의 작품들은 시대와 사회를 충실하게 그려 낸 시대적 산물인 것이다. 민중들을 사랑하는 두보는 이들을 끝없는 휴머니즘으로 옹호했고, 반면 전란의 주역들인 역적 간신배들에게는 한없는 분노를 터뜨렸다. 찬란했던 당나라가 암흑과 혼란으로 빠져든 것은 여러 가지 원인이 있겠으나, 직접적인 이유는 통치계급의 실정과 부패일 것이다. 그는 다음의 작품에서

✎ 2.
朱門酒肉臭 (주문주육취)- 귀족들의 집 안에서는 술과 고기가 썩은
　　　　　　　　　　　냄새를 피우고 있는데,
路有凍死骨 (노유동사골)-
　　　　　길가에는 얼어 죽은 사람들의 시체가 이리저리 뒹군다.
榮枯咫尺異 (영고지척이)- 영화와 빈한(貧寒)이 지척을 두고 갈라지니,
惆悵難再述 (추창난재술)-
　　　　　그 처량함은 이루 말 할 수 없구나. 라고 비판했다.

두보가 태어나던 해, 712년부터 현종의 통치가 시작 되었으며, 연호를 개원(開元)이라고 하다가, 741년에는 천보(天寶)로 개호(改號)를 하였다. 당나라는 712~755년 (안녹산의 난) 이전까지를 성당시대(盛唐時代)라 하는데, 이 시대를 문화적 전성기로 보며, 李白과 杜甫를 정점으로 성당문학(盛唐文學)을 비롯하여 학술사상은 물론 기타 서화(書畵), 음악 등 모든 예술이 발랄하고 자유롭게 발전하여 당시의 많은 지식인들은 마냥 행복해 했다한다.

『자치통감 권 二百十六』편에 당시는 나라가 평온하여 생산이 풍성했으며, 민중들은 마냥 태평성세에 도취할 수 있었다. 천보 13년(754년)에 이르러서는 당나라의 인구가 5,280만 명이나 되었다라고 기록되었다.

✎ 3. 春日憶李白 (춘일 억이백 – 봄에 이백을 생각하면서)

白也詩無敵 (백야시무적) ; 이백 형 그대는 詩에서는 무적이요.

飄然思不群 (표연사불군) ; 표일한 정신은 뭇 군상들과 같지 않소이다.

淸新庾開府 (청신유개부) ; 청신한 맛은 유신과 같고

俊逸鮑參軍 (준일포참군) ; 준일한 품은 포조와 같소.

渭北春天樹 (위북춘천수) ; 이곳 위수 가에는 봄철 나무가 싹트나

江東日暮雲 (강동일모운) ; 그곳 강남에는 해가 구름에 저무는데

何時一樽酒 (하시일준주) ; 어느 때 함께 술잔을 나누며

重與細論文 (중여세논문) ; 다시 한 번 마냥 글을 논하리.

※. 詩語풀이- ①詩無敵-詩에 있어서는 대적할 사람이 없다. ②飄然-고차원의 정신세계. ③思不群-보통을 벗어나다. 어울리지 않는다. ④庾開府-유신(513~581) 六朝시대의 文人. ⑤鮑參軍- 齊나라의 포조(鮑照;405~466). 도연명, 사영운(謝靈運)과 병칭되는 시인. 임해왕(臨海王)의 參軍을 지냄. ⑥春天-'봄'이라는 의미. ⑦樽-술잔.

※. 鑑賞- 李白 형, 그대는 詩에 있어서는 세상에서 적이 없습니다. 그대의 정신세계는 군중들과 어울리지 않고, 하늘 높이 자유롭게 뛰어다니고 있습니다.

그대 詩의 청신한 맛은 유신(庾信)과 닮았고, 그대 詩의 준일한 품격은 포조(鮑照)와 같답니다. 언제 다시 만나 술잔을 나누면서 흉금(胸襟)을 터놓고, 문학을 논 할 수 있겠습니까?

※. 解說- 위 작품의 끝 행에서 활용한 「論文」이란 두 글자의 제목으로 위나라 문제인 조비(曹丕- 조조의 아들)의 문학론이 있다. 조비는 그 글에서 자고로 「문학인들은 서로 경멸한다.-文人相輕」라고 했다. 그러나 두보는 첫 행에서 「이백 형! 그대의 詩는 세상에서 상대할 적이 없습니다.」라고 극찬을 했다.

李白과 杜甫가 교우한 시간은 짧은 기간이었으나, 이들의 우정은 매우 깊었으며, 특히 11세나 연장자인 李白에 대한 존경과 우의는 평생을 두고 변치 않았다고 한다.

* 生涯 – 공낭(空囊)에서「세상 사람들이 모두가 엉터리라, 나의 길은 더욱 험난했다 (世人共鹵莽 吾道屬艱難-세인공로망 오도속가난)」라고 읊은 두보는 난세를 겪으면서 살았다.

그래서 그는 평생을 가난에 시달렸으며, 전란에 쇠락하고, 도탄에 빠진 국가와 백성들을 위해 피눈물 나는 노래만을 읊었던 우수(憂愁)詩人이다.

* 35세까지는 독서와 유력을 하면서 보낸 그는 어려서부터 총명했고, 詩文에 뛰어난 천품을 지닌, 소년시절에 자신을 자랑한 글을 보면「옛날 열 너덧 살 때부터 문단에 나가 어울렸거늘, 최상(崔尙)이나 위계심(魏啓心) 같은 분이 나를 반고(班固)나 양웅(揚雄)을 닮았다고 했네. (往昔十四五 出遊翰墨場 斯文崔魏徒 我以班揚似-왕석십사오 출유한묵장 사문최위도 아이반양사)」라고 했다.

타고난 천성만으로는 크게 성공할 수없는 것은 예나 지금이나 같은 것 같다. 그는 어려서부터 성실했으며, 자신을 위해 대단한 노력을 했다고 한다.「만권의 책을 독파하자 붓을 들어 글을 지으니, 마치 신들린 듯 하더라. (讀書破萬卷 下筆如有神-독서파만권 하필여유신-)」는 세평(世評)을〈백우행집-百憂行集〉에 술회했다.

천성의 총명과 성실한 노력이 두보의 학문과 詩를 대성시키는 바탕이었다면, 그의 천진난만한 성품은 악을 싫어하고, 힘없는 백성들을 사랑하는 휴머니즘의 흐름이었다. 두보는 24세 때 낙양으로 돌아와 진사시험에 응했으나, 낙방한 후 다시 제나라의 산동지역과 조(趙)나라의 河北지역으로 여행하며 많은 문인들과 친교를 맺었다. 33세(744년) 무렵 낙양에서 천재시인 李白을 만나 불후의 우정을 나눴다.

 *. 두보의 나이 44세 때, 안녹산의 난으로 현종이 촉나라로 피난하자, 태자 형(亨)이 영무(靈武)에서 왕위에 오르니, 그가 곧 숙종(肅宗-756년)이다. 두보는 46세 되던 해, 5월 좌습유(左拾遺;왕에게 諫言을 올리는 벼슬)라는 벼슬을 얻었다. 그 시절에 가지(賈至), 잠참(岑參), 왕유(王維) 등 文人들을 만나 詩를 짓고 글을 논했다한다.

 *. 48세에 화주(華州-陜西省에 있는 시골마을) 지역으로 쫓겨난 두보는 그해 가을에 벼슬을 버리고, 약 10여 년 동안 객지로 떠돌아다니다가 59 세로 생을 마쳤다. 벼슬을 버리고, 여러 지역을 돌아다니면서 겪었던 것들을 시로 옮긴 사회성이 짙은 〈진주잡시;秦州雜詩〉20首를 위시한 처절했던 경제적 고통을 담아낸 詩와 유람의 기행시(紀行詩)가 주목된다.

✐ 4. 秦州雜詩 (진주잡시) – 제1首

滿目悲生事 (만목비생사);어디를 보나 서글픈 인생의 모습
因人作遠遊 (인인작원유);사람들 따라 멀리 길 떠나고자 한다.
遲廻度隴怯 (지회도롱겁);농주의 재를 넘기 두려워 머뭇거리다가
浩蕩及關愁 (호탕급관수);관문에 오자, 수심 더욱 퍼지네.
水落魚龍夜 (수락어룡야);물이 빠진 어룡강에 밤은 깃들고
山空鳥鼠秋 (산공조서추);허전한 조서산에 가을 들었네.
西征問烽火 (서정문봉화);서쪽 향해 봉화 올랐나, 묻고 가다가
心折北淹留 (심절북엄유);실망한 나는 이곳에 머물까 한다.

※. 詩語풀이- ①秦州-감숙성 천수시(甘肅省 天水市); 759년 7월에 장안 일대에 매우 심한 기근이 들었다. 관직에서 물러난 두보는 가족을 데리고 이곳에 와서 생계를 유지했다고 한다. ②滿目-눈에 보이는 모든 것. ③因人-남에게 의지하여. ④作遠遊-멀리 여행길에 올랐다. ⑤度隴-롱은 섬서성 隴州 서북방에 있는 높은 재.(2,000m의 높이로 넘어 가는 데만 7일이나 걸린다고 함) ⑥浩蕩-넓게 술렁인다. 愁心이 끝없이 번져 나감. ⑦水落-가을이 되어 강물이 줄어들었음. ⑧鳥鼠-산이름. 감숙성 蘭州市에 있음. ⑨心折-절망하여 마음이 꺾임. ⑪淹留-오래 머무름.

※. 鑑賞- 눈에 보이는 모두가 인생을 서글프게 해주는 것들뿐이다. 물 빠진 어롱강에는 밤이 깃들고, 허전한 조서산에는 벌써 가을이 접어들었구나. 전쟁이 일어났을까 하고 두려워하며, 서쪽으로 떠나는 이주(移住) 길에서 절망으로 마음이 꺾인 나는 이곳 진주에 오랫동안 묵고자 한다.

※. 解說- 이 詩를 지을 무렵의 당나라는 안녹산의 전란으로 전국이 온통 쑥대밭이 되었으며, 섬서성에 심한 가뭄이 들어 민생이 도탄에 빠지게 되었다. 두보는 758년에 좌습유에서 화주의 사공참군(華州 司功參軍)으로 옮겼으나, 벼슬을 놓고 가족과 함께 진주로 낙향했다. 도가적(道家的)인 은퇴생활로 가정살림은 곤궁해지고, 심정은 더욱 착잡하기만 했다.

3. 文學思想과 詩에 대한 열정

살고 있는 시대의 분위기와 생활양상은 한 인간의 思想에 막대한 영향을 끼친다. 절정으로 치솟아 오르던 당나라가 내란을 계기로 급하게 추락하는 전환기에서 두보는 사회적으로 통치계급의 부패와 무능으로 인한 전란의 비참함과 역적들의 포악으로 빚어진 암흑기의 난세에 시달리는 백성들의 고난을 목격했고, 개인적으로는 자신이 가난을 뼈저리게 맛보았다.

두보 사상의 바탕은 유가(儒家)임을 자처했다. 위정계급의 부패, 안일, 낭비와 역적들의 포악, 무질서, 난동을 격렬하게 비판했으며, 아울러 국민들의 경제적인 파탄과 생명 및 가정의 위협을 가감 없이 고발했다.

중국의 수많은 詩人들 중에서 작품의 사상성(性)과 예술가로 조화를 이뤄 낸 사람이 바로 杜甫라는 시성이며, 그는 위대한 사상을 치밀한 형식미에 일치하는 작품을 만들어 냈다. 그는 자식에게 「詩는 우리 집안의 일(詩是吾家事; 시시오가사)」이라고 까지 하면서, 삶 자체를 詩로 간주했기에 「詩를 읊으면서 늙음을 보낸다. - 自吟詩送老; 자음시송노」고 했다.

유가(儒家)의 전통은 시악(詩樂)을 예교(禮敎)와 덕치(德治)의 바탕으로 삼고 있으며, 따라서 두보가 詩를 높이고, 평생의 대업으로 삼은 것도 말하자면 요순지치(堯舜之治)를 이상으로 하는 일환이었던 것이다. 詩 짓기를 평생의 일로 삼았으며, 詩를 배우고 짓기에 매우 진지했는데, 「사람의 본성은 좋은 詩를 짓고자 하는데 있으며, 그 표현이 남을 감탄시키지 못하면 안심하고 죽을 수가 없다.(爲人性僻耽佳句 語不驚人

死不體 위인성벽탐가구 어불경인사불체)」라고 했다.

　李白은 하늘에서 폭포수가 쏟아지듯 후련하게 詩를 지었으나, 두보는 시구(詩句) 한 자(字) 한 자(字)를 세심하고 치밀하게 다지면서 작품을 만들어냈다. 그렇다고 잘고 조잡하다는 뜻이 아니라, 형식이나 표현에서 정성과 노력을 기울였다는 것을 말한다.

　두보는 오직 자기만의 독창과 신기(新奇)를 만들어내고자 했던 것이다. 따라서 그의 詩는 넓고 심각하면서도 새롭고 기발했다. 그러기에 형식미의 최고를 자랑하는 율시에 있어서는 중국문학의 대표적인 걸작을 무수하게 지어냈다.

　즉 그의 인애(仁愛)사상은 철저한 평화와 국민들을 근본으로 하는 민위귀(民爲貴)의 사상이며, 불의를 규탄하면서 사회악을 고발하고, 비참한 현실에서 눈을 돌리지 않는 사실주의적 휴머니즘의 정신을 바탕으로 한, 詩를 쓴 작가이기에 사람들은 그를 詩聖이라고 한다.

5. 麗人行 (여인행- 미인의 노래 - 26행으로 된 七言古詩)

三月三日天氣新 (삼월삼일천기신) ;삼월삼일 상사절 날씨도 맑고
長安水邊多麗人 (장안수변다여인) ;장안곡강 물가엔 미인도 많구나.
態濃意遠淑且眞 (태농의원숙차진) ;농염한 자태와 우아하고 정숙한 품에
肌理細膩骨肉均 (기리세니골육균) ;살결은 비단결 같고 균형 잡힌
　　　　　　　　　　　몸매 곱기도 하다
繡羅衣裳照莫春 (수라의상조막춘) ;수놓은 비단옷 늦봄에 눈부셔
蹙金孔雀銀麒麟 (축금공작은기린) ;금은의 공작 기린 무늬 번쩍이네.

〈 7行 부터 ↔ 18行까지 중략 〉

簫鼓哀吟感鬼神 (소고애음감귀신) ;피리북 노래 소리 귀신도 감동할 듯
賓從雜遝實要津 (빈종잡답실요진) ;
       손과 종(빈객들) 빈번히 권좌로 몰리네.
後來鞍馬何逡巡 (후래안마하준순) ;느지막하게 말을 타고 거드름 피며
當軒下馬入錦茵 (당헌하마입금인) ;장막 앞에 말에서 내려 비단 방 드네.
楊花雪落覆白蘋 (양화설락복백빈) ;
       버들개지 흰 눈 날리듯 하얀 꽃에 덮이고
靑鳥飛去銜紅巾 (청조비거함홍건) ;파란 새 날아들어 붉은 수건 물더라.
炙手可熱勢絶倫 (적수가열세절륜) ;
       손을 댈 만큼 혁혁하고 비할 바 없는 세도니
愼莫近前丞相瞋 (신막근전승상진) ;
       아예 가까이 가지 말고 승상의 역정을 피해라.

※. 詩語풀이-①.三月三日-상사절(上巳節)이라 하여 강가에서 푸닥거리(굿)를 하며 주연(酒宴)을 베푼다. ②.長安水邊-장안동남쪽에 있는 유원지로 곡강(曲江)을 가리킴. ③.態濃-요염한 자태. ④.意遠-고답한 신기(神氣). ⑤.淑且眞-우아하고 단정하다. ⑥.肌理-살결. ⑦.細膩-곱고 빛남(니膩는 기름끼가 있고 윤이 남.) ⑧.繡羅衣裳-금은 실로 공작이나 봉황 또는 기린의 수를 놓았다. 衣는 저고리, 裳(상)은 치마. ⑨.照莫春-莫(막)은 暮(모- 저물다 또는 늦다.)의 뜻으로 -비단옷이 늦봄에 눈부시게 번쩍인다는 뜻. ⑩.蹙金(축금)-금을 가늘게 비

틀어 뽑은 수실. ⑪.簫鼓-피리와 북. ⑫.賓從-손님이나 그 수행원들. ⑬.雜遝-혼잡을 이룬다.(遝은 踏(답)의 뜻.) ⑭.要津-권력자의 자리. 즉 楊國忠이 있는 자리를 가리킴. ⑮.浚巡(준순)-느릿느릿. 즉 몹시 거드름을 피우며 온다. ⑯.覆白蘋-백빈은 흰꽃이 피는 부초(浮草) ⑰.靑鳥-선녀. 西王母의 시종을 드는 파란 새로 하늘의 使者이다. ⑱.銜紅巾(함홍건)-붉은 수건을 입에 물고가다. ⑲.炙手可熱-당시의 속담.(세도가들의 위세가 너무나 뜨거워 손을 대면 뜨끈뜨끈할 것이라는 뜻.) ⑳.丞相瞋-승상은 양국충. 瞋은 화를 내고 눈을 흘김.

※. 解說- 이 詩는 천보 12년(753년)의 작품이다. 양귀비는 경국지색의 미모로 현종의 사랑을 독차지하게 되었고, 그의 일가친척들 까지 온갖 위세와 행패를 부렸다. 천보 11년에 右丞相(우승상)에 오른 양국충은 姨從(이종)누이인 괵국부인과 간통을 하여 세상 사람들의 비웃음을 샀다. 두보는 이런 황음무도(荒淫無道)한 생활의 일면을 삼월삼일 上巳節(상사절) 놀이에 초점을 맞추어 예리하게 묘사해냈다.

두보는 오직 자기만의 독창과 신기(新奇)를 만들어내고자 했던 것이다. 따라서 그의 詩는 넓고 심각하면서도 새롭고 기발했다. 그러기에 형식미의 최고를 자랑하는 율시에 있어서는 중국문학의 대표적인 걸작을 무수하게 지어냈다.
　두보의 詩를 종합적으로 평가해본다면 위대한 휴머니즘의 사상을 적절한 형식으로 적응시킨 진지한 사실주의에 입각한 詩라고 할 수 있으며, 詩的 묘사는 냉철한 객관성을 지녔고, 언어는 정련(精練)되었으며, 운율은 매우 엄정(嚴正)했다고 할 수 있다.

두보는 일생을 우수(憂愁)와 생활고와 불만 속에서 살았다. 그래서 이러한 것들을 詩로 달래면서 그 詩를 예술의 결정(結晶)으로 승화시켰다.

그리하여 그가 제갈량(諸葛亮)을 그리며, 읊은 구절 중에「강물은 흘러도 돌은 구르지 않는다.-江流石不轉; 강유석부전」라고 한 것처럼 그의 詩도 굴러 없어지지 않고, 영원히 후세들에게 전해지고 있는 것이다.

6. 夜 (야)

露下天高秋氣淸(노하천고추기청) ; 이슬 내리고 하늘 높아 가을 맑을 새
空山獨夜旅魂驚 (공산독야여혼경) ;
　　　　　　　　　　공산에 홀로 밤을 새니 가슴 설레노라.
疎燈自照孤帆宿 (소등자조고범숙) ; 희미한 등불 외로운 돛배 잠들 새
新月猶懸雙杵鳴 (신월유현쌍저명) ; 초승달 걸린 하늘에 다듬이소리 울린다.
南菊再逢人臥病 (남국재봉인와병) ; 남쪽에 거듭 국화꽃 보며 병든 나는
北書不至雁無情 (북서부지안무정) ;
　　　　　　　　　　북쪽 고향 소식 없으니 기러기도 무정하구나.
步簷倚杖看牛斗 (보첨의장간우두) ;
　　　　　　　　　　처마에 나가 지팡이 짚고 견우직녀성 보며
銀漢遙應接鳳城 (은한요응접봉성) ;
　　　　　　　　　　은하수 따라 장안의 대궐로 갔으면 하네.

※. 詩語풀이- ①旅魂驚-나그네의 마음이 설렌다. ②疎燈-외로운 등불. ③孤帆宿-외로운 돛배가 강가에 정박하고 있다. ④新月-초승달. ⑤猶懸-초승달은 일찍 서쪽으로 지게 되는데 아직도 하늘에 걸려 있다. ⑥雙杵鳴-다듬이질하는 두 개의 방망이 소리. ⑦南國再逢-남쪽에서 국화를 2년째 본다는 뜻. 작년에는 雲安에서 금년에는 이곳 기주에서 본다. ⑧北書-북쪽 고향에서의 소식. ⑨步簷倚杖-처마 끝으로 걸어가 지팡이에 몸을 의지하고. ⑩應接-맞이 하여주겠지. ⑪鳳城-장안의 궁궐.

※. 鑑賞- 초가을의 저녁하늘, 이슬을 맞는 나그네의 심정과 강가에 정박한 한 척의 돛단배와 서녘 하늘에 걸린 초승달과 들려오는 다듬이 소리가 어우러지는 처량한 정경이다. 병든 몸으로 고향 소식을 기다리는데, 가을 하늘 높게 나는 기러기의 날개 짓마져 무정하구나. 답답한 마음으로 은하수를 바라보며 장안으로 달려가고 있다.

※. 解說- 홀로 산중에서 밤잠을 못 이루는 나그네의 설움을 맛보고 있다. 두보는 강가에 정박하고 있는 한 척의 돛단배와 처지를 비교해본다. 객지에서 병들어 신음하는 그는 고향의 소식이 그리웠고, 아득한 심정으로 바라보는 견우직녀성에서 가족들을 연상했을 것이며, 또한 은하수를 타고 장안의 대궐로 가고 싶기도 했으리라. 청신하면서도 처절함을 지긋하게 느끼게 해주는 시다.

4. 杜甫의 一 生

역대 중국의 詩人들 중에 누구를 제일로 꼽을 수 있느냐 하는 난감(難堪)한 물음에는 상당한 생각이 뒤따르겠지만 역시 '두보'라고 답하는 文人들이 많을 것이다.

두보는 李杜(李白과 杜甫)라 하여 李白과 함께 중국을 대표하는 시인으로 지목되어 왔고, 학자나 문인들에 따라서는 두보를 李白보다 더 높이 평가했다는 것은 시인으로서의 그의 존재가 크다는 것을 증명하는 길이기도 하다.

杜甫의 모든 작품을 일관하는 것은 인생에 성실하고자하는 오롯한 정신이었다. 그는 李白처럼 달에 대한 동경도 하지 않았고, 선인(仙人)들처럼 불노불사(不老不死)를 부러워하지도 안했으며, 왕유같이 영생을 바란 적도 없이, 어디까지나 현실을 겪으면서 부대끼고 이겨나가려는 철두철미한 의지로 살아간 인간들의 일에 관심을 갖고 끝까지 포기하지 안했던 중국의 운명을 걱정하는 中國詩人의 한 사람으로 민중들을 사랑한 시인이다.

이러한 사상을 바탕으로 그의 문학이 리얼리즘을 택하게 된 것은 당연한 귀결이며, 그의 작품들은 현실의 소용돌이 속에 부침(浮沈)하면서 현실을 노래하였다.

「통곡소리 솔바람에 맴돌고, 샘물도 슬퍼서 소리죽여 울어라.—慟哭松聲廻(통곡송성회) 悲泉共幽咽(비천공유열)」이 구절은 「北征북정」의

140句 중의 61~62行으로 두보의 작품 중에서 가장 길고도 뛰어난 걸작으로 그가 부주(鄜州)에 있는 가족을 찾아가며 보고, 듣고, 느낀 것들을 노래한 대표작이다.

「북정」은 일 년 남짓 좌습유(左拾遺)라는 벼슬로 있으면서 지은, 총 700字 140句로 된 五言古詩의 장편 서사시로 숙종 2년(757년) 가을에 지은 작품이다. 시어(詩語) 중 '소나무'나 '샘물'은 단순한 자연의 명칭으로 쓰여진 것이 아니다. 민중에 대한 깊은 애정과 공감이 杜甫로 하여금 민중들을 대변하는 시인이 되게 하였으며, 이러한 민중시(民衆詩)와 사회시(社會詩)는 언론이 되어 사회를 비판하는 역할과 잘못된 역사에 대한 저항의 선봉장이 되었다.

李白이 절귀에 독보적 존재라고 한다면, 두보는 율시(律詩)를 완성하고 종래문학의 전통을 집대성하여 서정시와 서사시를 창조한 율시의 왕자로 평가되어왔다.

詩聖으로 추앙을 받는 두보가 태어난 것은 현종 즉위 원년 (712년)이었으며, 당나라가 건국된 지 약 100년경이다. 낙양(洛陽)에서 가까운 鞏(공)이라는 지역의 지방관리의 가정에서 태어났다는 것은 그 의미가 상당히 크다.

낙양은 장안과 함께 정치, 문화의 중심지였는데 杜甫는 고향을 떠나 낙양에서 성장하였다. 인생의 말기까지 비참한 현실의 고통을 체험하면서 杜甫의 詩가 걸작으로 쏟아지는 기틀이 되었던 것이다. 초근목피(草根木皮)로 연명하면서 아들이 굶어죽기까지의 혹독한 가난과 어지러운 사회상은 두보로 하여금 민중들의 운명에 깊은 관심을 갖게 되었으며,

이런 현상들을 쓴 詩들은 곧바로 당나라의 역사가 되었다.

　※그래서 두보의 시를 중국의 詩史라고 한다. 고난에 찬 그의 시는 바로 그의 생애였으며, 그 시대 민중들의 생활 그 자체였다.

　768년 이후 그의 생활은 주로 선상(船上)에서 이루어진 유랑의 길로 악양과 담주(潭州)를 전전하다가 뱃길에서 향년 58세(770년)로 위대한 詩聖 '두보'라는 대 시인은 고단했던 궁핍의 생활에서 벗어나 자유로운 영혼으로 날아갔다.

바. 平民들의 벗, '長恨歌'의 詩人 白樂天

1. 성장과 三敎思想

　백낙천은 당나라 대력(大曆) 7년 (772년~846년) 정월 20일에 형양(滎陽)에서 출생하였다. 그의 字는 樂天이고, 향산거사(香山居士), 또는 취음선생(醉吟先生)이라고도 불려졌으며, 號는 거이(居易)다.

　낙천의 父 계경(季庚)은 명경(明經) 출신으로 팽성현령을 거쳐 오랫동안 벼슬길에 있었으며, 끝으로 양주별가(別駕)라는 벼슬을 지냈다. 백낙천의 집안은 유학(儒學)을 바탕으로 한 선비의 향문제자(香門弟子)였으며, 모친 陳氏(진씨)는 인자하고 현명하였다고 한다.

　낙천은 35세에 결혼을 하였고, 슬하에 자녀는 딸 넷을 두었으며, 태어나면서부터 총명하여 생후 6개월이 되었을 때 '無와 之'자를 터득하였고, 5. 6세에 詩를 지었다고 전한다. 11세에는 팽성현령으로 부임한 아버지를 따라 부리(符離) 주진촌(朱陳村)에서 10여 년을 살았다.

　당나라의 벼슬은 과거를 통과해야만 했기에 15세 때 진사에 급제를 하고자 뜻을 세운 낙천은 28세 때, 그의 형이 벼슬살이하는 부량현으로 가서 선주지역 향시(鄕試)에 합격을 하고, 그 이듬해 (貞元 16년, 800년)에 進士에 급제를 한 후 부리마을로 돌아왔다.

　33세 때는 모친을 모시고 장안 동쪽 위상(渭上)에서 살았으며, 위남의 동으로는 화산(華山)이 우뚝 솟았고, 남쪽으로는 위수(渭水)가 흘러, 그는 유한자득(悠閑自得)하는 만족한 생활을 해나갔다. 35세 12월에 선유사(仙遊寺)에서 진홍(陳鴻). 왕질부(王質夫) 등과 함께 놀면서 옛 이야기를 하다가, 후세에 유명해진 장한가(長恨歌)는 전 국민의 애창곡으로 천하를 풍미하였다.

당나라의 선종(宣宗)까지도 白樂天의 주검을 애도하는 詩에서 「아이들까지 장한곡(長恨曲)을 읊었고, 오랑캐아이들도 비파편(琵琶篇)을 노래했다고 한다.

헌종은 원화(元和) 2년 가을에 그를 진사의 시험관으로 임명하였으며, 이어 집현교리, 한림학사 그리고 황제를 가까이 모시고, 백관(百官)들을 탄핵하고, 천자에게 諫하는 매우 중요한 직위인 좌습유까지 승진시켰다. 간관(諫官)으로서의 직책을 다함에 있어 강정불아(剛正不阿)했고, 권구(權貴)의 눈치를 살피지 않았으며, 그의 많은 풍간시(諷諫詩)도 이 무렵에 지어진 작품들이 대부분이다.

40세 때 모친상을 당하자, 자청하여 자유롭지 못했던 벼슬에서 물러났다. 10여 년 동안의 벼슬살이에서 풀려난 樂天은 한적한 시간을 가지면서 선비생활을 하였다.

이전처럼 적극성이나 정치성을 띤 문학의 틀을 벗어나, 독선(獨善)과 은일한 사상으로 한적(閑寂)과 감상(感想)을 주로 읊었다. 사상적으로는 노장 및 도교와 불교에 깊이 빠져들었으며, 이후 강주사마(江州司馬)에서 풀려 다시 여러 벼슬에 올랐으나, 명철보신(明哲保身)의 사고는 크게 변함이 없었으며, 75세에 일생을 마칠 때까지 독선적 풍류의 시인생활을 즐겼다.

그는 평민을 위한 시인의 면모는 평생토록 변하지 않았던 철저한 平民시인으로 살아갔다. 작품들은 平民을 위해 平民들의 상을 그렸고, 平民的인 시각으로 세상을 보았으며, 자신도 平民的인 생활을 하는 철두철미한 詩人이었다. 모든 생활은 오직 詩를 위해 바쳤으며, 안분지족(安分知足)하고 유유자적하면서도 끝내 벼슬자리에서 녹을 먹은 것은 詩를 쓰기 위한 방편이었다. 이런 면모는 평소에 좋아 했던 도연명과 다른 건실한 현실주의자였다.

그의 詩가 널리 읽혀지고, 사랑을 받은 것은 현실을 긍정하고 어떤 대상이든 詩로 승화시켰으므로 3천 8백여 首나 되는 엄청난 작품을 남길 수 있었다. 그는 평생 갚아야 할 빚이 바로 시와 노래다.(平生債負歌詩-평생채부가시) 라고 말했다한다.

나를 알아주는 사람은 나를 시선(詩仙)이라 하고, 나를 잘 모르는 사람은 시마(詩魔)라고 한다. 전생의 나는 시를 쓰는 중(僧)이었을 것이다. (知我者以爲詩仙, 不知我者以爲詩魔. 前生應是 詩僧-지아자 이위 시선, 불지아자 이위시마. 전생응시 시승)

그는 열정과 집념이 있었기에 철저한 자기관리를 하는 시인으로 일생을 보냈으며, 그 많은 작품을 자신의 손으로 직접 詩集으로 엮었다고 한다.

* 三敎思想 – 白居易의 사상을 종합해보면 유교, 도교, 불교의 사상

이 밑바탕에 깊게 깔려 있다. 이러한 三敎의 공존은 白居易 뿐만 아니라, 당대(唐代)의 지식인들, 특히 文人들에게서는 흔하게 볼 수 있었다. 白居易의 사상은 44세 때 강주사마로 폄류(貶流)되었던 시기의 전후로 나눠진다.

즉 초기에는 儒家사상이 짙었으나, 후반기에는 도불(道佛)사상으로 기울어 은일과 독선을 높였다. 그러나 전. 후반을 통해 어느 한편으로 크게 치우지지 않았기에, 그의 사상은 평생을 두고 유가적인 인애와 겸제사상을 발양하고자했던 휴머스트였다고 말할 수 있다.

그는 三敎를 한 몸으로 받아들여, 즉 유교의 충(忠: 天道)과 서(恕: 人道)를 一以貫之하는 仁義사상과 아울러 무위자연, 安分知足, 명철보신 하는 道家와 겸해서 불교의 특성을 잘 조화시켜가면서 활용하였다.

* 儒家思想 – 白居易는 선비의 家門에서 전통적 유가의 교육을 받고 자랐다. 「나는 본래 유학에 젖은 집안의 자손이다. 지금은 秦(진)나라 땅, 함양의 나그네이지만 전에는 鄒(추)나라의 孟子, 魯(노)나라의 孔子를 따른 유학자였노라. 높이 주공(周公)과 孔子의 가르침을 좇노라.

– 僕本儒家者. –自念咸秦客, 嘗爲鄒魯儒. –上遵周孔訓. 복본유가자. –자념함진객, 상위추노유. –상준주공훈.」

儒家사상의 핵심은 '仁愛'다. 그는 가난하고 짓밟히고 억눌리는 국민들에게는 끝없는 동경과 연민의 정을 쏟으면서, 그들을 구제하고자 노력을 했다. 천하의 넓은 집은 仁이며, 천하의 바른 위치는 禮이다. 천하의 大道는 義라고 주자가 풀었다. (天下之廣居 仁. –天下之正位 禮. –天

下之大道 義. -천하지광거 인. -천하지정위 예. -천하지대도 의.)

즉 대장부는 禮와 仁義를 지키는 사람이다. 위세나 무력에도 굴하지 않고, 부귀에도 팔리지 않고, 빈천에도 넘어가지 않는 의연한 인간이다. 白居易는 맹자의 '兼濟獨善(겸제독선)'의 주장을 전적으로 동감하면서 이를 철저하게 지켜냈다.

「賣炭翁-매탄옹-숯을 파는 노인」이란 詩에서는 엄동설한에도 홑옷을 입고 떨면서 숯을 팔고 있는 굶주린 노인을 수탈하는 환관과 졸개들의 횡포와 노인의 재산(숯)을 몰수해가는 참담하고 비정한 현실을 그린 7言 20行으로 된 작품이다. 白居易의 냉혹한 비판과 예리한 현실고발은 오직 충군애민(忠君愛民)의 충정에서 발로되었던 것이다.

그가 35세 무렵「策林七十五道-책림칠십오도」를 지어 인정덕치(仁政德治)를 논했으며, 40 전후에 즐겨 쓴 풍유시(諷諭詩)들도 백성을 구제하고 왕의 덕을 밝히는데, 그 목적을 둔 것이다. 「탁한 샘물은 마시지 않으며, 굽은 나무 그늘에서는 쉬지 않겠노라! 조금이라도 의에 어긋난다면, 황금 천 냥이라도 분토같이 버리겠노라.」

충정의 절개를 굳게 지킨 白居易는 松竹을 사랑했다. 특히 부귀에 아첨하지 않고, 권세에 굽히지 않던 그는 마침내 벼슬에서 쫓겨나는 신세가 되면서, 강직하기만 하다가, 꺾어진 칼에 자신을 비유했다. 그의 정치적인 주장도 강주로 방출되면서 아무런 열매도 맺지 못했다.

✍ 1.「折劍頭 절검두 – 부러진 칼」

拾得折劍頭 (습득절검두) ; 부러진 칼을 주었노라.
不知折之由 (부지절지유) ; 칼의 연유는 모르겠으나,
疑是斬鯨鯢 (의시참경규) ; 아마도 큰고래를 잘랐거나
不然刺蛟鯢 (불연자교예) ; 혹은 교룡을 찔렀겠지?
缺落泥土中 (결락니토중) ; 지금은 부러져 흙속에 버려져
委棄無人收 (위기무인수) ; 아무도 거두지 않는구나.
我有鄙介性 (아유비개성) ; 나는 독특한 성품을 지녔기에,
好剛不好柔 (호강불호유) ; 강직한 것을 좋아하고, 유약함을 싫어하노라!
勿輕直折劍 (물경직절검) ;
    고지식하여 꺾기고 부러진 이 칼을 멸시하지 마라.
猶勝曲全鉤 (유승곡전구) ;
    굽히고 아첨하여 온전한 갈고리보다 뛰어났노라.

＊白居易의 道家와 道敎思想– 천하를 겸제(兼濟)하겠다던 전반기 사상은 儒家쪽으로 기울어져 있었으나, 44세 이후 강주로 좌천이 된 부터는 道家와 불교로 방향을 돌렸다. 즉 낙천지명(樂天知命)에 안주(安住)하고자 했던 것이다.

 당(唐)나라 때는 儒.佛.道의 삼교가 정립(鼎立)했고, 모두들 자유롭게 믿었다. 그러나 본시 白居易는 초반기에는 유교에 독실하면서 불교와 도교를 멀리했었으나, 후반기에는 불선(佛禪)과 도교에 깊이 빠져들었다. 도교는 당대(唐代)에 크게 번성하면서 老子. 莊子의 사상, 즉 道家

의 사상을 바탕으로 하여, 신선불노(神仙不老)의 도술(道術)을 가미했다.

이러한 도교에서 백거이는 노장(老莊)이 주장하는 「삶과 죽음이 하나로(生死一), 나와 만물을 같이 바라보는(萬物齊; 만물제)」 사상으로 명리와 권모술수에 얽힌 추악한 현실세계에서 해탈하여 허무염정(虛無恬靜) 속에서 보신양생(保身養生)할 수가 있었다.

강주로 쫓겨 난 후에 「早春」이란 작품에서 「莊子나 老子의 책을 펴지 않고, 누구와 말하려하나. (不開莊老卷, 欲與何人言)」 라고 '讀莊子(독장자)'에서 읊었다. 그는 老莊을 통해 현실 속세에서 해탈할 수 있었고, 또 많은 미련을 버릴 수 있었으며, 더 나아가서는 유연하게 소요(逍遙-산책)할 수 있었던 것이다.

진세(塵世)를 해탈하여 부귀를 탐내지 않고, 유연하려는 경지는 불경(佛經)에도 있었기에 白居易는 老莊과 함께 불교에 심취했던 것이다. 결국 그는 老莊의 사상에서 본받을만한 것은 본받아 활용을 하였을 뿐, 모든 분야를 받아들이지는 않았던 것이다.

도가사상은 본래 인위적인 간교(奸巧)나 지나친 욕심을 버리고, 무위자연의 道에 돌아가서 영원하고 참다운 삶을 살기를 바란다.

이러한 도교의 신선사상은 육조(六曹)의 죽림칠현(竹林七賢)들의 은둔과 방임과 선유(仙遊)와 통하며, 동시에 白居易의 '獨善(독선)'과 맞는 사상이다.

＊白居易의 佛敎思想 - 儒家사상으로 사직을 바로잡고 백성을 구제하겠다던 충군애민과 겸제사상이 소인배들의 농락으로 무너져 조정에서 쫓겨나게 되자, 그는 노장과 도교에 기울어져 갔다. 또한 「策林 六十七」에서는 일하지 않고, 무위도식하는 중(僧)들이 비생산적인 사회문제가 된다고 지적을 했던 그였다. 이러한 사고를 갖고 있던 백거이의 태도는 위촌(渭村)에서 삼년을 보낼 때, 딸 금란과 모친상을 당한 슬픔으로 몸과 마음이 초췌했던 40세 전후에 백발이 성해지면서 마음의 안식처를 찾아 나선 곳이 바로 불교였다. 61세에 향산사(香山寺)와 깊은 관계를 가지면서 자신도 향산거사(香山居士)라는 號까지 지어 사용을 했었다.

2. 작품 性向

白居易는 江州에 있으면서 詩 800 首를 추려 15권으로 엮어냈으며, 자신의 詩를 풍유(諷諭). 한적(閑適). 감상(感想). 잡률(雜律)의 네 가지로 분류해서 정리를 했다.

＊풍유시 - 백거이의 겸제(兼濟)사상을 나타낸 詩로서 40세를 전후한 작품들로 36세에 한림학사로부터 10여 년간의 벼슬길에서 44세에 강주로 폄류될 때까지 약 150여 首가 있다.

그가 평생 동안에 지은 3,840首에 비하면 작품수가 대단치는 않지만, 그는 풍유시를 가장 높게 생각했다. 풍유시는 中國詩의 정통인 국풍(國風)을 이어받은 것으로 인간의 성정(性情)을 순수하고, 솔직하게 나타내면서 표현은 아름답고 리드미컬하게 했다. (＊性은 이성 또는 심리,

情은 감정.) 옛날에는 덕치나 교화는 예악(禮樂)에 의지했으며, 인간의 성정을 순수하고 솔직하게 표현하는 詩를 정치에 활용하였다.

그러므로 六經 중에서 詩經을 가장 높였으며, 詩로 위(지배층)는 아래를 교화하고, 아래는 위를 휼간(譎諫)하고자 했다. 白居易가 풍유시를 쓴 의도나 목적도 여기에 있으며, 時弊(시폐)를 바로잡고 무고하게 시달리는 서민들을 다 같이 구제하고자 했던 것이다.

풍유시는 그의 詩文學에 있어서는 절대적이며, 현실주의적 정치의식의 반영으로 인생 및 사회를 위한 문학이라고 할 수 있다. 특히 풍유시는 두보의 詩와도 깊은 관련이 있다. 白居易의 풍유시는 정의의 사회고발이다. 집권자들의 온갖 부도덕을 날카롭게 고발하고, 무고하게 유린(蹂躪)당하는 민중의 고통을 구제하고자 했다. 그의 이러한 시정신(詩精神)은 중국문학의 정통인 詩敎(시교)에서 시작되었다.

2. 胡旋女(호선녀)

1~16行까지 생략 → 17~ 20行까지

中有太眞外祿山 (중유태진외록산) ; 안에는 양귀비요 밖에는 안록산이,
二人最道能胡旋 (이인최도능호선) ; 뛰어난 뺑뺑이 춤으로 잘 홀린다 하네.
梨花園中册作妃 (이화원중책작비) ;
　　　　　　　　　　　　양귀비를 이화원에서 황비로 책봉하고,
金鷄障下養爲兒 (금계장하양위아) ;
　　　　　　　　　　　　안록산을 금계병풍 밑에서 양자로 삼노라.

21~26행까지 생략 →27~28행까지 (끝)行

胡旋女, 莫空舞 (호선녀, 막공무) ; 호선녀야! 건성으로 춤추지 말고,
數唱此歌悟明主 (수창차가오명주) ; 거듭 이 노래 불러 천자를 깨게 하여라.

※. 詩語풀이- ①胡旋女-빙글빙글 돌면서 오랑캐 춤을 추는 여자. ②手應鼓-자유자재로 북을 침. ③絃鼓一聲-현악기와 타악기 소리의 어울림. ④雙袖-양쪽 소매. ⑤廻雪- 휘날리는 눈. ⑥飇飇-펄럭펄럭. ⑦啓齒- 입을 벌리고 미소를 짓는 모습. ⑧ 太眞- 양귀비의 호. 冊 - 책봉하다. ⑨金鷄障- 금계를 그린 병풍. ⑩數唱- 거듭 여러 번 부르다. ⑪悟明主- 천자를 깨우쳐라.

※. 鑑賞- 현대감각으로 이해한다면 상징시(象徵詩)라 하겠다. 호선녀의 어지러운 춤을 구경하면서 이 광경을 양귀비와 안록산이 玄宗을 홀려 천하를 전란(戰亂)으로 몰아갔음을 비유한 詩다.
　玄宗은 양귀비와 안록산의 능란한 농간(弄奸)과 간교에 홀려 놀아나, 唐나라를 혼란에 빠뜨렸었다. 白居易는 "호선녀에게 우리 中原에는 너보다 한층 더 높은 上手가 많다."라는 말로 비꼬았던 것이다.
　白居易의 신랄(辛辣)한 사회비판적 태도를 엿 볼 수 있었으며, 한편 그 당시에도 이런 詩를 쓸 수 있을 만큼의 언론의 자유가 있었음에 감탄한다.

＊獨善의 閑適詩(한적시) - 白居易의 生涯 전반기에 쓰여 진 풍유시가 유가의 겸제를 위한 것이라면, 후반기에 쓰여 진 한적시들은 안분지족과 명철보신을 위한 독선의 詩였다.

그는 詩를 쓰기에 앞서 한적한 생활로 성정을 담아(淡雅)하게 가다듬으려 老莊사상과 도교 및 불교에 깊이 들어가 있었으며, 그래서 한적시에는 다각적인 사상이 담겨져 있다. 특색이 담긴 詩의 예를 들어 본다.

3. 宋齋自題(송재자제)

非老亦非少 (비로역비소) ; 늙지도 젊지도 않은
年過三紀餘 (연과삼기여) ; 나이 삼십을 넘겨.
非賤亦非貴 (비천역비귀) ; 천하지도 귀하지도 않은,
朝登一命初 (조등일명초) ; 조정의 명을 받아 벼슬길에 올랐다.
才小分易足 (재소분이족) ; 재주가 없으니, 쉽게 분수에 만족하고
心寬體長舒 (심관체장서) ; 마음이 포근하니, 몸도 편안하구나.
書不求甚解 (서불구심해) ; 책을 읽어도 깊이 알려 하지 않고
琴聊以自娛 (금료이자오) ; 거문고를 타면서 혼자 즐기노라.
-이하 9~14행(끝)까지 생략-

※. 詩語풀이- ①非賤非貴- 신분이 낮지도 높지도 않은. ②朝-조정. ③足-만족하다. 넉넉하다. ④長舒-오래도록 편안하다. ⑤聊(료)-즐기다. 의지하다.

※. 整理 – 白居易는 俗世와 물욕(物慾)을 멀리하고, 더 나아가서는 생사도 초월하면서 안빈낙도하는 경지에 이르러 한적시의 세계를 즐겼던 것이다. 한편 白居易는 도연명을 매우 좋아했으며, 그의 詩를 본뜬 효도잠체시(效陶潛體詩) 16首를 짓기도 했다.

* 白居易의 해탈정신과 한적시 – 白居易의 생애와 사상을 통해서 그의 인간상을 종합해보면 溫和(온화), 淸雅(청아), 隱逸(은일), 恬靜(염정) 등 君子의 모습을 그리면서, 우뚝 솟아 있는 노송(老松)아래서 서성대는 한 마리의 학처럼 그의 고고(孤高)함이 엿보인다. 그는 평생을 두고 명리나 애욕(愛慾)에 엉킨 속세에서 해탈하고자 노력했으며, 안분지족으로 자신의 삶을 담담하고 맑게 살고자 거문고와 詩와 술을 벗으로 삶을 이어갔다.

白居易는 생활인으로서 이렇듯 풍류를 즐겼으며, 한편 孔子의 가르침을 깊이 이해하여 실행하였다.「君子는 道를 좇지, 밥을 좇지 않는다. 군자는 도를 걱정하지 가난을 걱정하지 않는다.」즉 그는 도를 따라 청빈을 높이고, 절대로 名利의 욕심을 채우고자 혼탁한 속세에 끼어들지 않았으며, 젊은이들에게도 다음과 같이 훈계를 했다.

「그대들이여 명예를 구하지마라, 명예는 몸을 묶는 쇠사슬이다. 이득을 찾지 마라, 이득은 몸을 태우는 불이니라. –勸君少干名 名爲錮身鎭. 勸君少求利 利是焚身火.–권군소간명 명위고신진. 권군소구리 이시분신화.」하면서 白居易는 만년에 閑適(한적), 虛靜(허정), 좌선, 해탈에 전념을 했다. 이러한 낙천지명의 경지를 그리워하는 사상으로 노력한 그는 字도 '樂天'이라 했던 것이다. 白居易는 44세에 강주에 있으면서 그의

✐ 4. '자회시(自誨詩)'에서 −

樂天樂天 來與汝言.(낙천낙천 내여여언) −

　　　　　　　낙천아! 낙천아! 오너라. 너에게 이르겠다

樂天樂天 可不大哀. (낙천낙천 가불대애.) −

　　　　　　　낙천아! 낙천아! 불쌍하구나!

而今而後 汝宜飢而食, 渴而飮,(이금이후 여의기이식, 갈이음,) −

　　　　　　　이제부터는 배고프면 먹고, 목마르면 마시고,

晝而興, 夜而寢. (주이흥, 야이침) −

　　　　　　　낮에는 일어나고, 밤에는 잠을 자거라.

無浪喜, 無妄憂. 病則臥, 死則休.(무낭희, 무망우, 병즉와, 사즉휴) −

　　　　　　　함부로 기뻐하지도 말고, 또 걱정하지도 말아라,
　　　　　　　병들면 눕고, 죽으면 쉬도록 해라.

此中是汝家, 此中是汝鄕. (차중시여가, 차중시여향) −

　　　　　　　그렇게 하는 경지가 바로 너의 집이자, 너의 본 고향이니라.

汝何捨此而去 自取其遑遑.(여하사차이거 자취기황황) −

　　　　　　　왜 그것을 버리고 불안한 세상을 택하고자 하느냐?

遑遑兮欲安住哉.(황황혜욕안주재.) −

　　　　　　　들뜨고 불안한 속에서 어찌 편안히 살고자 하느냐?

樂天樂天 歸去來. (낙천낙천귀거래) −

　　　　　　　낙천아! 낙천아! 본 고장으로 돌아오너라.

3. 中國人들의 애송詩 長恨歌.

장한가는 당나라 현종과 양귀비의 비극을 읊은 大서사시다. 안녹산의 난을 피해 촉나라로 피난을 가던 도중에 玄宗의 근위병들이 양국충(楊國忠)을 죽이고 양귀비의 처단을 요구했다.

그때 현종의 나이는 71세였으며, 양귀비는 38세였다. 亂이 평정된 후 현종이 양귀비를 애절하게 그리워한 비련을 백낙천이 한무제(漢武帝)와 이부인(李夫人)의 고사에 가탁(假託)하여 생생하게 그려냈다. 백락천이 이 詩를 지었을 때는 대략 그의 나이 35세경으로 추정하는데, 그 근거는 그의 벗 진홍(陳鴻)이 쓴「長恨歌傳」끝에 백락천이 시를 쓰게 된 동기가 자세하게 적혀 있다. 장한가는 7언 120行의 장편 대서사시로 중국인들이 애송 애창(愛唱)한 명시(名詩)로 꼽힌다. 백락천 자신도 이 작품을 무척이나 사랑하면서 자랑하였다고 한다.

✍ 5. 長恨歌(장한가)

* 1 ~ 10 行까지

漢皇重色思傾國(한황중색사경국);

　　　　한 황제는 色을 좋아해 미인을 그리워하여

御宇多年求不得(어우다년구부득);

　　　　재위 여러 해 동안 찾았으나, 구해내지 못했다.

楊家有女初長成(양가유녀초장성);

　　　　양씨네 집에 갓 장성한 여식이 있었는데

養在深閨人未識(양재심규인미식);

　　　　집안 깊숙한 곳에서 아무도 모르게 자라갔다.

天生麗質難自棄(천생려질난자기);
　　　　　　　　　　　천생의 미모 그대로 버려지지 못하리
一朝選在君王側(일조선재군왕측);
　　　　　　　　　　　하루아침에 선택되어 왕의 옆에 있게 되었다.
廻眸一笑百媚生(회모일소백미생); 돌아보며 웃는 모습에 교태가 생겨
六宮粉黛無顔色(육궁분대무안색); 후궁의 미녀들이 무색해졌다.
春寒賜浴華淸池(춘한사욕화청지);
　　　　　　　　　　　봄추위에 왕의 은총으로 화청지에서 목욕할 새
溫泉手滑洗凝脂(온천수활세응지);
　　　　　　　　　　　온천수로 부드럽고 기름진 살결 씻어 내리네.

※.詩語풀이- ①漢皇-한나라 무제로 당나라의 현종을 지칭. ②重色-女色. ③思傾國-나라를 기울여서라도 얻고 싶은 절세의 미인을 '傾國之美 또는 傾國之色'이라고 한다. ④御宇-임금이 나라를 다스리는 동안.(御는 다스린다 治의 뜻이며, 宇는 上下四方의 뜻이다.) ⑤麗質-아름다운 바탕. ⑥廻眸-(아름다운) 눈초리로 둘러봄. ⑦六宮-후.비.빈.어(后.妃.嬪.御)의 총칭(천자는 황후 이외에도 다섯 가지 벼슬의 후궁을 거느린다.) ⑧粉黛-'분대'는 미인의 눈썹. 즉 화장품. 화장을 한 여인들이 양귀비의 눈에는 보잘 것 없이 보인다는 뜻. ⑨華淸池-현 陝西省 臨潼縣(섬서성 임동현)에 있는 온천.; 화청궁에 연화탕(蓮花湯)이 있는데, 이곳이 곧 양귀비의 욕실이다.

(11行 ~ 110行까지 생략)   * 111 ~ 120行까지

但敎心似金鈿堅(단교심사금전견);
　　　　　주신 마음이 황금자개같이 변함이 없다면
天上人間會想見(천상인간회상견);
　　　　　하늘에서 두 사람이 만날 때가 있으리다.
臨別殷勤重寄詞(임별은근중기사);
　　　　　헤어질 무렵 간절하게 부탁한 말이 있었는데
詞中有誓兩心知(사중유서양심지);
　　　　　말 중에 두 사람만이 아는 마음의 서약이 있었다.
七月七日長生殿(칠월칠일장생전); 칠월 칠일 장생전에서
夜半無人私語時(야반무인사어시);
　　　　　깊은 밤에 아무도 모르게 주고받은 말들
在天願作比翼鳥(재천원작비익조); 하늘에선 비익조가 되길 원하시고
在地願爲連理枝(재지원위연리지); 땅에선 연리지 되기를 원하셨지요.
天長地久有時盡(천장지구유시진);
　　　　　하늘과 땅이 길고 영원해도 다할 때가 있으련만
比恨緜緜無絶期(비한면면무절기);
　　　　　두 사람의 서러운 한은 끝을 기약할 수 없구나.

※. 詩語풀이- ①殷勤(慇懃)-정취가 깊고 그윽함. ②重寄詞-거듭 말을 하다. 부탁 또는 간절하게. ③比翼鳥-암 수컷의 눈과 날개가 각각 하나씩이라서 짝을 짓지 않으면 날지 못한다는 전설상의 새. 부부간의

정. ④連理枝-뿌리는 다르지만 가지가 서로 엉키어 자라는 나무. 변함없는 부부애에 비유. ⑤緜緜(綿綿)-끝없이 이어지다.

※. 鑑賞 - 唐나라 玄宗과 楊貴妃를 주제로 한 역사적 敍事詩다. 당나라 이후 수많은 文人들이 현종과 양귀비의 로맨스를 작품화했으나, 백낙천의 長恨歌가 으뜸으로 중국인들의 사랑을 가장 많이 받은 작품이 되었다.

그 까닭은 두 사람이 함께한 12년간(?)의 사랑놀이를 애절하게 그려냈고, 신분과 나이를 초월하여 나라의 운명이나 정치적 파장도 잊은 체, 오직 사랑에만 빠져들어 현실의 냉혹한 정치에 처절하게 죽어 간 양귀비와의 추억에 젖은 현종을 白居易는 연모의 情이 담긴 시선으로 동정심을 유발시킨 사랑이야기에 독자들을 흠뻑 젖게 했던 것이리라.

☞. 양귀비(楊貴妃- 719~756년 이름은 玉環.)는 쓰촨성(四川省-?)에서 태어나. 일찍 아버지를 여의고 숙부인 양립(楊立)의 집에서 자랐으며, 가무(歌舞)와 음률(音律)에 뛰어난 총명하고 아름다운 여인이다. 양귀비는 오랜 세월 동안에 걸쳐 중국인들의 詩나 희곡의 주제가 되어왔으며, 중국 역사상 4대 미인(* 서시-春秋말기의 월나라의 여인. * 王昭君-중국 前漢 元帝의 후궁. * 초선- 三國志演義에 나오는 여포의 여인.)으로 자리 메김 하고 있다.

양귀비는 풍만한 체구의 여인으로 처음에는 현종의 아들인 수왕-이모(壽王 李瑁)의 妃(17세 때)가 되었으나, 며느리였던 그를 아버지인 玄

宗이 자기의 아내로 맞이했던 것이다. 양귀비의 두 자매도 玄宗의 비로 삼았다.(* 큰언니 玉佩인 韓國夫人. * 셋째언니 玉箏은 괵국부인(虢國夫人). * 여덟째 언니 玉釵는 秦國夫人.)

* 한편 양귀비는 돌궐족 출신 40대의 젊은 장군 안녹산을 양 아들로 받아들여 20대 엄마가 되어 불륜을 저질렀다. 이후 안녹산의 난때 (천보대란(天寶大亂)이라고도 함.) 피난 도중에서 군중들의 원한 맺힌 아우성으로 현종 앞에서 자결로 生을 마감한다. 경국지색(傾國之色)의 미인이 된 그는 클레오파트라 여왕과 함께 동서양의 양대 축을 이루는 세계적인 미인으로 추앙받는다.

漢詩 이야기

초판 인쇄 2021년 1월 12일
초판 발행 2021년 1월 15일

편저자 김형중
발행인 임수홍
디자인 맹신형
기 획 김종대

발행처 한국문학신문
주 소 서울 강동구 양재대로 114길 32 2층
전 화 02-476-2757~8 FAX 02-475-2759
카 페 http://cafe.daum.net/lsh19577
홈페이지 http://www.korea-news.kr/
E-mail kbmh11@hanmail.net

값 15,000 원

ISBN 979-11-90703-26-0

· 저자와의 협약에 의해 인지는 생략합니다.
· 이 책의 글은 저작권법에 따라 보호를 받는 저작물이므로 저자와 출판사의
  동의 없이는 무단 전재 및 무단 복제를 금합니다.

· 잘못된 책은 바꾸어드립니다.